四方田犬彦

サレ・エ・ペペ

塩と胡椒

工作舎

サレ・エ・ペペ　塩と胡椒

四方田犬彦

サレ・エ・ペペ

「サレ・エ・ペペ」とはイタリア語で塩と胡椒。英語でいうならば、ソルト&ペッパーである。この本では最初に塩と胡椒の話をすることにしたい。

あるとき塩に凝ってしまい、機会あるたびに旅先で塩を求めていた時期があった。五島列島の藻塩。ポルトガルの塩田の塩。台湾南部の塩田の塩。クレタ島の塩……。どの塩もそれぞれに個性がある。化学物質としての塩化ナトリウムであるだけではない。風土によって微妙に混ざり物を含んでいて、色が紅がかっていたり、カタクリ粉のように滑らかであったりする。ゴツリとした岩塩の塊があるかと思えば、雪の結晶のような薄片だったりもする。スパイスを混ぜ込んだものもある。

塩コレクションは見る見るうちに増えてしまった。落ち着いて使う間もないくらい海外を飛び回っていたこともあったが、台所の調理台の上には次々と塩の瓶や壷が並び、面積の半分くらいを占めるまでになってしまった。今でも戸棚のなかにごっそりと収蔵されている。それぞれの塩には煮物用だとか、サラダ用だとか、焼き鳥用だとか、自分で勝手に用途を決めてあるのだが、一日のはじめに台所に立って、さて今日はどの塩を振ってみようかなと考えるときは愉しい。

数ある塩のなかでもっとも印象深かった塩の話をしよう。トルコの湖の岸辺で採集した岩塩だ。

トゥズ・ギュルはアンカラから南南東に百五十キロのところにある。トルコ語で「塩湖」という意味の湖である。天下の奇岩が並ぶカッパドキアに向かって車を飛ばしていた途中で、わたしはこの巨大な湖に出くわした。どこまで行っても青い空である。そこに突然、純白の平原が出現した。平原はところどころに大きな亀裂が走っている。車から降りて歩いてみると、白砂だと思ったものがすべて結晶化した塩だとわかった。塩の平原は果てしなく続き、強烈な太陽の光を受けてキラキラと輝いている。ひどく暑い。このままでは目を傷めてしまうなと思ったわたしは、車に戻ってサングラスを取り出した。

それにしても何という展《ひろ》がりだろう。まるで全世界には青と白という二つの色彩しか存在していないかのようだ。湖だというのだが、どこにも水は見当たらない。あまりの暑さに水は消えてしまい、塩だけが残ってしまったのだ。本来なら海に流れ込むはずの水が、地殻変動のせいで内陸に閉じ込められてしまったということだろう。出口を見失った水は恒常的な暑さによって蒸発し、塩と若干の鉱物が堆積していった。

屈みこんで塩を手にしてみる。大小に違いはあるが、どれも水晶か方解石のように規則正しい結晶体をしている。砂利のように崩れているものもある。小さな砕片《かけら》を手に取って舐めてみると、強烈な塩味のなかに微かに甘みが感じられた。これは持って帰らない手はない。そう思ったわたしは、岩塩をごっそりと掬うと、たまたま手にしていたビニール袋に入れた。これは塩だと説明すれば、空港の税関だって、いつもの嫌がらせはしないだろうと期待しつつ。

日本に持ち帰った塩は、その後二年ほど台所で重宝した。もちろんそのままでは調理に使えない。石臼の上で挽き潰し、あらかじめ細かな粉にしておかなければならない。作業が面倒だと思ったことはなかった。そのたびごとに心がトゥズ・ギュルの塩の平原へと戻っていくような気がしたからである。それはわたしの人生のなかで、奇跡のように出現した光景であった。

われわれの舌は無垢ではない。生まれてしばらくすると塩に、やがて胡椒によってコード化されてしまう。食事をしていて何かモノ足りないなと感じたときは、おそらく塩か胡椒のどちらかが欠けているか、分量が少ないかである。二つの体験を書いておきたい。

冗談半分に魔女の料理を再現してみようと思い立ったことがある。雑誌の企画で、さまざまなレシピ本を渉猟し、これまで誰も知らなかった料理を作ってみようという話になった。そこでイタリアの食物史研究家が著した本を参考に、中世ヨーロッパで魔女と呼ばれていた女性たちがサバトの宴にあって食べていたものを復元することになった。

栗と葱を牛乳で煮込んだスープ。蛙とポレンタの白ワイン煮込み。ビャクシンの実とアニスを漬け込んだワイン……。どれも素朴な、質素極まりない食べ物である。不思議な好奇心に促されるまま、わたしと編集者、カメラマンはそれを試食した。山羊の頭を大鍋で煮るとか、赤ん坊の血を注ぎこんだりするといった話はみんな嘘だったんだな。本当は貧しい農民が身近にある材料を用いて調理してみたというだけのことだったのだ。食べ終わったわたしたちは、安堵のような気持ちに包まれた。

とはいうものの、何かが足りない。何かが欠けていると、一人がいった。いったい何だろう。われわれがいつも食べている食べ物とはどこかが違っている。しばらく考えてみて理由が判明した。胡椒が用いられていなかったのだ。

一六世紀にスペイン人が新大陸からトマトやジャガイモ、さらに唐辛子を持ち帰ったとき、ヨーロッパの食生活は革命的な変化を受けた。われわれがレシピ集を参考にして調理した魔女の料理は中世、つまりコロンブス以前のヨーロッパ人の手によるものだったのである。当然のことながら、唐辛子はない。トマトもジャガイモもない。だがそれ以上に重要だったのが胡椒の不在である。中世にあって胡椒は恐ろしく高価で、ある時期には量り売りをした場合、純金と同じだけの値段が付けられていた。魔女とは悪魔の眷属などではない。貧しい農村に生まれ、分娩から薬草調合までさまざまな民衆知をもった女性たちのことである。胡椒などどうして入手することができるというのか。それをモノ足りないと感じるのは、現代人である自分たちがいかに胡椒に支配され、味覚を統御されているかを、逆に物語っているのではないだろうか。

もうひとつの挿話は塩に関するものである。

わたしはある時期、何日にもわたって塩抜きで日本料理を調理することになった。パリに住む友人が重病に陥り、週に三日は人工透析のため病院に通わなければならなくなった。腎機能が著しく低下しているため、食事に塩分を含めるわけにはいかない。彼女を見舞うためパリに到着したわたしは、ただちに醤油抜きの握り寿司、塩分なしの湯豆腐を調理することになった。

この出来ごとについては本書の「三人の女性」でもう少し詳しく記しておいたので、後でお読みいただきたく思う。わたしはこのときの体験から、無味という味覚について考えるようになった。われわれを呪縛してやまない塩と胡椒という頑強なコードからひとたび距離を置き、極度の薄味、ほとんどゼロ度にまで接近した味覚というものに興味を抱いたのである。人はつねに大衆消費社会にあって外食産業が強いてくる強い味、激しく辛い味や甘い味に、それを受け容れ慣れるようにと促されている。だがその逆に、ほとんど味覚が希薄な食物に接する機会はまず与えられない。わたしは友人を見舞っている間、まったく塩も醤油も口にしない数日間を過ごした。偶然のことであったが、それは貴重な体験であったと、今のわたしは考えている。ひと月のうち何日かは塩分を断って過ごすことは、身体の軌道を調整し、精神に禁欲を想起させる点で意味があるのではないだろうか。

塩と胡椒は今日のわれわれの舌を形成している、もっとも頑強なコードである。『マタイ福音書』でイエスが語る「山上の垂訓」に「塩が馬鹿になったら」（田川建三訳）という一節があり、そこから「地の塩」という言葉が生まれたことを考えると、塩はこの時期に隠喩としてイデオロギー的意味を担わされてきたといってもいい。塩分をまったく使用しない料理を作っていたときにつくづく感じたのは、自分のそれまでの食生活がいかに塩に依存してきたかという事実だった。

塩も胡椒も用いない料理を作る。それはわれわれの食を無意識的に統括してきたイデオロギーから、自分を解き放つ契機となるのではないだろうか。

わたしは塩と胡椒について、少し長く書き過ぎたかもしれない。この文章は序文のつもりなのである。これから本書を手に取ろうとする読者のために、書物の構成について簡単に書いておくことにしよう。

わたしにとって四冊目の料理論・食物論にあたる本書は、食べ物に内在する政治的意味あいの考察から語り起こされている。もう少し具体的に、執筆の動機について説明してみることにする。

二〇一三年の暮れ、「Washoku　日本人の伝統的な食文化」なるものがユネスコで「無形文化遺産」に認定されたことに対する当惑、いや、より正確にいうならば、怒りを交えた疑念が、本書の出発点となった。調べてみると、京都の料亭の料理人を中心とした、「日本料理アカデミー」なる正体不詳の団体がこの認定運動を事挙げしたようである。だが、それにしてもWashokuとは何か。Japanese FoodsでもSushiでもRahmenでもない、世界のいかなる辞書にも登録されていないこの言葉が独り歩きし、日本の稚拙な文化ナショナリズムを表象している事実を前に、日本の食をめぐる神話と虚構についてはっきりと批判をしておきたい。わたしは心に決めた。本書の巻頭に置かれた「『日本料理』への懐疑」とその補論「『日本料理』の虚偽と神話」を動機づけているのは、そのような理念である。

「料理の真正性とは何か」と「知らないものを食べる」は、現在の大衆消費社会において、食物の正統性という観念がエキゾティシズムや観光主義《トゥーリズム》といかに交差しているかについての論考である。すべてが微妙な差異のもとに商品化される現在にあって、われわれはなぜ「まっとうな」料理なるものに取り憑かれているのか。とはいうものの、われわれが高価値だと見なす「現地」の料理は、どうしてつねに変形され、馴致され、過度に神話化された形でしかわれわれの手元に到着しないのか。「料理の復元」と「ツバメの巣と盆菜」で取り上げたのは、かかる問題文脈が具体的にどのような形をとるかという実例である。

「国民料理とは何か」では、ある料理が国家と民族の名のもとに規範化されるまでの過程を四段階に分けて分析してみた。個人的に濃密な記憶を担っているソウルフード。地域共同体への帰属確認のための地方料理。国民が無自覚なままに享受している国民食。ナショナリズムの表象として規範化される国民料理。二〇世紀を通して目まぐるしく国民食が変化していった日本と、旧時代に規範化された料理に頑固に拘泥するイタリアとが、ここでは比較されることになる。

「肉食について」と「野草を食べる」は対になるエッセイである。論じられているのは肉食忌避の思想と浄不浄の分割意識との関係であり、戦時下の日本において国策として奨励された野草料理の実態である。

本書の前半がこうして料理と食物のポリティックスの分析に当てられているとすれば、後半はより個人的な食の記憶を軸として展開されるエッセイだといえる。わたしはそれらを、きわめてリラックスしながら執筆したと記しておきたい。

「偶景」は食と文学的想像力をめぐる断章であり、「ぶっかけ飯」「缶詰の思い出」「韓国の食べ物への信頼」は、筆者の食の体験をめぐる反省的思考の産物である。「三人の女性」は本書冒頭の論考で引いたオオゲツヒメの神話の、現代における変奏である。

「台所にいることの悦び」はきわめて自伝的な性格をもった文章といえる。ビフテキにフレンチポテトが添えられるように、補足として「四方田犬彦の簡単料理一覧」を、座興として添えてみた。

それではどうぞ、本文をお読みいただきたい。

サレ・エ・ペペ　塩と胡椒　目次

サレ・エ・ペペ――002

I

「日本料理」への懐疑――016
「日本料理」の虚偽と神話――038
料理の真正性とは何か――050
料理の復元――072
知らないものを食べる――086
ツバメの巣と盆菜料理――122
国民料理とは何か――136
肉食について――182
野草を食べる――218

四方田犬彦が執筆で忙しいときに作る、
ものすごく簡単な料理一覧――245

Ⅱ

偶景――254
ぶっかけ飯――282
缶詰の思い出――296
韓国の食べ物への信頼――314
三人の女性――336
台所にいることの悦び――352
あとがき――370

I

「日本料理」への懐疑

1

「あんじょう、みしったりなさい。」

「ちゃんと、みしったりーな。」

「あんた、みしんの、下手やなあ。」


幼いころからわたしは、焼き魚を前にして、母親からそういわれてきた。

いったい「みしる」というのは漢字でどう書くのだろうか。わたしはそれをつねづね疑問に思ってきたのだが、最近になってようやく答えを得た。『大阪ことば事典』（牧村史陽編、講談社学術文庫、一九八四）によって、これが「毟《むし》る」の大阪方言であったことを知ったのである。北大阪の阪急沿線に生まれたわたしは何も知らず、それを一般の日本語（標準語）だと、長い間思い込んできたのである。

だがそれにしても、若干の違和感が残らないわけではない。いったい鮎の塩焼きを、人は毟ったりするものだろうか。パンは千切るものであり、焼き鯛の眼は穿《ほじく》るものである。であるならばわたしにとって「毟る」とは、和鶏《かしわ》の肉を直接に指を用いて千切る行為である。

では、「みしる」とはどのような行為か。わたしにとってそれは、先の細い箸を用いて鮎のふっくらとした背と腹に軽く圧力を加え、押しを少しずつ尾の方向へ向けていって身を解してゆくことである。この運動によって、箸は魚の身に隠されている自然の切れ目を探り当てる。切れ目に沿って骨から外れようとする身を、箸を用いて抓み上げ、かたわらの蓼酢に浸しながら口へ運ぶ。わたしにとって「みしる」とはこのような箸の繊細な操作の全体を示す言葉であって、けっして「毟る」という粗野な動作の、言語学的な変形などであってはならない。「みしる」とは魚の「身」を知ること、つまり素材の秩序と分節を探り当てることなのだ。もちろん魚が鮎である必要はなく、鯧《まながつお》であっても、鯛であってもかまわない。だがこの動詞を可能としているのが、日本に独特の先の尖った箸であることだけは、関の東西を問わず事実であるような気がする。

ロラン・バルトは日本の箸には、食べものを皿から口まで運ぶこと以外に、少なくとも三つの役割があると書いている。

まず最初にそれは、食べものを人差し指のように指示してみせる。その結果、食事は機械的な慣習を離れ、そこに気ままや倦怠、つまり知的な操作が持ち込まれることになる。二番目に、箸は食べものを優しく抓み上げる。もっとも抓むといっても、それは西洋のフォークのように攻撃的で威圧的な身振りではない。食べものはあらかじめ小さく、断片に切り分けられていて、箸はそれを損傷することなく、軽く持ち上げるだけでよい。だが三番目にバルトが指摘しているのは、多くの箸が木や漆を素材としていることから生じる、なにか母性的なものである。

「箸の動きには、なにか母性的なもの、子供を抱きかかえて運ぶときのような、細心に計算された節度そのものがある。それは力づよさ(はたらきという意味の)であって、衝撃的な力ではない。これこそがまさに食べものに対する態度なのである。それは、料理人が使う長い箸に現われている。その箸は、食べるためではなく、食品を調理するために用いられるのであり、その調理具は、けっして突き刺したり、切ったり、割いたり、傷をつけたりすることはなく、ただ持ちあげたり、裏返したり、運んだりするだけである。」(ロラン・バルト『記号の国』、石川美子訳、

みすず書房、二〇〇四。ただし表記一部変更)

バルトはこうして日本の箸のなかに、西洋のナイフやフォークのもつ攻撃的な切断機能とは正反対の役割を見ている。「箸は、あらかじめ細かく切り分けられた材料を、小鳥たちの食べものに変えてしまう。」

わたしはこの一節を読んだとき、幼少時代から親しんできた「みしる」という言葉をただちに思い出した。それは目の前に置かれた焼き魚を眺めながらも、まだ箸の細やかな使い方ができず当惑している幼児のため、母親が代わって身を解し、取り分けてやる母親の、慈愛に満ちた身振りをすぐれて表象している言葉ではないだろうか。バルトの卓抜なる表現を用いるならば、食べものは「みしる」ことを通して、「小鳥たちの食べもの」へと変化するのである。

2

一人の男神が、そのあまりの乱暴狼藉ゆえに、神々の住まう天上界から追放された。彼は別れぎわにある女神のもとを訪れた。女神は自分の鼻や口や肛門から食べものを取りだし、それを並べて男神を歓待した。男神はその行為を眺めて穢れたものと思い、女神を殺害した。殺された女神の身体からは、稲、粟、小豆、麦、大豆と蚕が生じた。男神は地上世界に降り立った。川を眺めていると、上流から箸が流れて来た。そこで男神は川上に人間が住んでいると思い、流れを遡っていった。そこには老夫婦と童女がいた。

いわずと知れた『古事記』上巻、スサノオがオオゲツヒメを殺し、イズモの地でクシナダヒメとその両親に出会う一節である。原文には「此時箸従其河流下《このときはしそのかわよりながれくだりき》」(日本古典文學大系1『古事記祝詞』倉野憲司・武田祐吉校注、一九五八)とあり、これは日本語において「箸」という語が記された最初であるとされている。

ここでは食物の調理をめぐる二つの挿話が、きわめて興味深い形で継起的に並べられている。オオゲツヒメは鼻や口、肛門から「種種《くさぐさ》の味物《ためつもの》を取り出《い》だして、種種作り具《そな》へて進《たてまつ》る。」「味物」とあるからには単なる食事ではなく、饗宴のための御馳走であったと考えられる。「献物」が神聖なる神々へ供えるものであったとすれば、「味物」は諸臣に賜うものであった(西郷信綱『古事記注釈』第一巻、平凡社、一九七五)。オオゲツヒメは高位にある神に対して厳粛に儀礼的に振る舞ったのではなく、突然に訪問してきた客のため、歓待の宴を催したのである。

わたしは想像する。口から吐き出したり、肛門から捻りだした「種種の味物」とは、どのようなものであったのだろうか。オオゲツヒメが大地の豊饒神であり、その身体から五穀が生まれ育ったというからには、そこには当然、穀物とそれから醸造された酒が含まれていたはずだ。

ひょっとすれば、磨り潰したり、煮崩したりしてペースト状になったものを大皿に盛って、差し出したのかもしれない（なんだか現在のエチオピア料理に似ている）。その料理をどのようにして口に運ぶべきか、『古事記』には食器について記述はない。いずれにしてもスサノオは女神の調理を穢れたものを見做し、口を付けなかった。

とはいうものの、次の挿話では箸がちゃんと登場している。スサノオはそれを発見してそこに文化をもった人間が存在していることを知り、彼らと交渉をもつ。三人は「八鹽折《やしほをり》の酒」、つまり八度にわたって繰り返し醸造した強力な酒を準備して、大蛇退治に備えるというのだから、もうそこには高度な農耕文明が存在していたことになる。神話とは手元にある物語を恣意的に結合させ、並べてみせたものだと断言してしまえばそれまでであるが、わたしにはオオゲツヒメ殺害と箸の発見、酒醸造の二つの挿話が『古事記』のなかで連続していることに、深い意味が隠されているように思われる。

論理的にいうならば、この二つの挿話の間には長大な時間、すなわち人類が女神の死体を通して穀物の種を手にし、農耕社会を築きあげ、洗練された醸造技術を獲得するまでの、驚くべき時間が流れているというべきだろう。だが神話的思考はそうした時間的秩序を一気に飛び越え、人類における食物の起源と調理の伸展の過程を、きわめて短い記述のなかに要約している。オオゲツヒメの殺害によって、大地は五穀の豊穣を得た。その殺害者である零落神は、五穀から抽出した酒を用いてヤマタノオロチを退治し、人間たちにさらなる福を与える。この神と人間たちの出会いの契機となるのが、原初の食器のひとつである箸である。箸は食べものと口とを媒介するばかりか、神々の世界から追放され、ある意味では去勢された神を人間たちに近づけ、『古事記』という神話書の舞台を、神々のそれから人間のそれへと大きく移行させる媒介物の役割を果たしている。

3

ここで誤解がないように書き添えておくと、スサノオが川辺で発見した箸を、今日のわれわれが使い慣れている、先の尖った二本の箸であったと早呑み込みしてはならない。そもそも二本の箸が分かれ分かれにならず、同時に流れを下ってくると想像すること自体が不可能ではないか。とはいえ一本の箸だけが流れてきたとしても、スサノオはそれを単なる木片と見間違い、手に取ることはなかったであろう。考古学と民俗学の側に立って推測してみるならば、それはピンセットのように一本の木切れを屈曲させて作り上げた、曲げ箸である可能性が強い。現に奈良の平城宮跡の発掘現場からは、竹を曲げて拵えた箸が発掘されているし、現在でも大嘗祭や新嘗祭で神撰を挟むさいに古式に則《のっと》り用いられているのは、青竹の曲げ箸である（神崎宣武『日本人は何を食べてきたか』、大月書店、一九八七）。

とはいえ少なくとも八世紀において、日本人はすでに二本の箸を用いる習慣をもっていた。それが確かなことは、同じく平城宮跡からは太さ五ミリほどの短い箸が束ねられて発見されていることからも明らかである。箸をもって人間が居住している徴とする『古事記』の記述は、この道具が広範囲に普及していたことを物語っている。

以上は日本神話の話である。スサノオの英雄物語は歴史ではない。歴史的にいうと、箸についてもっとも古い記述のひとつは、紀元前三~五世紀に成立した『礼記』である。そこでは、食卓での作法を論じた章に、多人数で会食をする場合には自分の分だけ早々と飯を丸めてはいけないという一節があり、米を口にするときには手の指を用いていたことがわかる。箸が用いられたのは、もっぱら羹《あつもの》の実を掬う場合であった(篠田統「箸」、石毛直道他著『食物誌』、中公新書、一九七五)。この場合の箸がすでに現在と同じ二本から成っていたことは、殷王朝の遺跡から青銅の二本箸が発掘されていることからも明らかである。日本における箸は、その年代を正確に定めることはできないにせよ、中国大陸あるいは朝鮮半島から、しかるべき時期にもたらされたものと考えるのが妥当だろう。

だが箸を考えるうえで重要なのは、その起源ではなく、その用いられ方である。この単純にして便利な食器を、東アジアのそれぞれの地域がどのように使用してきたかという問題は、現在における日本、韓国、台湾、中国といった社会の食材と料理のあり方に深く結びついているからである。歴史的に日本人の主食と見なされ、たとえそれが可能でない場合にももっとも重要で神聖な食物と見なされてきた米が、粘着質の強い品種ジャポニカであったことが、日本の食文化を他の近隣諸国から隔てる大きな原因になった。

もっともこう書いてしまうと話が抽象的になってしまうので、具体的な例を挙げてみよう。現在の韓国では米を口に運ぶさいには、卓のうえに器を置いたまま、匙で掬って食べる。日本のように茶碗を片手にもち、もう一方の手にした箸で米を口に運ぶことは非礼と見なされている。ところが日本では、粥を啜るときを別とすれば、一般的に匙で米を掬うという習慣がない。古代に箸が到来したとき、匙もまた持ち込まれ、しばらくの間は使用されていたのだが、いつの間にか食事作法から脱落してしまったのである。匙の消滅は、日本料理を中国料理、韓国料理から隔てている、数多くの差異の結節点にあるように、わたしには思われる。それは一方で、椀を手に持ち、口に近づけて啜るという食事作法をもたらすとともに、箸の用途に応じた細分化を与え、その操作をめぐって複雑な規則が考案されることになる原因となった。日本に渡来して以来、箸は短くなるとともに尖端を尖らせ、きわめて細やかな仕種が可能になるように変化していった。

欧米諸国の食文化では、あらかじめ食べものは一人ひとりの分量に分けられて供されるか、その場の主人格の人物が大皿を前に切り分け、分配するといったシステムが採用されている。

東アジアの場合には伝統的にいって、複数の人間が食卓を囲むさい、めいめいが自由に自分の箸を用いて大皿の食べものを分けることが一般的である。韓国では親しい間柄になると、自分の箸で相手の皿に食べものを取り分けてみせることも珍しくない。わたしが学生時代にソウルに滞在したときの体験では、食堂で同じ卓を囲んだ何人もの学生たちが、ひとつの茶碗に盛られた米を廻しながら食べている光景に出くわしたことが少なからずあった。一方、台湾では大皿に盛られた副食を取るさいに、かならずしもめいめいに小皿が配られるとはかぎらない。各人は茶碗に盛った米のうえにオカズを載せ、ときにはブッカケ飯のようにして食べる。ところが日本の場合には、ここにあげた三つの場合とも大きく異なっている。

日本の食卓作法において興味深いのは、卓を囲んでいる他のメンバーとの接触をめぐって、独自の距離を設定している点である。「お菜箸」と「小皿」と呼ばれる習慣が、それを如実に示している。中央にある大皿のなかの食べものを、自分の箸を用いて直接に取ることは、不作法の極みと見なされている。またそれを自分の茶碗の米のうえに載せて口に運ぶことも、犬や猫のなすべきこととして、軽蔑的に見られている。そのため個人用の箸とは別に、誰もが共同で用いることのできるお菜箸が準備され、この儀礼的な箸によって得た食べものを取り分けるための小皿がめいめいに与えられることになる。家庭で客をもてなす場合には、大皿ごとに別々のお菜箸が置かれ、食卓のうえが箸だらけになったうえに、人数分の小皿が配られ、ひどく狭苦しい気分になることが珍しくない。だがもしお菜箸が準備されていなかったとしたら、客たちは取り分けに遠慮してしまい、日本人に独自の神経質な衛生観念がそれに加わって、食事はひどく気詰まりのものと化してしまうだろう。

何ごとにおいても細かな作法を設定しなければ気がすまない日本人は、お菜箸を考案したばかりか、めいめいの箸の操作に関しても、さまざまな作法不作法を定めるに到った。

箸を手に、どの皿のものを取ろうかと思案することは、「迷い箸」として避けられる。一度箸をつけたものを放棄することは「うた箸」。片方の箸についた食べものを、もう片方の箸で取り払うことは「にぎりこ箸」。箸で食べものを突っつきまわすことは「せせり箸」。自分の食べたいものだけを箸で執拗に選んで取ることは「さぐり箸」。茶碗の盛られた米に箸を突きたてることも、自分の箸で摑んだものを別の人の箸に渡すことも、死を連想させる行為として厳重に避けられる。

書き出してみれば際限がないが、いかなる握り方が正統であるかという議論に始まって、箸の作法には西洋のナイフやフォーク、韓国の匙とは比較にならないほど煩雑な約束ごとがあり、それが日本料理以前に、日本の食事作法に、彼らが誇るべき様式を与えている。第二次大戦で敗北して以降、西洋料理が日本化され、それまで以上に外食産業が席捲するに到ったとき、多くの日本人が悩んだのは、西洋の食事作法に対する無知を他人から笑われないだろうかという心配であった。彼らは日本料理における箸と同様に、あるいはそれ以上に、ナイフとフォークにも厳粛な規則があるのだと考え、わざわざフォークを裏返して米を載せて食べるという曲芸に熟達しなければならないと信じ込んだ。

だが。こうした複雑な箸の規則に熟達し、いつしか自然体でそれを操作できる境地に達したとき、箸が思いもよらなかった優雅で細やかな道具に変化することも忘れてはならない。本稿の冒頭に記したように、箸は単に食べものを口へ運搬する役割だけをもっているわけではない。それは食べるという行為から、それが本来携えていたはずの攻撃性を遠ざけ、その代償として慈愛に満ちた遊戯性を付け加える。「みしる」という上方方言に込められた微妙な身振りのなかに、箸のもつ文化的な繊細さは巧みに体現されているように、わたしには思われる。

4

ここで少し話の方向を変えてみたい。わたしに与えられた主題は日本料理なのであるが、そもそも「日本料理」なるものが実在していると安易に前提して論を進めていいものだろうか。わたしはこの問いに、長らく囚われてきた。とりわけ二〇一三年のユネスコの無形文化遺産騒動以来、自分たちの日常茶飯が安直な文化ナショナリズムの口実となり、観光主義の標的として粗雑な劣化を遂げるのではないかという、不愉快な危惧を抱いている。

ここではっきりと宣言しておきたい。日本に実在するのは日本料理ではなく、それぞれの地方の固有の、ローカルな料理でしかない。その基盤となっているのは、江戸時代に統治のために考案され、細分化されてきた「藩」の料理である。その実態を過度に単純化して「日本料理」と名付けてしまうのは、本来日本に存在している食の多様性をいたずらに撓《たわ》め、貧しいステレオタイプに引き戻してしまうだけではないか。現在危機に陥っているのは、ミシュランの対象となる外食産業のなかの日本料理と、その中核をなしている「創られた伝統」なのではなく、どこまでも匿名のまま、泡粒のように産まれては消えていく、地方の民衆の調理の伝統なのだ。残余のことは、魯山人のいう、料理人の「料理芝居」の話題にすぎない。

冒頭に大阪方言について書かせてもらったので、その勢いで、料理論の前提として、今少し言語学の話をしておきたい。

ソシュール言語学では、言語には二つの相があると説いている。ひとつはある一定の語彙と文法をもった言語の体系で、日本語なり、フランス語なり、沖縄語八重山方言といったものを指している。これをフランス語で、「言語《ラング》」と呼ぶ。もうひとつは、個々の人間が日常生活において発する言葉で、「言語」と区別して、「パロール」と呼ぶ。パロールは「言語行使」とか「言葉」とか、さまざまな訳語があるが、ここでは簡単に「ラング」に対する「パロール」と呼んでおくことにする。

パロールはつねに具体的な形をとって、直接的に聴いたり話したりする経験のなかに現われている。それはひとたび発せられるや、ただちに宙に消えてしまい、後には何も残らない。それに対して、ラングは「はい、これっ」と目の前に差し出すわけにはいかない。ラングとは潜在的なもので、パロールの背後に隠れつつ、パロールを形作る基体である。ラングはけっして消滅しない。ただパロールという形態を取らないかぎり、みずからの存在を確認することができない。人は自由にパロールでお喋りをしているように見えて、実はひとつのラングの内側でしか話すことができない。それは不自由であると同時に、自由な体験でもある。なぜならば、ラングが存在していなかったとすれば、誰もが好き勝手に口から音声を発しているだけで、『使徒言行録』の信者たちが次々と異言を発したように、それを言語として理解できる者はいなくなってしまうだろう。誰もがラングを無視して話すことはできない。ラングの造りだした格子のなかで、好き勝手にパロールを口にしているという幻想に囚われているだけなのだ。

とはいえ、最初からラングが人間の前に、絶対的に立ちはだかっていたわけではない。長い歳月の間、無数に近いパロールが沈殿蓄積することを通して、ひとつのラングが練り上げられてきたのである。したがってラングは今後もゆるやかではあるが、微妙に変化していくだろう。『万葉集』から明治近代を経て、現代の日本語へ、日本語と呼ばれるラングは文法においても発音においても大きく変化してきた。新しい流行語がやがてラングに定着し、古い単語に取って代わられる。近隣の別のラングから新しい語彙と発音が流入し、長い歳月の後には文法構造にまで影を落とす例はいくらもある。

ではパロールを自在に駆使できる人間は、自分が属しているラングのことを充分に知悉し、ラングを異とする者に対して、それを客観的に説明することができるだろうか。残念ながら、答えは否である。いくら日本語世界に生まれ落ちたからといって、言語学の専門的な研究を重ねていないかぎり、日本語というラングの固有の性格や全体の構造について語ることはできない。パロールの使い手はつねに無意識的な存在であり、ラングの存在を自覚することはほとんどない。にもかかわらず、水から引き離された魚のように、ラングを喪失してしまったとしたら、会話どころか、世界の認識を行なうこともできない。

料理についてもほぼ同様なことがいえる。料理の体系があってこそ個々の料理が実現されるのだが、体系そのものを抽出することはできない。現実に調理されたいかなる料理も、少しずつ異なっている。とはいえ、どれだけの日本人が、朝・昼・晩の三度の食事のなかで、こうした問題に自覚的であるだろうか。言語学の比喩を用いるならば、日本人が食卓の上で食べている（あるいは調理している）一杯のかけ蕎麦やカレーライス、料亭で出される会席料理とは、パロールにほかならない。こうしたパロールを可能にしているのが、「日本料理」というラングである。誰も日本料理の全体を目の前に差し出すことはできない。できるのは個々に蕎麦を茹でたり、握られた寿司を抓んだりする、パロールの行為だけだ。日本人のほとんどは、ラングとしての日本料理の構造に無頓着であり、それを空気のように遍在するものとして受け取っている。というよりも、こうした無頓着を可能にしてしまうラングのありかたを、いささか皮肉をこめて「日本料理」と呼び直した方がいいのかもしれない。

5

しかし日本料理をラングであると、そう簡単に了解してしまってよいものだろうか。わたしの懐疑は、そもそもここに始まっている。それは「日本料理」がきわめてイデオロギー的な現象であるという事実である。ウドンやホウトウはもとより、天ぷらや寿司、スキ焼、ラーメン、焼肉丼と、ごくごく身近な例を取り上げてみても、日本料理とはけっして恒久不変のものではなく、むしろ外部の料理体系との不断の接触のなかで成立してきた、歴史的形成物にすぎない。

最初に確認しておくべきなのは、「日本料理」という言葉が外部、つまり諸外国の料理との差異を前提として、はじめて成立する範疇であるという事実である。これは一般の日本人が家庭の台所に立ったとき、「今日は日本料理を作ろう」とはけっして口にしないことからも、容易に理解できるはずだ。日本の街角を歩く日本人は、「今夜は江戸前の本場の握りを食べよう」とか「いや、行きつけの加賀料理店がいいよ」といった会話をすることはあっても、「今夜は日本料理を食べよう」といった表現はしない。もしそれに類する状況があるとすれば、日本事情に疎い外国人を伴っている場合か、でなければ外国の都市で外国人と外国語で会話をしている場合だと考えてよい。「日本料理」という単語は、現代日本語のラングのなかでまだ自立できるだけの力と落ち着きを携えておらず、つねに外国人や外国料理といった他者の現前を前提として、はじめてパロールとして発せられる段階にある。

ほぼ同じことは、中国においても指摘できる。中国人は「粤菜」(広東料理)や「川菜」(四川料理)を食べるという表現は用いたとしても、「中国料理」という言葉は用いない。最大公約数的に「中餐」という語は使われるが、「中国料理」はまだメディアのなかでも成熟しておらず、ましてや日常会話では不自然である。もしChinese Foodsやcucina cineseという言葉が使用される状況があるとすれば、それは中国人どうしの間の自明性が機能せず、たとえばニューヨークやミラノの中国料理店のように、中国的なるものが非中国的なる文化に囲繞されている状況においてだろう。

日本料理に話を戻そう。日本料理なるものが料理の世界において、はたして体系と独自の語彙をもつラングとして成立しているのか。それが疑わしく思える瞬間に、わたしは個人的にいくたびも出くわしたことがあった。体験的にいって、留学や研究で海外に長期滞在したときを除いては、(いくつかの外国語も含め)「日本料理」という言葉を会話にのぼらせることがほとんどなかった。出雲人と大阪人を両親にもち、幼少時より京都の親戚のもとに遊び、東京で勉学を重ねた者にとって、実在していたのは出雲の蕎麦と大阪鮨であり、京風の味付けと東京下町の醤油味であった。それは日本料理という大ラングに帰属する以前に、まずローカルな料理（地方料理、郷土料理）の小ラングに属していた。それぞれの食べものは雑多ではあるが、頑固な差異を主張しあっていた。バッテラと蒸し鮨は、江戸の醤油漬けの赤身の握りからまったく隔絶した大阪料理であり、祖母の命で京都錦小路のいつも同じ店に買いに行かされた近江の鮒鮨も、東海道を列車で行くたびに米原駅で車両の窓越しに慌てて買う鮎鮨も、今では「日本料理」を代表するファストフードとして世界的に有名となったSushiとは、まったく別の範疇にある食べものであった。

それなりの歳月をいくつもの外国の都市で生活し、現地にある「日本料理店」でカツドンとアソーテッド・マキモノとミソスープを同時に食べてきた者にとって、「日本料理」とは海外にあって、他者の眼差しによって形成された食の体系だとしか考えられない。イタリア料理やロシア料理の定義が、外国の外食産業のなかに成立している、イタリア料理店とロシア料理店のメニューでしかないように、日本料理もまた、海外の日本料理店のメニューのなかにしかない。そこでは一切の地方色は消滅し、料理のハレとケの区別も無視されている。もちろん季節感も蔑ろにされてしまうのだが、こうした文脈を欠落させた日本料理を媒介として、外国人はそこに表象されている日本を消費し、満足感に包まれて食事を終える。

わたしはこうした現象をけっして批判しようとは思わない。外国にあってあらゆる外国料理は、こうした単純化と抽象化を必然的に体験するものだからだ。事態は日本のフランス料理店や中国料理店でも同様である。料理ほどにステレオタイプをすぐれて体現してみせる記号も、そう多くはない。だが、こうした体験を積み重ねた後でわたしが心の内側で信頼を寄せるに到ったのは何だっただろうか。それは煌びやかな外食産業のなかで脚光を浴びている「日本料理」などではけっしてなく、実のところ、幼少時より親しんできた地方料理であった。自分が日本にあって食べてきたもののほとんどは、有名無名を問わず、地方料理ではなかったかという思い。この考えは必然的に、「日本料理」という統一的な観念をめぐる懐疑へと、わたしを走らせてきた。実在しているのはさまざまな形での地方料理だけであって、日本料理なるものは外国人を対象としてごく最近になって捏造された、虚構の料理ではないかという思いを抱くようになったのである。

ちなみにわたしがこうした考えに到達するにあたって、イタリアへの留学が大きな意味をもっていたことは告白しておかなければならない。いかなる都市にもほとんどファストフード店を見かけないこの国において、「イタリア料理」という看板を掲げるリストランテは、英語の通じる観光地を除けば存在していなかった。多くのイタリア人が食に関してきわめて保守的であり、基本的に自分が生まれ育った都市の料理を越えて、未知の「イタリア料理」に手を伸ばそうとしないことを知って、わたしは微笑ましい共感を感じた。ボローニャ人はイカ墨のスパゲッティを気味悪がって手を付けようとしなかったし、北部から来た観光客は、ウニや貝の生食に舌鼓を打つターラント人を脅威（といささかの軽蔑）のもとに眺めていた。イタリアにはイタリア料理はなく、ただヴェネツィア料理や、ボローニャ料理や、シチリア料理があるばかりだった。そして彼らは自分たちの食の保守性に、頑固な誇りを抱いていた。

わたしがもし日本における食の現状に危機感を感じるとすれば、それは日本料理という統合的でイデオロギー的な範疇が、日本中に泡粒のごとく点在しているあまたの地方料理を消滅に到らしめる危険を備えているからにほかならない。日本料理にある人為的な規範が設けられ、規範に基づいて正統性が権威のもとに作動し出したとき、最初に抑圧されるのが、出雲料理であり、加賀料理であり、八重山料理である。それらはまず観光主義によって過度に単純化され、特定の差異の記号だけを残して、日本料理一般のなかに回収されてしまう。外食産業における味覚と素材の統一化は、家庭料理におけるレシピ伝承の困難と同時に進行していく。

わたしが幼いころに出雲で親しんでいた巨大な梅干しは、もう十年ほど前から見かけなくなった。梅の周囲に紫蘇の葉とザラメをいくたびも巻きつけ、巨大なボールのように膨れ上がらせた梅干しは、現在では東京風の小さな梅干しに駆逐され、その独自の甘酸っぱい味覚は時代遅れのものとして忘れ去られた。わたしがこれも北摂箕面で子供時代から親しんできた、焼き鮎に蓼酢を添える習慣もほとんど見かけなくなった。またどこかで復活してほしいのだが。有名な鮎料理店が平然と、塩焼きにレモンを添えてくる時代である。蓼、和山椒、辛み大根といった、日本に独自のハーブは、いわゆるエスニック料理ブームがもたらした唐辛子の侵略のもとに、風前の灯である。

これは国際的に日本料理なるものを喧伝し、観光客をより多く京都のような観光地に誘致することで解決できる問題でもなければ、ミシュランのガイドブックにより多く日本料理店が掲載されれば納得のいく問題ではない。過疎と自然破壊に悩む山村や漁師町で、誰にも知られない形で現下に生じている深刻な問題である。本当の「日本料理」もなければ、正統的な「日本料理」もない。存在しているのは危機に瀕している、ローカルで匿名の調理の伝統なのである。

「日本料理」の虚偽と神話

『日本料理』への懐疑」を書いてしばらく時間が経過した。

ユネスコによる無形文化遺産の認定がはたしてどのような力をもっていたのか、わたしは知らない。だが二〇一〇年代この方、パリでは日本料理店の数が急速に増えていったことは事実である。わたしが訪れたパリのリヨン駅では、堂々と二種類のekibenが販売されていた。少し割高ではあったが、日本の駅弁そっくりのお弁当である。街角を歩くと～yakiという看板の日本料理店が目立つようになった。ヴェトナム人や中国人が経営していた料理店が日本料理店に鞍替えし、yakitoriのyakiを店名の末尾につけて、それらしく呼称を整えている。わたしはそのことを批判も非難もしない。むしろ痛快な現象だと思っている。高邁で特権的なWashoku

とは無関係なところで、yakiという言葉に代表される日本料理が、パリの庶民の間に浸透しようとしているからだ。日本料理のブルジョワ的神話がこうして現実の移民社会のなかで解体構築されていくさまを見るのは面白いと思う。

「『日本料理』への懐疑」を補足する意味で、以下の文章を記しておきたい。

日本料理の根底にあるのは視覚的美しさであり、細々とした調理の気遣いである。昆布と鰹節のダシを中心にして、全体的に脂肪を排除した味覚の体系である。食器と料理の組み合わせの妙であり、調理者の演劇的な身振りである。日本料理こそは料理文化の粋の極致であり、世界三大料理のひとつと呼ばれるのにふさわしいものである。

私は以上のようなことは一行も書こうとは思わない。ただこうしたステレオタイプの言説については、それが日本国内のみならず、国際的にも神話として蔓延していることの虚偽と愚かしさを指摘するに留めておきたいと思う。日本料理というものは、外国人のために考案された抽象的な料理であり、観光主義と外食ブームがお囃子方になっているにすぎない。現実に日本人が食べて来たのは地方の料理、あえて歴史的な表現をするならば、藩の料理である。もし日本の料理に緊急に解決すべき危機があるとすれば、それはグローバリズムと観光主義の名のもとに、泡粒のようにはかない地方料理が次々と消滅し、あるいは統合的な味覚のなかに呑みこまれてしまう現状である。「日本の食の国際化」という標語は、「美しい日本」という標語以上に空疎であり、虚偽であり、日本文化が本来的に携えてきた豊かな多元性を毀損し、貧しい孤立化へと導いてゆくものである。

二〇一三年一二月、ユネスコは日本政府からの要請を受け、Washokuを無形文化遺産に認定した。そもそもこの申請は京都の料亭の料理人を中心とした、「日本料理アカデミー」と自称する団体が事挙げした運動であった。しかし、いくらなんでも対象が会席料理に限定されてしまうのは不自然であろうという理由から却下され、結果的にユネスコ申請の時点では、「Washoku日本人の伝統的な食文化」といった、きわめて曖昧な表現が採用された。料理文化が無形文化遺産と認定されたのは、これまでフランスの美食術、スペイン・イタリア・ギリシャ・モロッコ他の地中海料理、メキシコの伝統料理、北クロアチアのジンジャー・ブレッド工芸、トルコの麦粥《ケシケキ》といった前例があり、Washokuはそれらに続く認定となった。ちなみにその一方で中国料理の申請と認定は、中国側の足並みが揃わないのと、中国料理があまりに多様なことから、つねに却下されてきた。

もっともWashokuに関しては、報道の経緯を含め、曖昧で不自然な点がいくつか残されている。アルファベット文字使用圏の誰もが聞いたことも見たこともないWashokuなる単語がいっこうに定義されないまま、つまり具体的にどのような料理であるかが指定されないまま、すべてが進行したのである。これはいかなる広告会社が考案したキャッチコピーなのかというのが、わたしが最初に抱いた疑問であった。とはいえ日本のメディアはこれを慶事として大きく取り上げ、公官庁は翌年以降の文化宣伝の指標として食を採用することに賛意を示した。

Japanese FoodやSushiではなく、一般の和英辞書に掲載されていないWashokuの意味内容をあらかじめ知っていた者は、ユネスコ本部内にほとんど皆無であったと推測される。事態は同様で、日本人にしても、「和食」の音をそのままローマ字に直しても意味をなさないことは、容易に了解できる。過去にこのような試みはなかった。だがそれはトロブリアンド諸島の呪術やインドのサティ儀礼のように、意味不明の符牒として宙を漂うからこそ謎めいた効果を発揮することになる。少なくとも申請者側はこの素朴な修辞の力を信じていたのだろう。Japanese Foodという言葉のもつ世俗的な明快さとは違い、意味不明な(つまりオリエンタルの神秘感に満ちた)、そして「伝統的」な言葉を思いついて採用したのだろう。

Washokuのユネスコ認定は、日本では大きく喧伝された。だが同時期に韓国のキム醤《ジャン》がやはり無形遺産として認定されたことは、ほとんどといってよいほど報道されなかった。キムチを中心とした食文化のことである。

欧米の基準からすれば日本と韓国の間に横たわる差異はそれほど重要なものではないし、彼らが両国の政治歴史に無関心であったとしても責められるものではない。しかし日本は韓国と同列に扱われるのが嫌なのだ。事情は韓国でもほぼ同様で、日本料理が無形文化遺産として世界的に承認されたことを知る人は少なく、ましてはWashokuの意味を理解できる日本語世代はとうにメディアから引退していた（韓国語では日本料理は日式《イルシク》と呼ばれてきた）。

日本でも韓国でも、自分たちの日常茶飯が無形文化遺産に認定されたことは、ただちに文化ナショナリズムの高揚をもたらした。Washokuの認定は、「美しい日本」というイデオロギーにまったく合致していた。とはいえ、いずれの国のメディアも、隣国の食文化が自分たちと同等に評価されたのだという事実を悦ばしきこととして受け入れようとはしなかった。自分たちの文化だけが〈世界〉によって特権的に選ばれたという物語が、ノーベル賞やカンヌ映画祭グランプリと同じ論理のもとに喧伝された。二千年にわたって相互に文化的影響を与え合ってきた二国が、料理において同時に国際的認定を受けたというニュースは、自国料理の独自性、唯一性を毀損し相対化しかねない醜聞として、メディアの中心から排除されたのだ。

日本の料理史を少しでも繙いた者であるなら、日本料理とキムチが対等の資格において世界的に価値を認定されたことを素直に歓び、それが歴史的に筋が通っていることを即座に理解できたはずである。日本海沿岸地域にあるイシル、ショッツルといった魚醤は、キムチを漬けるさいに必要不可欠なチョッカル（網蝦《セウチョ》の塩辛）ときわめて隣接する調味料である。また韓国全羅《チョルラ》南道木浦《ナムドモッポ》の名物料理ホンオフェ(エイのアンモニア発酵)は、魚肉の長期保存法として、日本の寿司のルーツである馴れ鮨と深い関係にある。一六世紀末期において二度にわたってなされた、侵略戦争を通じての、日本から朝鮮への倭芥子《ウェケジャ》(トンガラシ)の伝来と、第二次大戦後の在日韓国人による焼肉文化の日本での浸透は、政治と軍事の背後で、韓国と日本という二つの食文化の交流の諸相を映し出している。

では、どうして二〇一三年暮れのユネスコ認定騒動のさいに、こうした文化史的な事実が報道されることがなかったのか。それは文化ナショナリズムと観光主義のために、日本料理を独自にして唯一な料理体系としてイデオロギー的に顕彰しなければならなかったためであり、隣国の食文化との密接な相互影響を指摘することがなかば禁忌とされたからである。

Washokuの虚偽

日本の農林水産省のホームページは、Washokuをユネスコに申請した理由を四点に纏めている。以下がその引用である。

①多様で新鮮な食材とその持ち味の尊重
②健康的な食生活を支える栄養バランス
③自然の美しさや季節の移ろいの表現

④正月などの年中行事との密接な関わり

内容空疎な文章のお手本といった作文である。だが比較文化学を専攻する当方には、役人の文章を添削しなければいけない義理と関心はない。ただ日本に居住する平均的な日本人として、常識的な範囲で註釈を施しておきたい。もっともWashokuというキャッチコピーを口にするのが恥ずかしいので、以下の文では妥協的に「日本料理」という表現で論を進めることにする。

①は、日本が食糧廃棄率のきわめて高い、世界有数の生ゴミ王国であることを平然と隠蔽している。「賞味期限」という表示のもとに、いかに大量の食物が手を付けられないまま捨てられているかを、起草者は想像できないのだろう。②は、日本で急速に増加し懸念されている成人病と、家庭料理の伝授システムの急激なる解体、料理の正統的という観念の形骸化といった事態を前にしたとき、現実を見ない机上の空論と判明する。③は、西欧諸国と比較するならば、驚くほどに低い食料自給率と、その一方での食材の季節感の消滅、伝統的時間秩序を無視した供給と消費の状況を日常的に体験している一般消費者の立場からすれば、もはや観光ポスターの惹句以上の意味をもたない。高度成長期以降の日本社会がこのような不自然な食環境を引き起こしてしまったことについて、農林水産省はどこに責任の所在を求めるつもりなのか。そして最後の④は、価値が多元化する日本社会にあって年中行事のもつ宗教的意味が希薄となり、行事食が消滅同然の状況にあるという現実に眼を瞑らないかぎり、口に出せない言葉である。

皮肉なことではあるが、もし今日の日本社会で宗教儀礼に基づいて厳粛なハレの日の料理を実践している社会集団がいるとすれば、それは秋夕《チュソク》の日を迎えた在日韓国人である。軍事独裁政権時代の韓国にあって著しく簡略化され疎外されたこの儀礼を、日本に住む少なからぬ韓国人は篤実に守り、伝統文化の継承に自覚的である。農暦正月にトックを食べ、秋夕には近所にソンピョンを配ったりもする。こうした在日韓国人の食事儀礼こそを、日本の官僚は食の多様性の一現象として国際的に喧伝すべきではないだろうか。

日本料理をめぐる、こうした不正確で愚かしくも感じられる言説を前にして、わたしはやはり素朴な疑問の前に立ち止まらざるをえない。疑問は二つある。

ひとつは、なぜユネスコ、つまり日本人以外の他者に日本料理を認定させる必要があるのかという問いである。日本人であるわたしは、外部からの視線を受け入れ、それに権威的なお墨付きを与えられていないかぎり、メザシ一匹焼くことができないのか。もうひとつは、実際に無形文化遺産として認定されたとき、申請者と認定者の両方が想像力のなかで分かち合っていた日本料理の映像とは、どのようなものであったのかという問題である。

後者は、正確ではないかもしれないが、大体のところ見当がつく。ユネスコによる認定を記念して、先に名を挙げた「日本料理アカデミー」なる団体が二〇一四年二月にパリで、大規模な祝賀イヴェントを行なった。京都の料亭出身者を中心とする一八名が、これぞ日本料理といわんばかりの料理を調理し、ユネスコ関連の招待客たちに供した。その予告を記すインターネット情報によれば、蟹味噌仕立て松葉蟹から、鮃昆布〆、生湯葉と続き、最後にトリュフ御飯と豆腐のブラマンジェ風で幕を閉じるコースが予定されていたという。

そうか、日本料理を無形文化遺産に仕立て上げるとは、結局のところ、西欧人とトリュフ御飯をいっしょに食べる（しかし箸を用いて？　スプーンを用いて？）ことだったのかと、わたしは合点がいった。もしその会場に星ヶ岡茶寮の魯山人がいたら、呵呵と笑って周囲に嘲りの目を向けただろう。『日本に就て』の著者である吉田健一がいたら、あいにく趣味ではないのでといい、トリュフ御飯には箸をつけずに退出したことだろう。しかし、その後になってわたしはさらに恐ろしい「日本料理」を東京銀座で食べることになった。フォワグラ・ドンブリである。

ここで話をより一般的な次元に戻そう。ユネスコの無形文化遺産認定を受けて広まった日本料理ブームについて、私見を述べておきたい。これは端的にいって、文化多元主義を表看板とする観光主義のイデオロギー的表象である。

ある時期まで人類の世界遺産とは、古代遺跡や彫刻、中世の寺院教会といった、有形のものに限定されていた。ある国家が文化ナショナリズムの発現と昂揚のため、有形の伝統文化に序列と規範化を施し、それをユネスコ、つまり普遍的な文化理念を体現していると見なされてきた世界機関に申請する手続きが取られてきた。近年、世界的に蔓延するに到った観光主義はこの世界遺産の対象枠を拡げ、無形の文化をも認可の対象とするに到った。これは観光産業が従来の静的な名所見学ツアーから、よりパフォーマティヴかつ教育学習的な体験型プログラムへと少しずつ移行していく動きと、軌を一にしている。かつてあったものの廃墟を確認する旅行が、現下において現地民が実践している文化を目の当たりにする旅行へと変化していく。宗教儀礼や食文化といった、日常的に実践はされてはいても、他所に運搬納入して公開することのできないもの、つまり無形の伝統文化に、照明が投じられる。こうした人為的な演出によって造りだされるのは、潜在的な観光客の期待にほかならない。

一九世紀の西欧諸国にとって、東洋(アジアではない)とは未知の魅惑に満ちた異境であった。西洋人は植民地主義というイデオロギーの枠内にあって、みずからの好奇心と欲望に促されるままに東洋を表象し、自己本位に築き上げた東洋をめぐる言説と映像をもって、現実のローカルな言説や映像に対し抑圧的に振る舞った。東洋は他者の言説のなかに浮かび上がるみずからの像を規範として受け入れざるを得ず、きわめて屈折した形で自己の内面化を実現しなければならなかった。欲望の主体はどこまでも西洋であり、東洋とはその欲望が投影される、神秘と歓喜に満ちた領域だったのである。

だが今日、状況は一変している。かつて他者であったアジアは、みずから積極的に欲望の対象としての自分自身を売り込むことに忙しい。グローバルな回路のなかで無限に循環する観光産業を見据えながら、みずからを商品として提示し、そこにナショナリズムの拠点を置く。観光商品として回路に乗せられるのは、何も昔のように廃墟と歴史的記念物ばかりではない。伝統舞踊の教授法であり、セックス産業であり、つい先日終了したばかりの戦争の、悲惨きわまりない痕跡であったりもする。このとき料理と音楽は、民族=国家に固有の無形文化財として、世界的な観光産業に供せられるアイテムとなる。だが現地民の日常茶飯がそのまま文化商品となることはありえない。料理や調理の文化が国際的な認可を受け、世界的な眼差しのもとに価値を認められるためには、それはまず無難な形で「伝統的」であり「正統的」であると見なされなければならない。だが、七世紀の仏教建築や一六世紀の水墨画ならいざ知らず、日々変容を続け、現実に匿名の庶民によって生きられた体験である料理文化を、はたしてそのような形で規範化することは可能なことだろうか。また意味があることなのだろうか。

ユネスコの日本料理認定騒動が滑稽に見えてしかたがないのは、この問題が回避されているばかりか、粗雑な形で隠蔽されているためである。農林水産省は日本料理を定義することなく、それを成立せしめている文化を申請の対象にするという、意図的に曖昧化の修辞を用いた。これは官僚のみならず、現場の外食産業の料理人にも、家庭の日常茶飯の担い手にも、もはや日本料理を定義することが不可能であり、無意味でもあるという事実を、逆に証立てている。

日本人の日常の食体験において、西洋料理、アジア料理、中国料理の占める割合が圧倒的に高く、それらが日本料理と奇妙な折衷を遂げ、外食産業で興隆を続けているという事実。グローバル経済のなかで世界中の食材が日本に運び込まれ、京都の鱧に到っては韓国産の方が高級品になっているという事実。香港では焼き餃子が、台湾ではラーメンがもっとも著名な日本料理であり、欧米ではアボカドからチョコレートまでが寿司の食材として話題を呼んでいる事実。前者はさっそく日本でもポピュラーとなった。わたしを感動させたのは、一九九六年の十二月、ペルーの日本大使館で天皇誕生日を祝って出された日本料理の大半が、スクガラスやチャンプルーといった沖縄料理であったという事実だった。日系人の古老の多くが沖縄出身であることに配慮して、フジモリ大統領が準備したのである。

歴史的にも、また地理的にも、日本料理とは外国の料理体系と食材の不断の影響のもとに変容を続けている文化にほかならない。この事実を無視してWashokuなるものを国際的観光ブームの供物に仕立てあげることは、日本の食文化のもつ多様性の抑圧である。農林水産省の説く日本料理の四つの特徴とは、実のところ、虚偽に満ちた日本料理の観念的抽象化であり、現実の日本人の食生活と齟齬をきたすばかりか、そもそも音楽や数学と異なり、純粋さ、唯一さといった観念とは無縁である人間の食体験に背馳するものである。それが現代社会における日本食の、もっともグロテスクな神話化であることは言を俟たない。

料理の真正性とは何か

1

あるときわたしは友人のジョン・クラークと、オーストラリアのＴＶで料理番組を見ていた。ジョンはタイと日本の美術を中心とする美術史研究家で、夫人はタイ王室に近い伝統的肖像画家である。

ＴＶでは中国系のカナダ人シェフが、中華鍋を使ってケーンを調理していた。ケーンは肉と野菜を煮込んだ、汁気の多いシチューで、インドのカレーに似て米を添えて食べる。世界中のタイ料理店でもっともポピュラーな食べ物だ。わたしもときおり作るが、調理法はどちらかというとカレーというよりも、日本でいう味噌汁に近い。だがＴＶの中国系シェフの手口は違った。彼はまず肉を油で揚げてしまい、次にココナッツミルクとケーンのペーストを加えた。そして最後に砂糖で味を調えた。

わが友人は、これは違うなという違和感を覚えた。砂糖などを加えてしまえば、ケーンの独特の風味が損なわれてしまうではないか。タイ人は脂っこさを好まない。肉を油で炒めてから煮込むなんてもってのほかだ。まずココナッツミルクを鍋で少し煮つめ、ペーストを入れて香りを立てる。肉と野菜を投げ込むのはその後で、それから水で濃度を調整するというのが正統である。

次に彼は考えてみた。このＴＶの転倒した調理法を、本来のタイ料理のレシピに鑑みて間違ったものだと否定することは簡単だ。だがこの間違いが何に由来しているかを考えてみるべきではないか。

このシェフは広東系なのだろう。だからタイ料理を調理しようとしても無意識的に広東風の偏差が出てしまった。ケーンは本来の風味から離れ、広東料理のテイストに近づくことによって、ＴＶの視聴者である中国系カナダ人の口に合うものへと姿を変えた。いや、もう少し明確にいうならば、調理の順序を変え、本来は使用しない油と砂糖を鍋に投げ込むことで、タイ風の広東料理として生まれ変わったのだ。

わが友人はそのように推理した。わたしは彼の美しい夫人のことを思い出した。もう十年以上前になるがわたしがシドニーのジョンの家を訪れたとき、彼女は夕暮れどきにササッと庭に出ると、ひと抱えのハーブを摘んで台所に入った。しばらくして香り高いタイ料理のさまざまな皿が食卓に運ばれてきた。おそらく彼女にしてもＴＶを見て、わが友人と同様の感想を抱いたのではないだろうか。

わたしは考える。料理の本物さとは何だろうか。ケーンを調理するにあたってココナッツミルクに肉と野菜を入れるのがバンコックにおける純正な流儀であり、本物のタイ料理であるとしたら、鍋に油を敷いて肉を炒め砂糖を加える中国系カナダ人シェフのレシピはあきらかに誤っている。正統的でないばかりか、タイ料理が本来もっている微妙な風味を破壊している。ではそれは偽物の料理なのか。カナダで（そしてタイを除く世界の多くの地域で）そのように調理され賞味されているケーンは、まっとうではないタイ料理であり、タイ人とタイに旅行することのできる余裕をもった外国人観光客だけが、「本物」のタイ料理を口にすることができるのか。

料理における「本物」を論じるさいにまず念頭に置くべきなのは、地上でさまざまな人間の手で現実に調理されている料理には、それ自体として「本物」も「偽物」もないという事実である。調理の順番と風味こそ違え、目の前の皿にあるのは肉とココナッツミルク、ペースト、茄子をはじめとする何種類もの野菜の煮込みである。肉も本物であれば、茄子も本物である。後は腹を空かせてそれを食べるだけでいい。料理それ自体には偽物など存在しない。「本物」「偽物」という区分が成立するのは、もっぱら料理をめぐる言説の次元においてである。いや、もっと具体的にいうならば、それはメディアの一画に成立しているグルメ・ジャーナリズムの世界においてである。食において卓越した地位を占めたいと思う者たちが、みずから知りえた「稀少」な体験を誇りたい気持ちに駆られたとき口にするのが、この「本物」という言葉にほかならない。

繰り返すことになるが、「本物」の食べ物とは実在するものではない。どこまでも社会的に構築され、言説の内部にあってのみ成立する現象である。一方に「本物」を生産している農家や漁師、食肉処理者がいて、もう一方に「本物」を賞味する（と思い込んでいる）人たちがいる。彼らは自分たちが「本物」と関わっていることで、それがかなわずにいる他の者たちに対する卓越性を自己確認している。「本物」を生産し「本物」を消費している自分たちこそ、「本物」だという世界観を所持している。とはいうものの、なぜ「本物」だけが他の物との差異化によって、かくも高く価値づけられているのか。この差異化のシステムが、単に食物をめぐる言説の次元を超え、現代社会の構造そのものに深く横たわっているという事実を、われわれは改めて考えてみなければならない。

2

興味深い話がある。一九世紀にアメリカでマーガリンが考案されたときの経緯《いきさつ》だ。

安価な動物性油脂を加工して作るマーガリンは、バターの模造物として市場に出現した。それは本物のバターよりもはるかに安価であり、そのため、それまでバターを購入できなかった低額所得層に歓迎された。バター業界はこれに難色を示し、バターは明るい黄色であることをもって本物であると説き、マーガリンは偽物である以上、黄色の着色料を用いてはならないと通達した。マーガリン業界は白色に甘んじなければならなかった。業者によっては本体とは別に黄色い着色料をカプセルに入れて提供し、自宅で混ぜ合わせて使用するよう、消費者に呼びかけた。

だが本物のバターに固有であるはずの「明るい黄色」というものが、そもそも虚構であった。一九世紀のアメリカでバターを製造していたのは酪農家であり、零細企業の製造工場であったが、彼らは自分たちの流儀に応じて製品を製造していたため、色はまちまちだったのである。ひどく黄色いバターもあれば、ほとんど黄色くないバターもあった。規範的な「明るい黄色」を演出することは不可能に近かった。

あるときマーガリンに革命が起きた。動物性油脂に代わって、植物性油脂が用いられることになったのである。当然のことながら、製品はおのずから黄色味を帯びることになる。もはやマーガリンは偽物のバターではなく、本物のマーガリンとなった。ちなみにいうと、この方がバターよりもはるかに健康にいい。とはいうものの、黄色いマーガリンはご法度ということになっている。しかたなくマーガリン業界は製品に人工漂白剤を加味することになった。久野愛『視覚化する味覚』（岩波新書、二〇二二）に紹介されている挿話である。

わたしはこの話を知って思わず爆笑しそうになった。われわれの社会はいかに多くの「偽物」の食品によって、溢れかえっていることだろう。偽のイクラ。人造キャビア。屑肉を固めて作ったステーキ肉。しかしそんなことをいうならば、日本の伝統食材であるガンモドキにしても、豆腐を加工して雁の肉のようなものに仕立て上げたという意味であるし、そもそも豆腐自体が大豆を材料にして、インドのパニールもどきを作成したものだという説があるではないか。スーパーマーケットに行けば、いく種類もの蟹カマボコが並んでいる。日本で考案され、今ではリトアニアで大量生産されたものがフランスをはじめとする西洋で大量消費されているという大ヒット商品である。ヨーロッパでの一般名称はSurimi、つまりすり身である。どこにも蟹肉のイミテーションを思わせる気配はない。

こうした加工食品を今さら偽物だといって非難する人はいないだろう。本物だと信じて騙されたと怒る人とていないだろう。ガンモドキは日本以外では入手が容易ではないかもしれないが、豆腐も蟹スティックも国境を越えた真正な食品として、国際的に認知されているのだから。

わたしはかつて台湾で著名な素食料理店を訪れたことがあった。菜単《メニュー》にはスブタから江戸前の握り寿司、鰻のかば焼きまで、ありとあらゆる料理の名前が並んでいる。野菜だけを用いて本当にそんなものが調理可能なのかと半信半疑で注文してみたが、はたして本物の糖醋排骨(スブタ)や握り寿司そっくりのものが出てきた。茸や野菜、豆腐、練り物などを巧みに組み合わせている。どうやら味の強いものほど模倣がしやすいようだ。あまりに感心したので料理人と話をしてみた。予想した通り、彼は篤実な仏教の信者で菜食主義者であった。菜食主義者がよくスブタの味を再現できますねと尋ねると、自分は八歳までは普通に肉も魚も食べていたので、そのときの味覚をうっすらと記憶しているからという答が戻ってきた。本当だろうか。幼いころは視力がまだあったから、事物の形はぼんやりとだが憶えていますといった盲人の言葉を聞いたような気がした。ひょっとしたら揶揄《からか》われていたのかもしれない。

台湾人は別に菜食主義者でなくとも、素食料理店に足を運ぶことが好きだ。週に一日はと決めて向かう人もいる。こうしたそっくり料理の妙技を愉しむ客が確実に存在している。市場にもそっくり素食食材の一角があったりする。わたしは台湾人の食をめぐる遊戯的な情熱を、ふと垣間見たような気がした。彼らはバターとマーガリンの着色をめぐる権利問題になど興味を示さない。何か別の食べ物を象《かたど》った、そっくりの食べ物という考えを面白く受け容れ、料理人の妙技を鑑賞して舌鼓を打つことに長けているのである。

3

アメリカ英語には、foodの形容詞foodyを変形させたfoodieという単語がある。歴史のある言葉ではない。「食通」と訳されることもままあるが、フランス語でいうgourmetとはだいぶニュアンスが異なっている。「グルメ」というのは美味なるものを率先して口にし、食を人生の悦びとする者たち、約《つづ》めていうならば美食家を意味している。だが「フーディー」にはもう少し異なった含意がある。彼は美味なる食物を探しだし享受するだけの、ブルジョア的な人種ではない。食こそが自分のアイデンティティ形成にとって重要だと見なし、それを生活様式として積極的に選びとった人間という意味合いが、この言葉にはある。フーディーは食を通して人間を認識する。何を食べ、何を食べないかによって自分を規定し、他者を認識する。

ジョゼ・ジョンストンとシャイヨン・バウマンの手になる、その名も『フーディー』（村井重樹他訳、青弓社、二〇二〇）なる書物を最近読んで、わたしは少なからず啓発されるところがあった。このカナダの二人の社会学者は、二十年間にわたってインタヴューとメディア言説を通し、アメリカ社会における食と料理について、意識調査を纏めている。彼らが取り上げている主題のひとつは、まさに食物における真正性authenticityである。

ある食物、ある料理が「本物」authenticであると判断されるには、どのような条件を満たしていなければならないのか。ジョンストンとバウマンは五つの要素を挙げている。「地理的特殊性」「シンプルさ」「人格的つながり」「歴史と伝統」。そして「エスニックなつながり」である。もっともこう書き出しただけでは抽象的でよくわからない。以下にわたしが自分の思い当たる例に言及しつつ、五要素を敷衍する形で論じていくことにしよう。

地理的特殊性

その場所でしか食べることができないものには高い価値が与えられる。何といってもそれは「本場」の料理なのだ。逆に、世界中どこに行っても同じ素材、同じ味付けで食べられるものは、一般的に価値が低く見られている。カイロの「アレクサンドリア・チキン」や佐久の「むしり鳥」は、わざわざそこまで足を運ばないかぎり賞味できない。だがケンタッキー・フライドチキンやマクドナルドのハンバーガーは、世界中いたるところで、簡単に口にできる。地域指定が狭まれば狭まるほど、本物らしさはますます強調される。それは小規模な生産者によって担われており、大量生産されてはならない。前面化されているのは稀少性である。

とはいうものの、この真正性はある時点で矛盾に出逢う。現地の人間が好んで食べる「ディープ」な料理を、食に長けた外国人が気に入るとはかぎらないからだ。いや多くの場合、非現地人はその強烈さに当惑し、受け容れようとしない。真正さはこうして妥協を余儀なくされる。アメリカや日本で食べられる現地料理は、アメリカ人向けに、また日本人向けに、わかりやすく作り直されている。他者性を軽減することで、人はそれを既得の味の延長上に、安心して食べることができる。先に触れた、カナダの広東風タイ料理がその一例である。

シンプルさ

本来は新鮮で自然そのものである素材に、複雑な調理を施し、凝りに凝った盛り付けを施された料理は、真正なものとは見なされない。素材は高い品質を損なわないまま、昔ながらの製法で、しかも丹念に仕立てられなければならない。不純物を混入することも、人工的な添加物を添えることもあってはならない。

当然のことながらそれが可能となるのは、個人生産者や家族農場のような小規模な生産者に限られている。手造り食品は本物の職人の手で丹念に仕立てられ、生産者の誠実さと結びついている。職人は芸術家のような情熱をもち、ひたむきで、拘りがあり、もし可能であるならば、高学歴ではないことが望ましい。手打ち蕎麦は太さも一定しておらず、当然のことながら嚙み心地にもバラツキがあるが、機械化された製法による蕎麦と比べてはるかに真正である。なぜならばそれはごく少数が、寡黙な蕎麦打ち職人の手で作られるからだ。

本物の食べ物に到達するためには、あえて不便で長い時間が必要とされる場合がある。まず遠くへ旅行するための経済的余裕がなければならない。食材の処理にも手間と時間がかかる。スローフードはその効率の悪さにおいてファストフードの逆であり、あらゆるインスタント食品に対立している。

シンプルな食物を賞味するには、それが提供される場所がシンプルであることが望ましく、旧来の権威主義的なレストランは不適当である。フォーマルな食事作法とは無関係な、ただ食物の高品質に向かい合い、それを賞味できる環境こそ望ましい。

だがシンプルな食品とはいったい何なのか。突き詰めていくと、それが定義不可能なものであると判明する。さらに大きな矛盾は、こうした食品が前近代性の、非産業的な雰囲気を帯びているにもかかわらず、先進資本主義経済の商品の生産・分配・消費のシステムを前提としてこそ可能であるという事実である。都会に住む多くの消費者は、農地でレタスが深夜に出荷されていることに気を留めず、冬場のトマトやキュウリがビニールハウスで重油を用いて栽培されていることを知らない。

人格的つながり

「このトマトは〇〇〇県〇〇〇町の〇〇〇さんが作りました。」

青果店が高級さを演出しようとするときPOPとして付けるこうした言葉は、食材の鮮度の責任を明らかにしているばかりではない。食べ物を人格化し、それが誠実にして善良な生産者の手で作られていることを主張している。ここに並べられているのは匿名の手によって大量に製造され、営利を目的として販売される食物ではない。具体的に顔の見える作り手とその背後にある家族の伝統、深い信頼の絆によって、丁寧に育て上げられたものだ。ひょっとしたら土壌の混ぜ方に、肥料の配分に、一子相伝に似た秘密が横たわっているのかもしれない。

食物の人格化は、伝統的な家族の献立からもしきりと引用される。子供のころから親しんでいた、一家の定番メニュー。お婆ちゃんから学んだレシピ。それは質素であり、時代遅れのように見えるが、それゆえに真正なものである。興味深いことに、植民地や旧植民地の食物や料理は、なかなか人格化されることがない。宗主国の人間が植民地の生産者、職人、料理人の人格を長い間、認めてこなかったように、料理もまた顔がなく、人格を認められてこなかった。

歴史と伝統

真正な料理は伝統的な素材を用いるばかりではない。調理の仕方においても、厳密に伝統に従っていなければならない。それは伝統的社会の世界観、価値観をみごとに表象しているべきである。京都の食文化はこうした神話を過大に喧伝することで、産業として成り立ってきた。

とはいうものの、レシピの記念碑的伝統主義は、エリート料理人が芸術家を気取り、真正さの探究を喧伝するとき、齟齬をきたすことになる。芸術的創造性はしばしば、伝統料理の古色蒼然さに批判的な立場を取らざるをえない。多くのシェフが刊行するレシピ集には、いたるところに妥協の痕跡が発見される。換言すれば、個人の恣意的な創作の痕跡が散見される。もっともこうした事態は先進国のエリート料理人の、狭小な世界での出来ごとにすぎない。発展途上国の農村や大都市の貧困地区、難民居住区では、問題にはならない。そこでは本物の味は無名であっていっこうにかまわず、逆に無名であるがゆえに(観光主義的TVメディアを通して)真正さが強調されることになる。

エスニックなつながり

これはきわめて微妙な問題であり、料理をめぐる言説がともすればレイシズムに結びつく可能性があることを示唆している。食べ物は生産者と消費者のエスニシティが公然と明らかにされることによって、より本物の食べ物であると見なされるという信仰が存在している。「日本人以外には寿司は握れない」という言説、「ガイジンの握る寿司はねえ」という留保の表明は、真正な料理は、それに対応するエスニック集団においてのみ可能であるという信念に見合っている。

こうして単なる食物は、「地理的特殊性」「シンプルさ」「人格的つながり」「歴史と伝統」、そして「エスニックなつながり」という五つの格子を潜り抜けることを通して、真正さを獲得する。本当の食べ物を口にするには、ある特別な場所に赴かねばならない。それは稀少にして単純な食品であり、生産者や料理人の寡黙にして禁欲的な表情に守られている。彼らの背後には長い歴史的伝統と家族の信頼感に満ちた絆があり、それは優れてエスニックな文化の継承でもある。逆に真正さを欠いた食べ物、偽の食べ物とは、工場で大量生産され、均一の味のもとに世界中で手にとることのできる食べ物であり、そこには固有の文化的伝統を感じさせるものはいっさい存在していない。それは正統性を欠いているばかりではない。信用のおけない、虚偽の食べ物なのだ。こうした二分法を通して、人は食物におけるエリート的差異を実現する。わたしが真正にして卓越した食べ物を口にするのは、ほかならぬわたしが真正にして卓越した存在だからだ。

4

料理の真正性、正統性を形成する条件なるものを書き出しているうちに、わたしは少しずつ馬鹿馬鹿しい気持ちになってきた。というのも、自分の食べ物の体験を振り返ってみると、知らぬ間にこの真正さを求めていたり、眼前に供された料理が真正さを欠いていると感じて不愉快になったことが数限りなくあったからである。だが、このわたしこそ、先進資本主義社会が作り上げた大衆消費の願望に忠実であり、それに優等生的に操作されている主体ではないだろうか。

わたしは自分のなかにある奇妙な分裂を認めないわけにはいかない。一方に「まっとうな」料理の実在を頑として信じ、本来の充溢を失った食材、誠実さを欠いた料理を前にすると落胆や怒りを感じるわたしがいる。だがもう一方に、食べものというものは本来の場所から引き離され、別の場所に移植されることで変化発展を来たし、その変遷の過程が料理史を創り上げているという事実を認識し、その結果として生まれた食の多様性を享受しているわたしがいる。料理は真正さを喪失することで発展していったのだと考えているわたしがいる。

わたしは東京にいて出雲料理店と称するところで出雲蕎麦を註文するたびに、いつも不満を感じてきた。わたしが少年時代に親戚の住む出雲や松江で食べた蕎麦と比べて、風味においても分量においても著しく見劣りがしたからだ。少し大げさな表現を許していただきたいが、母方父方がともに島根県出身であるわたしには、その貧相な蕎麦が先祖の地を貶めているような気がしてならなかった。

レストランガイドで評判の高いイタリア料理店に誘われたときには、小皿の数の多さに閉口し、ゴチャゴチャとしたソースを載せて出されるパスタの少量さに驚いた。これはイタリア料理にヒントを得た会席料理の一種だという感想しかもつことができなかった。留学生時代にフィレンツェの学生食堂やローマの安食堂で食べたトマトソースだけのパスタ、飽きもせずに食べた豆のスープに、説明のつかない懐かしさを感じ、ああしたイタリア料理の簡潔さ、素朴さがどうして日本では無視されているのだろうと、訝《いぶか》しく思った。

日本のバゲットのインチキ性にはいつも腹が立つ。フランスでは革命の時点で貧民にも確実に「正しい」パンが与えられるようにと、バゲットには厳密に長さと重さの範囲が定められている。不正をして中身のないものを製造し販売し、貧しき者がこれ以上搾取されてはならないという理念がそこには横たわっている。日本のパン製造業者はそれを平然と無視して、寸足らずのパンをバゲットと称して販売したり、過剰にバターを用いたものに高い値段を付けたりしている。一七歳のときに高校を中座してケーキ工場で働いたことがあったからかもしれないが、総じてわたしは、日本のパン屋はお菓子屋にすぎないのではないかという積極的偏見をもっている。

外国に滞在していたときはどうだっただろうか。イタリアでは、ひどくおずおずとした感じで出される中華料理に情けなさを覚えたし、イスラエルでは律法に記された戒律により海老も蛸も登場しない握り寿司に、いったいこれで寿司といえるのかと、大いに憤慨したことがあった。こうした体験をするたびにわたしは、本場でしか体験できない、シンプルで伝統的な料理にノスタルジアを感じてきた。真正でない料理を眼前にして、怒りこそ覚えなかったとして、なんだか情けない気持ちになったことは否定できない。

だからここで告白しておこう。わたしは食において著しく「本物」志向の人間なのだ。過去に知っていた正統的な味覚が蔑ろにされてしまい、正しく再現されていない、継承されていないと知ると、深く落胆してしまう不幸な人間なのだ。わたしが十年ほど前に世に問うた『ひと皿の記憶』(ちくま文庫)は、まさにこの喪失された食べ物の記憶をめぐって執筆された書物である。

もっとも、わたしだけではないだろう。故郷を離れて生活する人間にとって、こうした真正さへの衝動、久しく口にしていない、「本物」の味覚への郷愁が強くなるのは、当然のことであるような気がする。わたしの知っている函館出身の女性は、東京に来て以来、イカを口にしたいとは思わないといい、広島出身の男性は、東京の広島風お好み焼きはお好み焼きではないとつねに断言していた。誰もが料理の真正さなる観念が虚構のものとは知りながらも、気が付かないうちにその観念の虜となっている。

だが個人的な出自や幼少時の食体験を無視するかのように、事態は残酷にも進行して行く。大衆消費社会は真正さを口実に食産業を大きく方向づけていく。ある食べ物を偽物として排除し、別の食べ物を本物として喧伝して、それを大々的に神話化していくのだ。このような表現が許されるかどうかはわからないが、メディアの言語のなかで、食物はその本質において搾取されてゆく。わたしは料理雑誌やレストランガイドがそうした言説を過剰に蔓延させ、料理の真正さがつとに神話化されていく現状に、人知れず禍々しいものを感じている。

とはいうものの、こうした真正なる食べ物を探し求めんとする情熱に捕らわれている一方で、わたしがまた現実に調理されている料理の多様性、というより非規範性、地域的複数性に圧倒され、単一の正統的な食べ物が地理的に拡散し、時間的に変化していくことを通して、けっしてひとつに統合されない豊かさを体現していることに歓びを感じているのも事実なのである。

ソウルに住みだしたときわたしを驚かせたのは、市場の一角に数メートルにもわたって積み上げられている白菜の山だった。またそれを大量に担いで帰り、ご近所同士で円陣を組むと、お喋りをしながらキムチ作りに精を出している女性たちだった。さまざまな家庭でまた食堂で白菜キムチを食べる機会があったが、白菜や香辛料の違いによって、漬ける者の出身地と年期と押しにかける力によって、その味はどれも微妙に異なっていた。おそらくほとんどの韓国人は、自分の漬けるキムチこそが真正にして正統的なキムチだと信じていた。

生牡蠣や鮑をスライスして白菜の葉の間に滑り込ませてあるキムチもあれば、夏場での、ただ塩辛いだけのキムチもあった。賞味期限を過ぎてしまい、乳酸発酵が進み過ぎて酸っぱくなったキムチもあった。こうした多種多様なキムチを前にすると、どれかひとつのキムチを極めつけの「本物」と指定することが、いかに愚かしいことであるかが了解されてくる。キムチは漬け込む人の数だけあり、さらにいえば、その人たちの先祖の出身地（本貫）の数だけある。それらは等しく真正な食べ物なのだ。

　地上に存在するあらゆる地方料理についても、程度の差こそあれ同じことがいえるかもしれない。地魚料理のレシピ集を読むと、日本の漁師町ではかくも多様な魚が捕られ、それを素材として、驚くべき数の漁師料理が独自に作り上げられていることが判明する。日本では「ミートソース」のスパゲッティは定番らしきものが存在しているが、本場のボローニャに行くと、どの家庭でも好き勝手に挽肉を混ぜたり、鳥のレバーを加えたり、まさに思い思いのレシピをもっており、しかもそれを絶対に曲げようとしない。

　国民料理となったとき料理は妥協を余儀なくされ、匿名にして不自然なイデオロギー的意味を担わされてしまう。だが個人の家で調理される郷土料理は、頑固なまでにそのレシピの固有性に拘泥し、調理をする家族のメンバーの人格を、また一家の歴史を表象している。郷土料理は多様性を体現しつつ、同時にそれぞれが（誰に訊ねられることもないままに、それなりに）真正なる存在なのだ。こうした状況を前に、都会のスノビッシュな美食家志願者が、食におけるおのれの卓越化を求めて食物の真正さを口にするのは、なんと滑稽なことだろう。

　料理の変容と発展という立場に立つならば、料理の真正さという観念はさらに疑わしく、また無意味に思われてくる。ある料理を真正なる料理と呼ぶことは、それが変化発展するのを止めてしまった料理であるということと同義ではないだろうか。宮中では奈良時代から続く食物の儀なるものが存在している。千年の長きにわたって、シーラカンスのようにいっさい変化することなく、綿々と継承されてきた儀礼的料理である。それははたして真正なる日本料理と呼べるだろうか。たとえもしそうだとしても、それは現代の食景のなかでアクチュアリティを欠いた骨董品にすぎないだろう。

料理はつねに変化していく。本来の発祥地から移動し、別の土地へと移動して行くにつれて素材においても、天候においても、調理をする者の料理観においても変形していく。カテリーナ・ディ・メディチが大勢の料理人を連れてパリの王室に嫁したとき、イタリア料理の変奏として宮廷料理であるフランス料理が成立したとは、西洋料理史にかならず記されている事実である。かつてフィレンツェで語学学校の合間に、お料理学校に通っていたことがあった。引退した料理人である老先生が、レッスンの最初の日に語ったことを、わたしは今でも憶えている。「フランス料理なるものは世界に存在しない。あれはイタリア料理の一部である」と、彼は宣言したのだった。

だが何もそんな大層な歴史的事実を引き合いにださなくともよい。近代日本は欧米諸国の料理を独自に取り込み、「洋食」の名のもとに、それを独自の形で日本化させ、国民料理に仕立て上げてきたではないか。日本人はウイーンのシュニッツェルやミラノのコトレッタにヒントを得てトンカツを考案し、わきに千切りのキャベツを添えた。そこからカツ丼やカツカレーが派生した。オムレットはオムライスを産み、さらに築地の魚市場でオムカレーを産み落とした。クロケットはコロッケと名を変え、コロッケパン、コロッケ蕎麦となり、ロールキャベツはおでんの心強い脇役となった。イギリスは香辛料に満ちたインド料理を簡略化して、カレールーを考案し、日本はさらにそのイギリス料理をもとに、ライスカレー、カレーうどん、カレー蕎麦、カレーパンと、大展開をしてみせた。ナポリの乾麺であるスパゲッティは、「ナポリタン」「ミートソース」といった、一見いかにもイタリアを感じさせる創作料理の源泉となり、さらに次の段階では日本料理の食材を積極的に導入して、たらこスパゲッティ、納豆スパゲッティといったハイブリッドな新作料理へと発展していった。ヴェトナム人がバゲットからバインミーを作り出したように、日本人はコッペパンから焼きそばパンを作り出した。すばらしいことだとわたしは思う。

あるとき台所でグーラシュを調理していたわたしは、ひょっとしてそれがハヤシライスの起源ではないかという疑問を抱いた。ハヤシライスはカレーライスとは違って、その語源にも諸説あり、いったい西洋のいかなる地方に起源があるかが確認されていない。グーラシュにしてもそれを調理する文化は、ハンガリーから旧ユーゴスラビア、さらに北イタリアにまで広がっており、場所によっては「グラーシュ」「グヤーシュ」などと、さまざまな呼称がある。いずれが正統であるとか、真正であるといった議論はこのさい通じない。それは中央ヨーロッパの庶民が牛の安価な部分を、玉葱とともに赤ワインとパプリカで煮込んだだけの、ひどく質素で簡単なシチューにすぎない。グーラシュを作り終え、味見をしたわたしは、そのとき長い間口にしていなかったハヤシライスのことを突然に思い出した。なあんだ、そうだったのか。わたしのなかで、ベオグラードからサラエヴォへバスの旅をしていたとき、途中の停留所のわきにある食堂で食べたグーラシュの記憶が、小学生時代に渋谷の東横百貨店の食堂で食べたハヤシライスのそれに結びついた。幸福感とはこのような気持ちを指すのだろうか。

もはや料理の本物さ、真正性に目くじらを立てることのいっさいが、このとき滑稽なことのように思われてきた。グーラシュとハヤシライス、サラエヴォと東京の渋谷が予期もせずに重なり合っただけで、わたしは充分に幸福だったのである。

食材と料理の真正性をめぐる議論のなかで、わたしはつねに両義的な場所に立たされている。この観念が虚構のもの、操作され演出された神話であると認識しながらも、それに魅惑され、失望と諦念を繰り返している自分に気付いているからである。あらゆる観念の所持がそうであるように、幸福感に包まれることは稀有なことである。おそらくわたしの立つ場所の曖昧さは、わたしの人生の立つ場所の曖昧さに、それなりに見合っているのだろう。わたしは、そしてわれわれは、真正さと正統さに憧れながらも、それ自体は本質的に真正でも正統でもない生のさなかにいるのであるから。

料理の復元

1

ベロニカが東京にやって来たので、新大久保の職安通りにある韓国料理店に連れて行った。彼女はアメリカのスペイン語圏では、ちょっと名の知れた料理研究家である。テーブルに次々と並べられていくキムチや塩辛が面白くて仕方がない。すぐに日本料理とはまったく違うことに気が付いた。これはみんな韓国料理なんだよというと、もっと説明をしてほしいという。そこでわたしは済州島《チェジュド》の話をした。

済州島は朝鮮半島とは異なった歴史と文化をもつ離島であり、本土からは長らく蔑みの眼で見られてきた。そこでは一九四八年三月一日以降、大がかりな虐殺が行われ、多くの住民が日本へ密航した。日本の韓国料理は本来の韓国料理とはいくぶん異なった発展をしたが、それは在日韓国人のなかでこの島に出自をもつ者が多いこととけっして無関係ではない。

ベロニカは興味を示す。その島から来た人たちは、故郷を懐かしく思って島の料理を作るのだろうかという。

ベロニカは二二歳のとき小舟に乗り、キューバの海岸から密航を図った。手荷物は古い家族アルバムと何冊かの本をトランクに詰めただけ。あちらこちらを転々としながらアメリカ合衆国の領土に漂着すると、テキサスの難民収容所で二カ月を過ごした。運のいいことに、遠い親戚を探し当てて身元引受人になってもらうことができた。そこで一路マイアミへ向かった。

キューバ人は亡命してもほとんどがマイアミを目指す。海を渡ればハバナはすぐ目と鼻の先にあるこの南国の保養地に集まってくる。周囲がキューバ人ばかりだから、いつまで経っても英語が上手にならないのねと、彼女はいう。

ベロニカはマイアミのスペイン語新聞にもう長いこと連載をしている。キューバの伝統料理のレシピを写真付きで紹介しているのだ。それがようやく本に纏まったというので、わたしに一冊をくれた。*La Cocina Cubana de Vero*『本当《ベロ》のキューバ料理』という題名だ。

「ベロってベロニカのこと?」

「もちろんそうだけど、『本当の』という意味でもあるのよ。わたしはマイアミに逃げて来て、はじめて本当のキューバ料理に出会ったのだから。だってわたしが生まれ育ったころ、キューバはアメリカの経済制裁が構造化していて、恐ろしいまでの食糧危機に陥っていた。誰も『砂糖を買う』とか『豚肉を買う』なんていわない。『砂糖を見つけに行く』とか『豚肉を探しに行く』っていってたわ。」

わたしは以前、マイアミにベロニカを訪れたとき、彼女が嬉々とした表情でキューバ人地区のスーパーマーケットに連れて行ってくれたことを思い出した。ほら、ここに何でもあるのよ。甘いもののコーナーにはさまざまな種類のキューバのお菓子やジャムが並べられていて、彼女はその一つひとつについて説明をしてくれるのだった。

革命後のキューバからは、伝統的な食べ物や地方に固有な食べ物が次々と姿を消していった。食糧難ばかりが原因ではない。政府が家庭ごとの、地域ごとの、エスニシティごとの料理文化の細々とした違いというものに関心を払わず、安易な画一化を推し進めたからだ。マイアミに来たベロニカは驚いた。そこでは子供のころには見かけたが、その後製造停止となったお菓子が平然と販売されているではないか。お菓子屋の店先の出窓からそれを買うという習慣も、ちゃんと残っていた。スーパーの食材ばかりではない。レストランでも、いにしえの栄華の都ハバナではこうであったろうといった肉料理や魚料理が、きちんとメニューに記されている！

こうしたレシピのすべて記録しておこうと、あるときベロニカは決意した。アメリカに帰化し、キューバの伝統文化から遠ざかっていく二世三世のためばかりではない。共産党政権下のキューバに住み、簡略化された料理しか接する機会のない現在のキューバ人のためにも、誰かが本来のキューバ料理のあり方を記録しておく必要がある。いずれあの国が一党独裁をやめ、半世紀以上続いたアメリカの経済封鎖が解かれたとき、キューバ料理を元の姿に戻せるように、細々とした味付けまでを正確に書いておかなければならない。

幸いにもベロニカは協力者には事欠かなかった。長い歳月を異国の地で過ごした高齢の女性たちが、ノスタルジアに促されるままに、家庭料理や地方料理の数々を伝授してくれた。わたしは『本当のキューバ料理』の頁を捲った。

マランガ芋のフライ。オランダガラシのサラダ。アグアカテ(ローレル梨)のサラダ。黒インゲンの煮込み。キューバ風スパゲッティ・ナポリタン。レンズ豆のポタージュ。米とツナのサラダ。トウモロコシのフライ。魚の炊き込みご飯。どれも簡素だが虚飾のない、素材を生かした料理である。

メディアノーチェ(真夜中)という不思議な題名のサンドウィッチがある。夜更かしをしてつい何か食べたくなったときに即席で作るという意味なのか。パンの間にバターをべっとりと塗り、豚肉、豚足、チーズ、胡瓜のピクルスといったものを挟み込む。

フフは西アフリカの常食で、臼で挽いたヤム芋の粉を湯でとくのが一般的だが、キューバではバナナとカボチャを粉にして作る。

コスタ・ノルテ（北海岸）という料理がある。この名前はベロニカの生れた町カイバリエンの思い出に因んで名付けられた。メルルーサのような白身魚をマリネして揚げた料理だが、個人的には革命前に海岸にあったヨットクラブと関係があるらしい。ベロニカは父といつもこのコスタ・ノルテを注文したが、母親は魚が苦手でいつもチキンを取ったといったメモが記されている。魚が苦手というのはよくわかる。キューバは四方を海に囲まれているのに、まったくといっていいほどに魚料理がないのだ。ベロニカにとってこうしたレシピを書き記すことは、それ自体が失われた時間を遡る行為なのだろう。

『本当のキューバ料理』では百種類のレシピが、美しいカラー写真を添えて紹介されている。だがそれは単なる実用書である以上に、失われたキューバを内面に再構築しようとするノスタルジアの書物なのだ。ときおりレシピの脇に細かく記されたメモを読んでいくうちに、著者が一つひとつの料理のなかに込めた思いが伝わってくる。料理とは追憶であるという真理が、今さらのように思い出されてくるのだ。

2

佐藤孟江《はつえ》は一九二五年、日本人の娘として山東省済南に生まれた。父親の代からの二世である。当時、町にはわずかの日本人しかいなかった。それが一九三七年に日本の中国侵略が本格化すると、途端にその数が増えた。孟江の話によれば、以前の日本人は中国人と分け隔てなく交際し、現地の料理を平気で口にしていたが、日本からの新しい到来者は中国人を平然と馬鹿にし、中国料理は不衛生で伝染病になるといって、けっして口にしようとしない者が多かったという。もちろん孟江は幼少時より、済南の庶民の料理に親しんでいた。

女子師範学校に通っていたとき、たまたま街角の屋台で口にした食べ物が切っ掛けとなった。豚の胃袋に松の実やさまざまな漢方薬を詰め込んで煮、押しをしてスライスにするというファストフードである。この味に魅せられた孟江は毎日のように同じ屋台に通い、父親の許可を得ると、思い切って魯菜(山東料理)の料理店に見習いとして通い始めた。女子は厨房に入れずという習慣を曲げて料理修業をするには、まず男装の必要があった。それでも一年間は厨房に入れず、隣屋で鞴《ふいご》片手に調理用の火の番に追われた。燃料には薪のほかに人糞をくべる。人糞に直接手で触れるのを躊躇っていると、たちまち師匠に怒鳴られた。

料理店での修業は、日本が敗戦を迎え、すべての日本人が「内地」へ追放される直前まで続けられた。師匠の説く調理法は厳密で、砂糖、化学調味料、ラードといった類をいっさい用いないところに特徴があった。料理の甘みなるものは、野菜を順序正しく調理して行くなかで自然と構成されるものだという信念が、そこには窺われた。はじめて見る日本に「帰国」した孟江は、やがて東京赤坂に魯菜専門のレストランを開いた。済南賓館である。彼女は師匠の教えを忠実に守り、記憶した千五百のレシピを細かく鉛筆で書き記した。もっともそのすべてが店で実現できたわけではない。猫や二十日鼠、鹿の角といった食材を入手することは東京では不可能に近く、少なからぬ料理は調理を諦めなければならなかった。心のなかでは早く済南に帰りたいという気持ちが強かったが、長い間、日本と中国は国交がなく、半世紀の間、彼女は夢を果たすことができずにいた。

孟江がふたたび済南の地を踏んだのは、文化大革命が終息してしばらく経ち、人々がもう一度美食に目を向けだした一九八〇年代に入ってからである。彼女が親しんでいた魯菜は、それを記憶している料理人も客も消えてしまったため、ほとんど忘れ去られていた。そこで彼女は定期的に故郷を訪れ、現地の料理学校で若い料理人たちに伝統的な魯菜の調理を教授することになった。わたしが『味』というＮＨＫのドキュメンタリー番組（李纓《リイン》演出、二〇〇三）で観たのは、その何度目かの招聘実習を記録した映像である。そのとき彼女は七八歳であった。

百人ほどの青年がコックの制服を着て、緊張した表情で着席している。孟江はその前で、砂糖、化学調味料、ラードを用いてはならないと原則を述べ、東京から持参した自家製のソースを披露する。助手である夫が中華鍋に大蝦を次々と投げ込み、葱と生姜で炒めていく。その整然たる仕種に、若い料理人たちは圧倒されている。

だが一方で、現地の料理人の女性が同じ料理を調理するさまが紹介される。新世代の彼女は砂糖は塩の四倍を目安とするなどと平然と語り、化学調味料にもまったく抵抗がない。魯菜は日に日に発展し変化していく。なるほど伝統的な調理法を行なうことも不可能ではないが、客がそれを受け付けてくれない。中国全体は以前とは比較にならないほどに豊かになった。かつては貴重品であった砂糖も、今では心置きなく用いることができる。今や、新しい魯菜を創り出す時期が来ているのではないかと、現地に生きる料理人は、こうしてキビキビと主張する。

孟江は最初、この年少の料理人の調理を見て驚きを感じる。だが、どうしてそこまで砂糖に拘泥するのかがわからないのよと反論する。素材が本来もっている甘さを丁寧に引き出すだけで充分ではないか。砂糖は健康にもよくないし、食べた後で口に残ってしまう。新魯菜などというものは存在しない。かつて存在していた正統的な魯菜を学ぶことなくしてそのようなことを口走るのは誤りである。だが料理学校の校長は、こうした孟江の考えに疑問を呈する。彼が望んでいるのは、共同出資者となることで東京の孟江の店を発展させ、日本にさらなる魯菜料理店を増やしていくことであり、世界中の五つ星ホテルのシェフを招いて、済南で世界美食サミットを開催することである。

　自分の意見が聞き届けられないと知って落胆した孟江は、かつてその料理学校で教鞭を執っていたが、今は引退している老料理人を探し当てる。彼は魯菜の現状に悲観的である。だがもはやこの年では中華鍋を動かす力もないし、若者には何を教えても無駄だと語る。真の魯菜のための料理学校を済南の地で開きたいという孟江の夢は、実現の可能性がないと判明する。彼女は帰国すると、千五百のレシピの刊行にむけて、図版の整理を思い立つ。

『味』という二時間にわたるドキュメンタリーは、ひとたび失われた料理を復元することがいかに困難であるかという問題を、見る者に突きつけている。料理はそれを調理する者が望むだけでは実現されない。それを賞味し、享受する客がまず存在していなければならず、料理を受容するだけの市場が成立していることが必須の条件である。孟江の説く原理主義は、ここにおいて挫折を余儀なくされる。いかに伝統的で正統的な料理であったとしても、長い歳月の間にそれを口にする者の味覚はどんどん変化していく。とりわけ中国のように、大飢饉に続いて文化大革命といった厄難を体験し、外食産業が徹底的に破壊された社会にあっては、人々はもはや解放前の味覚に回帰することはできない。いかなる舌も歴史的な存在であって、そこには絶対的な公準などないという残酷な事実がここで露呈することになる。

　わたしはこの文章を書きながら、インターネットで赤坂の済南賓館を検索してみた。その洗練された味付けに感動したという客の感想が何点か掲載されていたが、店自体はドキュメンタリーが制作された数年後に閉められていた。もう正統的な魯菜を口にすることは、日本においても、ましてや中国、済南においても不可能となってしまったのだ。

3

料理の社会的な復元はつねに市場の問題と深く関わっている。復元したところで、はたして誰がそれを食べてくれるのかという問題である。消費者の恒常的な存在が前提とされないかぎり、いかに文化史的に重要な料理であったとしても、その復元は意味をもつことができない。原理主義者である佐藤孟江が陥ってしまったのは、このジレンマであった。

だが個人のきわめてプライヴェイトな領域にあっては、料理の復元はけっして困難なことではない。それどころか喪失をめぐる回復感を通して、復元する主体のアイデンティティ再構築のために、しばしば大きな役割を果たすことになる。民俗学の研究者としての経歴を捨てて介護士となった六車由美の『介護民俗学へようこそ!』(新潮社、二〇一五)に紹介されている、ある感動的な挿話を引いてみることにしよう。

増村紀子さん(仮名、一九三八年生)は公営住宅に独り暮らしをしているうちに、認知症を患うことになった。それでもしばらくは近くに住む子供や孫のために食事を拵え運ぶこともあったが、やがてそれも絶えた。彼女は重度の難聴に陥り、外部から遮断された環境のなかで妄想や幻覚を覚えるようになると、台所に立つことはなくなってしまった。

デイサーヴィスの施設で働いている六車は、この紀子さんを施設に迎えるにあたり、聞き書きの契機を捜す。馴れない環境にあって不安で落ち着かない気持ちを抱いている彼女を、どう落ち着かせればよいのか。鍵は彼女が若いころから子供たちのために調理してきたハンバーグにあった。筆談を通してハンバーグの作り方を尋ねられたことが切っ掛けとなって、彼女は子供時代の思い出を語り出し、しだいに胸襟を開くようになった。

「ハンバーグっていうのは、何回かやっていると知らないうちに上手にできるようになるの。二～三回やっていればね、焼くときにどういうことに注意してやればいいかわかってくるのよ、本当に。三回やったらだいぶ変わってくると思う。三回で終わっちゃわないで。そうすると、なんて言ったらいいのかしら、何回かやっているうちにきれいに焼けるようになっちゃうの。焼けたらソースをかけるの。ソースは何でもいい。どっちかっていえば、ソースとケチャップと混ぜた方が。本当に、せっかく焼いたものが、それをかけるかかけないかでまるっきり味が違うから……」

紀子さんが拘ったのはタマネギのみじん切りだった。とにかく細かく切る。左手で包丁の先端を抑えながら右手を用い、驚くほどにタマネギを細かく切ってゆく。たとえ認知症を患っていたとしても、長年軀で記憶したことは消えることがないのだ。だが六車は不安になる。ハンバーグの場合には、タマネギはあらかじめ油で炒めておくのではなかったか。パン粉を繋ぎに加えるのではなかったか。だが紀子さんはそれを無視する。パン粉はと訊ねられても何も答えない。彼女の脳裡にあるのは、ただタマネギを細かく刻むことだけだ。

結果として施設でのハンバーグの食事会は成功に終わる。娘と孫までが到来し、昔と変わらぬ味付けに満足する。もっとも調理の総指揮をとった本人は、力を出し尽くしたのか食欲がなく、翌日から体調を悪くしてしまう。長い間のブランクが気になっていた彼女は、披露会の前に自宅で一度、久しぶりにハンバーグを調理したが失敗し、自信を喪失していたと告白する。だが訪問介護のヘルパーさんに確認してもらうと、台所にはその痕跡はまったく見られないとの報告が入る。紀子さんの妄想だったのだ。だがたとえ妄想であったとしても、彼女が静まり返った自宅で独り、ハンバーグ作りに真剣に向かい合っていたことには変わりがない。

ではパン粉と油炒めの省略も、彼女の認知症のなせるわざだったのか。これについては娘が証言する。母親は食パンをミキサーで細かくして肉に混ぜていたから、パン粉といわれても答えようがなかったのだった。タマネギを細かく刻むことに執着したのは、油で炒めることをせず、生のタマネギの食感を大事にしたかったからだった。紀子さんはレシピをまったく正確に記憶し、それをみごとに実践したのである。披露会で疲れ果てた彼女は一時的に体調を崩すが、やがて回復する。施設の面々は料理の上手な紀子さんに一目置くようになる。彼女は不安から解放され、自信をもって生きるようになる。

わたしは六車由美の介護体験を綴ったこの書物を手に取り、この挿話のところまで読み進んだとき、深い感動を覚えた。自分の母親のハンバーグ作りはどうだっただろうか。彼女がどのようにハンバーグを作っていたかが急に気になり、彼女に連絡をとった。左手で包丁の先を抑え、右手を扇状に動かしてタマネギを刻んでいくという仕種は、わたしが小学生のときに母親から伝授されたものであったからだ。

母親は端的に答えてくれた。タマネギはけっして炒めず、そのまま挽肉に混ぜる。パン粉は使わない。わたしが小学校の給食で食べ残してきた食パンをランドセルの内側で見つけだすと、その柔かい部分を水に浸し、細かく千切って用いる。わたしはこの答えを聞いてうれしい気がした。彼女のレシピが紀子さんのそれとほとんど同一であったからである。そこでその夜は教えられたレシピ通りにハンバーグを作った。

料理の真正性とは何か。われわれはつねに「まっとうな」料理を求めている。レストランに赴いて出されてきた料理に満足がいかないと、これは本物の料理ではないと思ったり、自分が子供のころに知っていた味ではないと失望したりする。本物の料理とはつねに喪失された料理であり、ノスタルジアに曇った眼に映る子供時代の味なのだ。実のところ、人は完璧なる美味などを求めているのではない。はるか遠くへと去ってしまった時間の回帰を求めて、レストランのテーブルに就くのだ。

マイアミで、山東省済南で、人は真正なる料理の復元に腐心する。現在の料理は堕落してしまったと嘆きつつ、料理が本来携えていたはずの真正さを回復しようと情熱を注ぐ。それは本来的に反動の行為である。だが快楽とはそもそも進歩に対立するものではなかっただろうか。

わたしは自分の母親のハンバーグ作りの方法が、未知の認知症患者の女性のそれに酷似していることに幸福な気持ちを抱いた。やはり真正なる料理というものは実在したのである。料理における真正さなる観念が、大衆消費社会にあっていかに政治的に操作され、不自然に演出されているかを充分認識しつつも、わたしはしばしその観念の真正さを信じておこうと思ったのであった。

知らないものを食べる

1

外国の都市に長期滞在していたとき、わたしはいったい何を食べていただろうか。ソウル、ニューヨーク、ボローニャ、パリ、テルアヴィヴ、ミトロヴィツァ、台北、ジャカルタ、バンコク……それぞれの場所におけるわたしの食生活、というより食体験には、共通するものもあれば、まったく他の場所とは異なったものもあった。日本に住んでいたときにすでに知っていた食べ物もあったが、見たことも聞いたこともない、未知の食べ物に出逢い、眼を白黒させたこともあった。

ソウルでは韓国人の家庭に賄いつきで下宿していたため、稀に外食することはあっても、自分の手で調理をすることはほとんどなかった。普通に暮らしている韓国人の家庭料理を食べて一年を過ごしたことを、後になってわたしは貴重な体験だったと思うようになった。ボローニャとパリ、テルアヴィヴは独り暮らしだったので、日本にいるときと同じように市場やスーパーマーケットに買い出しに出かけ、好き勝手に料理を作っていた。ジャカルタ、バンコク、台北はもっぱら外食ばかり。こうしたアジアの首都では、アパートを一歩出るともうそこから喧噪に満ちた市場と食堂街が拡がっていた。朝起きたときから食事の場所を探すのに何の苦労もなかった。たまにはスパゲッティを茹でてみたいと思わないわけでもなかったが、広場に並ぶ屋台の椅子に腰かけ、押し寄せてくる蠅を追い払いながらも未知の食べ物を探究したいという好奇心の方が、はるかに先に立っていた。そのため結局自炊には到らなかった。

わたしの都市の記憶のなかできわめて特異な位置を占めているのが、ニューヨークとミトロヴィツァである。わたしは前者には留学生として、後者には大学での外国人教師として滞在した。だがそうした身分立場の違いとは別に、この二つの都市でわたしが体験した〈食べるという行為〉は、対照的なまでに異なっていた。本章ではその違いから出発して、未知の食べ物を試みるという行為について考えてみたい。

ニューヨークには、ありとあらゆる食べ物があった。人々はできるだけ多様な料理を食べて、新しい快楽を発見したいという欲望に捕らわれており、財力に応じてそれを個人的に実現していた。彼らはあたかも、食においてマルチ・エスニックであることをアイデンティティにしているかのようだった。

スーパーマーケットには、季節限定のソフトシェルクラブから日本の蟹スティックの巨大ロブスター・ヴァージョンまでが、まったく平等に並んでいた。わたしはリトルイタリーでフェトゥッチーネを食べ、ロウアーイーストサイドのカッツでコンビーフのサンドウィッチを食べた。その近くのウクライナ料理店でボルシチを食べて、店の女主人に「謝謝《シェシェ》」と挨拶をされ、チャイナタウンで家鴨の丸焼きをテイクアウトして、友人のパーティにそのまま持ち込んだ。韓国人街のスーパーマーケットでキムチを巨大な瓶ごと買い求め、ハーレムでは黒人料理であるカラード・グリーンとチキンを食べた。アイリッシュ・バーでスタウトを呑み、勧められるままに郊外の日本料理店では、チョコレート寿司なるものを試みた。パキスタン街では羊のカレーを、グランドセントラル駅の地下ではクマモト・オイスターを食べた。アパートの近くのハイチ料理店では不思議な中華料理を食べ、イーストヴィレッジの焼鳥屋では日本の焼鳥を食べた。

マンハッタンは食におけるコスモポリタニズムをみごとに体現していた。食糧経済はグローバルに統合されており、エスニシティの住み分けに対応するかのように、エスニック・フーズもまた住み分けられていた。わたしはその間の境界を楽々と横断し、食の多様性のなかに身を委ねた。なるほど高級なレストラン、顧客に卓越感を保証してくれるセレブの集合場所のようなレストランは存在していたが、わたしはいっこうに興味をそそられなかった。タウンマガジンが評価する最新流行のレストランにも食指が向かなかった。わたしを魅惑したのは、エスニシティを表象するあらゆる料理が平等に、まさにサラダバーのように分割されて並んでいるという食の状況そのものだった。ニューヨークでは、というよりアメリカでは一般的に料理はどれも一皿のポーションが大きく、甘い味付けが施されている。住みだしてしばらくの間、わたしはときおり食後に吐き気に襲われたことがあった。知らないうちに食べ過ぎてしまっていたのだ。

後になってわたしはそれまでの食の体験を振り返り、『ひと皿の記憶』というエッセイ集を纏めようとしたとき、不思議な事実に気が付いた。幼少時に食べたものについて、多くの外国の都市で口にしたものについて、わたしは明確に記憶しており、それを愉しみながら書き記すことができた。神戸の洋菓子、タンジェのミントティー、ナポリの蛸……といった具合である。だがニューヨークについて何かを書こうとしたとき、わたしは突然、何を書いていいのかがわからなくなってしまったのである。

なるほどチャイナタウンの飲茶《やむちゃ》は愉しかったし、リトルイタリーで食べたスパゲティも印象に残っていた。五二番街のギリシャ料理店の魚料理はすばらしかったし、チャイナタウンの片隅で兄妹が開いていたヴェトナム料理店でのバインミーは、フランスのバゲットをめぐる驚くべき実験だった。だがわたしの心に残った料理店と料理は、どれ一つとしてアメリカに固有のものではなかった。後に香港の旺角《モンゴク》で喧噪に満ちた巨大な飲茶店に入ったり、ボローニャのトラットリアでほとんど毎日のようにトマトソースのパスタを食べたりしていたわたしは、ニューヨークで自分が知っていた飲茶とイタリア料理が、実は「本物」ではなく、ひどくアメリカ的な変形を被っていたことに気が付いたのだ。わたしはそれらが真正さを欠落したように急に思うようになり、アメリカでの食体験について書いてみようという気が起きなくなってしまった。

それでもわたしは記憶のなかにアメリカに固有の料理を探し出そうとした。招かれて行った先で、これは先住民に固有の料理だからと説明され、痩せて茶褐色をした草の実をサラダのように出されたことがあった。ワイルドライスと英語で呼ばれている食物である。とはいえそれをもってニューヨークでの食体験を代表させるわけにはいかなかった。

アメリカの独自の食べ物を探していると聞いて、『ミステリー・トレイン』の制作者であるジム・スタークが教えてくれた。それはＴＶディナーだよ。俺なんか、ほとんどあればかり食べて育ったようなものだったからな。

けれども、いくらなんでもあんな安価な冷凍食品でニューヨークの食を代表させることはできないだろうと、わたしは答えた。要するにわたしはこの大都市に滞在中、アメリカの食におけるコスモポリタニズムを享受こそしていたものの、アメリカに存在している固有の食文化に関心を抱くことができなかった。いや、そのようなものがあることすら考えていなかったのである。

ニューヨークと対照的な体験をしたのが、ベオグラードを経てコソボ自治区に入り、ミトロヴィツァのセルビア人地区に入ったときである。日本映画について連続講義をしようと赴いた先は、難民たちが急ごしらえで建てたプレハブ校舎の大学だった。停電と断水が続くなかで、わたしは夕暮れの薄暗くなった教室に佇み、宮澤賢治や黒澤明の話をした。

旧ユーゴスラビアが解体するさいに起きた、あまりに惨たらしい虐殺と破壊が、まだまだ生々しい痕を留めている。焼き尽くされた家屋の跡が目立ち、残存した建物の壁には夥しい弾痕が残っている。セルビア人たちは戦時下の残虐行為ゆえに国際的に孤立し、NATOによる爆撃を受けていた。わたしが出会った人々は、コソボでは劣化ウラン弾が使用されたと、口を揃えていった。

食糧事情はよくなかった。というより、正直にいってひどいものだった。食事は一日に二食。朝食をホテルで取り、遅い昼食とも夕食ともつかないものを夕暮れどきにとる。ホテルでは黴の生えたような古パンとスープというのが定番である。凍えるような寒さの外から帰って来たとき、ホテルの食堂で供されるスープの温かさが唯一の慰めだった。ヨーロッパでも日本でも昔日とは違って、西洋料理店はスープを時代遅れのものと見なす傾向が強い。だが旧ユーゴスラビアは例外だった。陰鬱な環境のなかでは、温かいスープがいかに人を安堵させるかという真理を、わたしは知った。

大学での講義が終わると、人の家に招待されることが何回かあった。いやこのさい、感謝の気持ちを込めてはっきりと書いておいた方がいい。わたしは講義が終わるたびに、二日に一度は学生たちの家々に呼ばれていたのである。どの家も日本人の教師を歓迎してくれた。食卓に並べられた料理は肉団子のスープと野菜といった程度、つまりお世辞にも贅沢なものではなかったが、食糧事情が悪いにもかかわらずわざわざ外国人を招待してくれることに、わたしは悦びを感じた。食事が終わると家の主人と名物のチェリーブランディ、ラキの呑み比べとなる。負けたというと杯を空にし、勝ったというと相手の杯に酒を注いだ。チェリーは裏庭に何本も生えているから、ラキはいくらでも作れるという。

ある家では主が得意げに、わが家の家宝を見せるといい出した。フセインの顔が描かれている腕時計である。ユーゴスラビアが第三世界の国家イラクへの友情の証として、バグダッドへ労働者を派遣したときの思い出の品だった。フセインは偉大だと、時計の主はいった。彼は勇敵にもアメリカと戦っている。セルビアも同じだったと、彼は付け加えた。それから歌合戦になった。わたしは帰りがけに、さらにお土産に一瓶ラキを貰ってホテルに戻った。こうした夜がいく晩も続き、わたしは何本もの手造り酒をベオグラードに持ち帰ることになった。

わたしはコソボでこうして歓待を受けた。それは本当に心からの歓待だった。

とはいうものの、難民たちとは食事をともにすることはできなかった。彼らは廃校になった小学校の教室や廊下に閾を作り、家族ごとに住んでいた。国際的な救援組織によって毎日、食事用のクーポン券を与えられていたが、それとは別に狭い空間で煮炊きをするので、どの部屋にも独特の臭いが立ち籠めていた。わたしはいつもお菓子屋でお菓子を山ほど買ってきて、子供たちに配った。そうして親たちの話を聞く切っ掛けを作った。

わたしは『ひと皿の記憶』のなかにニューヨークの食体験について書くことができなかったように、コソボにおける食体験についても書くことができなかった。理由は対照的である。ニューヨークではエスニックな食物の多様にして平等なあり方に圧倒されながらも、そこに土地に固有の食物を発見することができなかった。ミトロヴィツァでは事態は逆で、圧倒的に食べ物がなかった。外国料理を食べさせるレストランがないどころか、そもそもホテルを除けば旅行者が食事をとることのできる場所がなかった。毎日毎日、人々は市場に肉や野菜を買いに行くのではなく、探しに行くのだ。肉団子の入ったスープが何よりのご馳走だった。

肉団子、そう、確かに肉団子だ。わたしはそれ以前に訪れたピョンヤンとドイツ統一前の東ベルリンでの食事を思い出した。この二つの都市でもまず肉団子が出たからだ。肉団子は雑肉をミンチにし、混ぜものを加えて作る。ちゃんとした肉の部分は、つねに権力者が口にするようになっている。ミトロヴィツァの人々は、NATOによって自分たちの都市が空爆され、手酷い被害を受けたことを笑いながら話題にし、肉団子のスープを口に運んでいた。

そうだ、思い出した。わたしはミトロヴィツァにいるセルビア人たちと、一度だけだが食べ物の話をしたことがあった。

ミトロヴィツァは中央を流れる河の南北で、アルバニア人地区とセルビア人地区に分かれている。といっても、もとからそのような住み分けがあったわけではない。ユーゴスラビアが解体を迎えると、この町に住む二民族の間では対立が激化するようになった。アルバニア人はセルビア人墓地を破壊し、セルビア人はアルバニア人の家々を焼き払った。国際機関が調停に入り、彼らは河を隔てて住み分けることになった。第三国人であるわたしはセルビア側に滞在しながらも自由にアルバニア側に行くことができたが、セルビア人とアルバニア人は、お互いに往来することが生命の危険に関わることを知っていた。わたしが教室で教えた学生のなかには、毎朝、大学に向かう途中で、河越しにかつての自分の家を眺める者がいた。だがそこに足を運ぶことはできなかった。

ラマダンの日の午後、わたしはアルバニア側に散歩に行った。モスクの前は大変な人だかりだ。日本人が珍しいのだろう、人々はわたしの姿を見かけると手招きをし、次々と話しかけてきた。いつしか夕暮れとなった。わたしは河を渡ってホテルに戻る前に、パン屋で巨大なパンを買った。ラマダンの一日が終わり、親戚縁者が集まってそれを祝福するさいに特別に食べるパンである。それを抱えてセルビア側に戻ったとき、見覚えのある若者がわたしを見つけ、遠慮がちに話しかけてきた。わたしの学生だった。先生、もしよろしかったらでいいのですが、それを少しでいいですから分けていただけませんか。わたしが承諾すると、彼は話し出した。河のあちら側に住んでいたのです。ラマダンが終わるといつも隣の家に呼ばれて、このパンのお相伴に与《あずか》っていたのです。隣の家の人たちは、わたしがキリスト教徒だというのに、子供のときからわたしを食事に招いてくれたのでした。

わたしは学生にパンの半分を譲った。そうでなくとも、一人で食べるにはあまりに大きすぎるそのパンをどうしていいのか、困り果てていたのである。

ニューヨークとコソボは政治的に、軍事的に対立していただけではなかった。前者を特徴づけていたのは、食における過剰さと多様性、飽くことのなきコスモポリタニズムだった。後者を際立たせていたのは食糧の欠乏と料理の単調さ、外食産業の徹底した貧しさだった。一方に世界中の料理を体験してみたいという富裕な人々がいて、もう一方に硬くなった古パンをスープに浸しながら、この先帰属先がどうなるかわからない町に身を置きながら、毎日を忍耐強く過ごしている人々がいる。彼らは未知の国の未知の食べ物になど関心を払う余裕もなければ、それを口にできる機会も持ち合わせていない。

わたしはこの双方の都市での食体験を、パリやタンジェ、北京やジャカルタでのそれと見比べながら、同じ地平の上に並べて論じることができなかった。わたしはこの二つの場所で、それまで予想もしていなかった〈他者〉、食べるという行為をめぐる〈他者〉に出逢っていたのである。

2

ここで話の方向を少し変え、一般的な問題を考えてみよう。

人はどうして未知の食べ物を食べてみたいと思うのだろうか。

二通りの人々がいる。知らない国の知らない料理に積極的に関心を示す人々と、たとえ異国に行こうともその国の料理に手を付けようとしない人々である。

食通で有名だった北大路魯山人は京都の極貧の家に生まれ、日韓併合の直後、三年間にわたって母親とともに京城（現在のソウル）に滞在した。これは収穫の大きな滞在であった。彼は朝鮮総督府印刷局に務めつつ篆刻を学び、陶芸はもとより数多くの古美術を見て歩いて、目を養った。とはいうものの、キムチについても朝鮮料理一般についても、まったく言及していない。植民地の宗主国から渡来した、誇り高き青年にとって、現地の食物は美味・不美味を問う以前に、料理の範疇の外側にあるものであった。

この魯山人が戦後にパリに赴き、トゥール・ダルジャンで名物の鴨料理を註文し、かの有名なスキャンダルを起こしたとき、通訳兼証言者として同席していたのが大岡昇平である。大岡は思想的にはリベラルな人物ではあったが、六三歳でニューヨークを再訪したとき、日本料理しか口に運ぼうとせず、ドナルド・キーンを大いに嘆かせた。

わたしの友人からも似たような話を聞かされたことがある。イギリス人と結婚し、生活の基盤を外地に移して長い日本人女性のことである。自分の義理の両親が日本にはじめて観光旅行に出かけると聞いたとき、彼女は喜んだ。二人の老人は京都と奈良を満喫して帰国し、日本についで好印象を語った。だが彼らは旅行中、ずっとホテルで西洋料理しか食べようとせず、日本料理にまったく関心を払わなかった。それを知ってわたしの友人は仰天したという。彼らは著名な彫刻家の家柄で、富裕な階級の出身にもかかわらず食においてはきわめて保守的で、異国の料理に手を出すという好奇心をみずからに禁じていた。わたしの友人はそれを聞いて衝撃を受けた。彼らは日本の伝統的絵画にも彫刻にも関心と敬意をもっていた。それなのに一度も日本料理を試みようとしなかった。異国に住み、異国で家庭をもってしまったことの孤独を改めて認識したと、彼女はわたしに語った。

まあ、これは極端な例かもしれない。だがわたしの知っているいくつかの国でも、人々は概して外国料理に無関心を示し、いっかな警戒心を解こうとしなかった。

かつて写真家の友人に誘われ、新年にパラオを訪れたことがある。写真家は親族がパラオの王家の裔であり、彼女は自分の伯母にあたる高齢の女王の肖像写真を撮るために、この旧日本委任統治領に滞在していた。手土産に何がいいだろうと考えたわたしは、三重になった日本のお節《せち》料理を持参することにした。王家でわたしは歓迎され、ヤシガニやらシャコガイやらさまざまな現地の海産物のご馳走の饗応を受けた。だが彼らはわたしが持ち込んだお節料理に手を付けようとはしなかった。十人ほどの人々が晩餐の席に就き、新年を祝いあって乾杯をすると食事を始めるのだが、巨大な食卓の中央に置かれたお節料理のお重に箸を付けようとする者はいなかった。二日たっても、三日たっても、それは食べられないままに放置されていた。

わたしは気懸りだった。ひょっとして自分は歓迎されざる客なのではないか。ここに集っている人たちは、かつてこの諸島の支配者であった者の裔に嫌悪の情を抱いているのではないか。わたしはそうとも考えてみたが、それは間違いだった。彼らはわたしを心の底から歓迎してくれたし、高齢者はわたしに向かって、懐かしそうに日本語を口にした。その日の朝に海に潜って見つけてきたばかりだというシャコガイを思い切りブツギリにし、大きな刺身皿に載せて、わたしの前に置いてくれるのだった。

あるときにわたしは推測した。この人たちは見慣れない食べ物を怖れ、警戒しているだけなのではないか。そこで日本のお節料理について簡単な説明をし、昆布巻きと黒豆を自分から箸で抓んで食べてみせた。だが彼らはいっこうに警戒心と解こうとせず、お重はそのままに残された。

もうひとつだけ話をしておきたい。イタリアのことである。

イタリアの都市を廻って気付くのは、外国料理店やファストフード店をほとんど見かけないことだ。フランス料理のレストランなどわが国に一軒もないと豪語するのがイタリア人である。歴史的経緯を考えるとそれには理由がないわけではないが、それにしても一般的にイタリア人は食にきわめて保守的である。

彼らは基本的に母親の作った料理の枠を超えて、未知の料理に手を出すことをしない。おのずから料理はすべて地方料理、郷土料理となる。トリノ人はヴェネツィア人の好きなイカの墨のパスタを食べようとしないし、ナポリの蛸料理についてはその存在も知らないかもしれない。逆にナポリ人は牛の骨の髄をスプーンで掬って食べるというミラノ料理を理解できないだろうし、北部山岳地帯の川魚料理に関心を寄せることもないだろう。イタリア料理なるものは存在しない。人々が毎日食べているのはヴェネツィア料理であり、ミラノ料理、ナポリ料理であって、そのどれもが平等にメニューに掲載されているリストランテがあるとしたら、観光地で外国人観光客のために英語メニューを揃えているところくらいのものだろう。日本人はイタリア人というと陽気で開放的だというイメージをもっているが、それはステレオタイプの偏見にすぎない。わたしの知るかぎり、彼らは日本人とは比較にならないくらい、食において保守的である。いや、言葉を換えていうならば、日本的な食のスノビズムとは縁がなく、家庭料理とその伝統に頑固なまでに固執している。

世界に住む実に多くの人は、自分には見慣れない食物に警戒を示し、それを口にすることに躊躇の姿勢を見せる。自分を育み育ててきた食物に拘り、それが口にできないとすると強いノスタルジアに陥る。若き日のガンジーは南アフリカにいて、インド系の囚人たちが長い間カレーを与えられていなかったため意気消沈している姿を目撃し、彼らにカレー粉を用いた食事が与えられるまではハンガーストライキを行なうと宣言して勝利した。慣れ親しんできた食物を断ち切られたとき、人はアイデンティティの危機に陥るということを、この民族的抵抗家は熟知していたのである。

だがこうした多くの人々の対極に、見知らぬ食物を試みることに取り憑かれている人々がいることも事実である。先に述べたニューヨーカーたちがそうであった。彼らは食におけるマルチ・エスニシティを自分たちのアイデンティティの根拠のひとつにしているように、わたしには思われた。

いや、ニューヨークばかりではない。程度の差こそあれ、日本人もまた未知の国の未知の料理に首を突っ込むことが大好きだ。日本人が特異なのは、多種多様な料理を食べ歩きするばかりではない。彼らはそれを台所で調理実践することにおいても独自の情熱をもっている。いったい日本以外のどこの国に、酢豚とスパゲッティ、ハンバーグとカレーライスを調理する専業主婦がいるだろう。専業主婦という範疇の女性がほとんど日本に独自であることはひとまず置くことにして、彼女たちはそれとは別に、チラシズシやスキヤキも日常的に調理しているのである。

3

見知らぬ食べ物、自分が生まれ育った環境では体験したことのなかった食べ物に、人はどうして魅惑されるのだろうか。日本に居住している自分を基準にして、この「見知らぬ」という言葉を検討してみることにしよう。作業仮説として役に立ちそうなのは、他者性と文化的帰属性という二つの概念である。この二つの切り口に応じて、ひとまず食物を（きわめて大ざっぱな手口ではあるが）四種類に分類してみよう。

Ⓐ「われわれ」の文化的伝統のなかで問題なく認知され、いささかも他者性を感じさせないもの。つまり「われわれ」がごく普通の日常生活のなかで受容している食べ物。

Ⓑ「われわれ」の本来の食文化ではなく、その意味で他者ではあるが、それなりに「われわれ」が認知し、口にすることを受け容れるようになった食べ物。あるいはその軽減された他者性の操作を通して、流行の食という地位に一度は就いたような食べ物。

Ⓒ「われわれ」の食文化のなかで受容されてはきたものの、突然に実験的に変容し、従来の枠組みを破って、見知らぬ味の側へと飛び出していったもの。

Ⓓ「われわれ」からはるかに遠い場所にあって文化的にも社会的にも充分認知されてはいるものの、その他者性のあまりの強烈さによって、「われわれ」がそれを食物の範疇として理解することが難しく、しばしば道徳的な非難すら口にしてしまうようなもの。

最初に考えるべきなのは、ある食物がどの程度にまで「わたし」にとって他者であるかという問いである。この問いと交差する形で、その食物がどの程度にまで特定の文化的伝統に帰属しているか、あるいは対抗文化的、実験的であるかという問いが生じる。二つの問いは似ているようでいて、厳密には別の次元に属するものである。具体的な例を出して考えてみよう。

Ⓐわれわれが日常的に口にしている食べ物のほとんどは、われわれの文化の内側にあって他者性を感じさせるものではない。日本人の場合、それは一般的な日本の家庭料理であり、ご飯と味噌汁、カレーライス、トンカツ、寿司と天婦羅といったものだ。だがもうひとつ、この範疇に属する食べ物で、日本という地域性とはまったく無縁の例をあげておきたい。世界のいたるところにあるファストフードである。日本でも一九七〇年の万博以降、マクドナルドやケンタッキー・フライドチキンはすっかり社会のなかに定着し、いかなる違和感も感じさせない身近な存在となっている。トマトケチャップとマスタードの結合は、すでに子供時代から、日本人の味覚にコードとして組み込まれるようになってしまった。

Ⓑ日本の歴史に喩えていうならば、「渡来人」に相当する食べ物である。「われわれ」は古代において朝鮮半島と中国大陸から数多くの知識人、工学者、宗教家を迎えることで、文化的発展を遂げた。同じように、戦後日本社会も異国の食べ物を取り入れることで、食の多様化を享受することになった。その端を切ったのは在日韓国人の手になる焼肉でありキムチである。日本

人は本来は発酵食品であるキムチを簡略化し、本国にはない「キムチの素《もと》」なるドレッシングソースを考案するに到った。

ヨーロッパやアジアの伝統文化に属し、その地域においては日常的な食物として認知されているが、こと日本にいるかぎり他者性を強く喚起させるといった食物が存在している。トムヤンクンはタイ文化の内側ではきわめてポピュラーなスープであり、ゴルゴンゾーラはイタリア人にとって親しみ深いチーズである。だがそれらは日本人からすれば日本から隔絶した遠い異国の味覚であり、最初に口にしたときは驚き、あるいは強い抵抗感を感じる人もいたはずだ。まだ日本にタイ料理ブームが到来する以前のことだが、わたしにしてもはじめてトムヤンクンを口にしたとき、辛さと酸味が結合したその強烈な風味に驚いたものだった。

もっとも他者性とはつねに流動的なものである。それは一定の条件が整えばただちに親しみ深いものへと転換する。昨今のパクチーのブームがその典型である。見知らぬものとして遠ざけられてきた異国趣味的な味覚が、メディアに取り上げられることで、一瞬にして流行の食べ物となる。トムヤンクンとゴルゴンゾーラもまた例外ではない。日本人は世代の差こそあれ、ナンプラーと唐辛子の結合した風味に親しむようになり、タイ料理店が急激に増えるとともに、トムヤンクン風味のインスタント麺までが発売されるに到った。またある時期からスーパーマーケットでは、ゴルゴンゾーラを溶かしこんだサラダドレッシングなるものを、平然と棚に並べるようになった。最初に強烈な他者性を感じさせたものがしだいにそれを軽減させ、許容できる味として認知されていく例がここには窺われる。

ⒸⒹ三番目に「われわれの」文化伝統に帰属していないがゆえに見知らぬ味とされている食べ物、文化のなかで認知はされていないが突然に出現して食文化の最前線で話題を呼ぶといった類の食べ物のことを考えてみよう。ある種の新しい食べ物は、われわれが日常的に親しんできた食の秩序を攪拌させ、ときに周囲の者たちに嫌悪の情を催させたりもする。公序良俗を乱しかねない場合もないわけではなく、そうした食行為に携わった者が、共同体から道徳的嫌疑の目をもって眺められたりすることも珍しくはない。そういった意味で、既成の味覚の領域に対し対抗的な態度を示し、過激な実験性を標榜するといった食べ物が存在している。

だがこの対抗文化的な雰囲気をもった食べ物にも、二通りの場合が存在している。本来は他者性を感じさせないはずの自国の料理が突然変異的に前衛化する場合Ⓒがひとつ。もうひとつは、もとより食の範疇に属しているはずもないと考えられていた食材が、それを食べ物と見なす文脈が設えられてしまったため、スキャンダラスな形で前景化した場合Ⓓである。前者の典型が「激辛ブーム」であり、後者のそれが昆虫食を含む「ゲテ食」である。

ⓒカレーライスは日本人にとって親しい食べ物であり、充分に日本化が施された結果、そこにはいかなる他者性も存在していない。にもかかわらず、ある時期からカレーの領域で起きた「激辛ブーム」は、日本どころかそもそものカレーの発祥地であるインドの食文化からも逸脱した現象である。カレー屋は客に向かって辛さの度合いを尋ね、客はあたかもリングに上がったボクサーのように辛さに挑戦する。これは微妙な香辛料の均衡をもってよしとするインドの文化的伝統を無視した行為であり、つまるところ、食物を素材とした、若者文化のなかの遊戯にほかならない。

もう半世紀も前のことになるが、わたしが大学生時代、渋谷の丸井の裏にガーナ料理店が出現した。そこで出されるペッパースープは、信じがたい辛さゆえに話題を呼んでいた。レストランの壁にはこのスープに挑戦し、みごとに食べきった客たちの名前がプレートに刻まれ、掲げられているという話だった。わたしは悪友たちとそれに挑戦した。トマトをベースとしたシチューで、真赤な唐辛子が、いったい何本入っていたのだろう、プカプカとその上に浮かんでいる。悪友たちは残らず途中で挫折し、わたし一人が完全に食べ終わった。そのとき日付の記入された完食の証明書(?)をもらった記憶がある。

これは余談であるが、一九七〇年に大阪千里で開催された万博は、後になって考えてみると、日本の外食文化に大きな影響を与えた。この国家的な事業の直後、アメリカのファストフード店がポツリポツリと現われるようになり、やがてそれは全国に広まっていった。万博に参加した国のなかにはパヴィリオンにレストランを設け、自国の料理の喧伝に努めるところもあった。博覧会が終了すると、東京に場所を移し営業を始めた店もあった。わたしがペッパースープに挑戦した渋谷のガーナ料理店は、ガーナ館を出展したガーナ政府の支援のもとに開業した。同じ渋谷には同時期にレストラン・モスクワが店を開いたが、それはソ連のパヴィリオンに設けられた、千人の客を収容できるという巨大食堂の規模を縮小し、運んできたものであった。大阪万博は多くの前衛的芸術家に、国家的事業に関わるべきか否かといった選択を突きつけたが、こと食文化に関しては、その後の大衆消費主義文化のなかに異国の見知らぬ食べ物を導入するという点で、少なからぬ意味をもっていた。

Ⓓ最後に日本の一般の市民社会の表側にはけっして現われず、あまりに強烈な他者性を発散するあまり、食の秩序を混乱させる性格を帯びている料理について考えてみよう。もし料理に異国情緒（エキゾチシズム）の魅力が最大限に発揮されるジャンルがあるとすれば、それはこの領域の食べ物だろう。それは度合いが弱い場合には未知への好奇心を漠然と喚起することになるが、許容範囲を越えて強烈な場合には、周囲の人の顰蹙を買ってしまうといった食べ物である。

もし日常の食事の光景、つまり食景foodscapeにおいて「見知らぬ」料理がその他者性を最大限に発揮する領域があるとすれば、それはこの範疇に属する食べ物である。それは概して入手することが稀であり、現地に直接に足を運ばないかぎり、なかなか口にする機会のない食べ物である。それゆえに高価であったり、金銭を通して獲得することが不可能であったりする。この範疇の食べ物は美味ゆえにではなく、稀少性ゆえに探し求められる。それを手にすることができた者はいささか困難であればあるほど価値があると見なされ、運よくそれに廻りあうことのできた者はいささか得意げにそれを吹聴し体験エッセイを発表したり、TVの探検番組をはじめとするメディアがそれを囃し立てる。こうした食べ物の極限的な形は、いくぶん揶揄的な意味合いを込めて、「ゲテ食」と呼ばれている。

現地の人間であれば躊躇うことなくその風味を賞味することができるが、外部から到来した者にとっては、とうてい食物の範疇に入れるわけにはいかないといった料理は、世界中いたるところに存在している。韓国全羅南道のホンオフェ（洪魚膾）は生のエイをそのまま発酵させたもので、強烈なアンモニア臭を発し、しばしばそれを口にした者は眩暈に襲われる（わたしは光州を訪れたとき、この刺身《フェ》を出すという著名な食堂に案内され試みたことがあったが、わたしを案内してくれた現地の友人は一度も箸を付けようとしなかった）。ヴェトナムやフィリピンの街角で売られているビトロンは、孵化直前の鶏や家鴨の卵を茹でたもので、ひな鳥になろうとする卵の内部を、幼げな羽や骨とともに食べる。日本人には信じがたい食物のように見えるが、ホーチミンではアオザイを着た女子高校生たちが放課後に、連れ立ってお喋りをしながら食べているのをよく見かけた。仔羊や牛の脳味噌はわたしの住んでいたイタリアでは赤ん坊の離乳食であり、韓国では刺身や味噌汁にするが、日本ではまず入手が困難で、それを好きだと口にするならば呆れ返られることだろう。実のところ、こうした食べ物は単に日本文化に縁遠いだけのことであって、韓国や東南アジア、ヨーロッパの伝統的食文化のなかでは何の違和感もなく存在している。近江の鮒鮨のように、現代の握り寿司のはるかに遠い祖先として、日本の食文化のもっとも古い原型を留めているといった場合もある。また韓国のケジャン（犬鍋）のように、諸外国から動物虐待を指摘され、強い道徳的な非難を浴びたために、名称を変更したり、食文化の周縁へと追いやられてしまった場合もある。

とはいうものの、「ゲテ食」という呼称はどこまでもその食文化の構造を理解できず、そこから排除されている部外者が口にする、素朴にして無知な感想にすぎない。この言葉の背後にあるのは、食文化が本来的に携えている他者性をめぐる不寛容であり、つまるところ自国文化中心主義であって、その背後にポスト植民地主義の痕跡を認めることができる。

いうまでもなくこうした稀有な伝統食が体現している他者性は、とうてい外部の者が操作できる次元のものではない。だが現地の者にとってそれは日常的なスナックであったり、冠婚葬祭のさいに供される、価値づけられた料理であったりする。彼らはそれを口にすることにいかなる抵抗も感じていない。それどころか、余所者から忌避されているそうした食物を共食することは、共同体の成員としての絆をいっそう確かめ合う好機となっている。

わたしはここでⒶからⒹまで四通りの場合を分類してみた。他者性の有無の軸と、伝統文化への帰属の有無の軸を立て、その強弱の具合によって、見知らぬ食物の見知らなさの分析を試みてみた。とはいうものの忘れてはならないのは、こうした分類は歴史的に一時の現象であって、けっして永続的なものではないという事実である。ある食物が携えている他者性は、社会の変動と世代の変化によっていとも簡単に消滅したりすることがある。そうかと思うと、これまで何の注目もされてこなかった食べ物が、あるとき突然にメディアの力によってその他者性を強調されることもある。

ⒶとⒷは対立などしていない。Ⓑは時間が経過することによって他者性を軽減していき、Ⓐに接近して来る。というよりⒶとはⒷの最終的な帰結であり、到達点だといってもよい。馴れ鮨も、豆腐も、味噌も、麺類も、「われわれ」がⒶの代表だと考えているものは、古代にまで遡るならば、ほとんど例外なく朝鮮中国に出自をもち、Ⓑという範疇を経由してⒶと化したものである。

Ⓒにおける「激辛ブーム」のような現象は、Ⓑの存在を前提としている。ⒷからⒶに向かうとベクトルがあるとき向きを間違え、逆の方向へ走り出してしまったとき、予想もつかない形で生じるのがⒸである。Ⓒは一時的には話題を集めるかもしれないが、永続的なものであるわけではない。だがその出現はⒷの内部に潜在的に存在しているといえる。

Ⓓは、Ⓐ、Ⓑ、Ⓒからあまりに隔絶しているため、ただちに別の範疇へと移行していくことはない。だがⒹにおいてこそ、真の意味で未知なる食物、未知なる料理が存在していることも事実である。そして「われわれ」が「エスニック料理店」なる場所で体験することになる食物のほとんどは、ⒷとⒹの間の曖昧な領域に位置している。

4

日本において「エスニック料理」なるものが話題となり、メディアがそれをファッションとして取り上げるようになったのは一九八〇年代である。それ以前にも東京には何軒かのインドネシア料理店をはじめ、タイ料理店とヴェトナム料理店が一軒ずつ存在していたが、それが未知の味覚として大きな注目を浴びるということはなかった。韓国料理店はあまた存在していたが、メニューはもっぱら焼肉が中心で、ワケありの男女が夜遅く訪れる場所というイメージをもたれていた。

八〇年代以降、韓国料理店のイメージが刷新され、タイ料理店が急増したあたりから、しきりと「エスニック料理」という言葉が口にされるようになった。もっともわたしはこの表現に当初から疑問を抱いていた。エスニックethnicとは英語で「人種的な」「種族的な」「民族的な」という形容詞である。その当時、アメリカのグルメガイドブックでは、それは「非白人」を意味していた。白人が世界の文化の中心であり、徴なしの存在(ノン・マルケ)であるのに対し、それ以外の人間は「エスニック」という徴を刻印された(マルケ)存在であると見なされていた。「エスニック料理」と同じように、「エスニック・ミュージック」という表現もあった。

いったい自分が何様のつもりなのかというのが、その当時、この表現を聞いてわたしが抱いた印象であった。フランス料理があり、中国料理があるように、「エスニック料理」なるものがあるとでもいうのだろうか。日本人は自分だけは「エスニック」ではないと信じているのだろうか。もしそうだとすれば、それはアメリカの白人の目線を借り受けたというだけのことではないか。わたしが一九七〇年代終わりにパリで求めた『アジア料理大全』という書物では、日本料理はヴェトナム料理やタイ料理と同じように、アジアのエスニック料理として取り上げられていた。月見うどんは「パスタと卵のポタージュ」と、コンニャクは「塊茎を用いたパテで、野菜とともにブイヨンで煮る」と説明されていた。油揚げは「大豆のフロマージュ、もしくはパテをフライにしたもの」であり、カンピョウは「ある種の南瓜を長紐状に乾燥させたもので、湯掻く必要あり」であった。フランス人が何とか日本の未知の食材を理解しようとすれば、このように表現するしかないのである。もちろん彼らはそれを充分に奇異に感じる。だがフランス人が「和食」を典型的なアジアの「エスニック料理」だと見なしていることを、日本人は忘れてはならない。

『東京エスニック料理読本』(冬樹社)という本が出るというので、わたしは寄稿を求められた。一九八四年のことである。わたしはこのブームに対する違和感を表明する文章を書いた。かつての宗主国の首都にかつての植民地の人間が住み着き、彼らが食と歌謡を媒介として文化的多元化を担うことになるという認識が、そこには欠落しているというのが、わたしの批判の主旨だった。パリになぜヴェトナム料理店とクスクス屋が多いのか。東京と大阪になぜ焼肉屋が多いのか。アムステルダムになぜインドネシア料理店とスリナム料理店があるのか。こうしたポスト植民地主義的な問題を考えずして、単に未知の「エスニック料理」に舌鼓を打つとしたら、それは食という行為が知らずと携えてしまう文化の政治性を隠蔽してしまうのではないか。四十年ほど前にわたしは書いた。表記を少し直して引用してみよう。

外国の、見知らぬ文化や民族の料理を食べることは、本当のことをいえば、不自然きわまりないことかもしれない。自分の母国語でない言語を何年間もかけて取得して語ることと同じくらいに、滑稽なことだとさえいえる。ある不規則動詞の接続法半過去を人称別に暗誦してみせることと、風土の違いから自生していない香味野菜を入手しようと腐心して、高い金を払うこととの間には、どこかしら類似した偏執趣味がある。そう、現地に行けば子供でさえ自然に滑らかな言葉を口にし、われわれがレストランで支払う何分の一、何十分の一の値段で、本物の味覚を楽しんでいるではないか。

異国情緒はあらゆる不自然さを蔽い隠してしまう。世界のすべての文化は知られることを望んでいて、好奇心を抱いた何人にも好意的であるといった幻想を親しげに語りかける。けれども、結局のところ、異国情緒とは、語りかけるこちら側の自己像の反映と優位の確認であることが判明する。世界全体を紋切型の絵葉書としてしか了解しない、狭小な思考法のことだ。

自分が過去に書いた文章に言及するのは気が引けるが、日本の外食産業における「エスニック料理」の状況が大きく変化した現在でも、自分の基本的な立場に変更がないことを自分に確認させるためにここに引用したことを、読者におかれてはお許しいただきたいと思う。

日本語で「エスニック料理」といったとき、人が一般的に思い浮かべるのは東南アジアの料理のことだろう。だが戦前に日本にもたらされ、すっかり日本化した感のあるインド料理（カレー）や中国料理（チャーハンやラーメン）をわざわざ「エスニック料理」といい直す人はいない。前節で述べた分類に従ってみるならば、それはⒹからⒷを経由して、すでにⒶの領域に移ってしまった食べ物であり、日本人はもはやいかなる他者性もそこに認めようとはしない。カレーやラーメンはすでに日本人の食のアイデンティティを根拠づける料理と化しているのだ。

ではペルシャや中近東、アフリカの料理はどうだろうか。欧米諸国と比べてこうした国々の料理が知られていないのは、簡単な理由からである。ひとえに日本が帝国主義国家として植民地支配をしてこなかったからだ。逆にいうならば、「エスニック料理」の起源であるといわれる東南アジア諸国とは、かつて大日本帝国が「大東亜共栄圏」の名のもとに軍事的支配を行なった、虚構の共同体に重なり合っている。だが、料理について職業的に語る者たちがそれを指摘したことは、わたしの知るかぎりほとんどない。

未知の味覚について語るのはよい。ブリア=サヴァランの顰に倣っていうならば、それは宇宙に新しい天体を発見することと同様、文化の富を増やし、生理的な快楽の領野を拡げることである。「われわれ」の日常から極端に遠いところにある食物に思いを寄せることの裏側には、ユートピア的な情念が窺われる。とはいうものの、発展途上国において飢餓と政治的抑圧に苦しんでいる者たちの食べ物に照明を当て、それを新しい食の流行としてメディアが演出するときつねに隠蔽されてしまうのが、食をめぐる政治である。

現在の東京を見るかぎり、いわゆる「エスニック」料理店にはさまざまなタイプが存在している。日本に到来した自国人のために、彼らが故郷で口にしていた食べ物をできるかぎり再現し、彼らのコミュニティ形成に積極的に機能しようとするレストランもあれば、もっぱら日本人を対象として、日本人向けに制御された異国情緒を演出してやまないレストランもある。前者ではしばしば料理はⒹの領域にあり、日本人には不慣れなほどに香辛料を効《き》かせたり、馴染みのない食材が用いられたりする。そのため一部の日本人の間に、その稀少なる真正性が「ディープな味」として話題になったりもする。後者ではもっとも主眼に置かれているのが、日本人にとってのわかりやすさであり、食物の他者性はいかにも派手派手しく演出されてはいるもののすでに形骸化されている。だがその分だけすべてが日本風に加工され、受容が容易となっている。中国料理に関していえば、この両者を区分する便利な言葉がある。前者は「ガチ中華」、後者は「町中華」と呼ばれている。

だがこうした見取り図を「B級グルメ論」として論じたとき排除されてしまうのは、いったいそこで調理されている料理を口にしているのがどのような者たちであり、彼らがどのようなエスニシティに属しているかという問題である。あるヴェトナム料理店に集う客たちが日本人の中産階級のカップルであるか、ヴェトナムから渡来してきた「研修生」であるのか。客筋に応じてメニューにどのような違いがあるのか。店内の外装や音楽、さらにメニューに記された言語、給仕の語る言語はどうなのか。「エスニック料理」レストランの多様性を前に検討しなければならないのは、何よりもまずその場所がどのようなエスニシティと社会階層に対応しているかという問題であり、そこには経済資本のみならず、ピエール・ブルデューの言葉を借りるならば、「文化資本」の差異が複雑に絡まっている。人が未知な味覚を求めてという好奇心でこうしたレストランを訪れるとき、その未知とは誰にとっての未知であり、いかなるイデオロギーに担われて成立している未知なのであるかを検討しなければならない。

日本において「エスニック料理」を論じる者の多くは、それを調理する者、それを消費する者の存在について語ろうとしない。ただ調理された料理だけを切り離して語ろうとする。彼らは一般的に知られていない「本物」の食べ物を知っているという素振りを見せ、自分たちが文化消費の前衛に位置していると信じている。とはいうものの、食の流行というものがどこまでも社会の階層秩序のもとに形成されたものであり、歴史的なものであるという認識に到達することができない。あるいはそれを理解しながらも回避している。その姿は、かつて高級フランス料理のレストラン評を執筆していた美食ライターたちの、世代交代後の零落した姿を連想させる。

5

水田から拾いあげられ

殻から出され
刻まれ
干椎茸と赤身肉と玉葱を混ぜられ
塩をふられ
ニョクマムと胡椒をふられ
おまけに一風変わった、生姜に似たハーブを加えられ
もう一度
殻に戻され
いっそう美味しくなったんだとよ

殻から出され
自分の地理と歴史から
切り離され
エキゾチックな色と
見知らぬ香りを施され
価値を与えられ

高い値段をつけられ
そうして投げ出されるのだ
まだ知ることもない
未来に

香港の詩人、也斯《ヤーシ》（梁秉鈞、一九四九～二〇一三）の一連の「食景詩」から、「釀田螺」（タニシを調理する）という詩を引いてみた。わたしは生前の彼と親交があり、二人で往復書簡を執筆したこともあった（『いつも香港を見つめて』、岩波書店、二〇〇八）。彼は料理を隠喩と見なすことで、香港というポスト植民地社会における文化的社会的多様性を苦いユーモアのもとに描き、卓越した手腕を見せている。

最初の舞台はヴェトナムの農村である。水田に群生している田螺が捕獲され、ひとたび殻から取り外される。それはさまざまに凝った調理を施された後、もう一度殻に戻され、高級レストランのメニューとなる。ニョクマムが加えられるというのは、異国情緒のイメージを強調させるためだろう。ちなみにこの短詩には「スタッフド・ジンジャーのヴェトナム風エスカルゴ」という英語副題が付けられている。そうか、エスカルゴというのは今までカタツムリのことで、てっきりフランスの特産だと思っていたのだが、田螺にしても西洋的な文脈に翻訳してみればエスカルゴなのか。作者からはじめてこの詩を見せられたときそう思ったことを、わたしは思い出している。

この詩の主人公は本来の衣服を脱がされて裸になり、思いもよらないエキゾチックな衣装を着せられると、高級な商品として異国の消費社会へと投げ込まれてしまう。也斯はこの田螺の運命に、東南アジアの農村の女性たちの先進諸国への渡航と、彼女たちに襲いかかる性的な搾取を見ている。異国情緒に染め上げられた性を商品として差し出すことでしか生き延びることのできない女たちの屈辱的な人生、生まれ育った土地を離れ、言葉さえも奪われて生きる彼女たちの物語を、田螺に託して語っている。「エスニック料理」の調理法を説明するかのように見せて、これは残酷な運命の記述であり、ジェンダーとポスト植民地主義の政治的状況の交錯する地点を優れて指示している詩であるといえる。

わたしは香港に行くたびに、この詩人と会っていた。彼は中国が共産化したときに上海から亡命してきた知識人の子弟だった。幼少時を過ごした北角《バッコ》の隅にある飲茶《ヤムチャ》屋で、わたしたちはよく話をした。香港ではどんな食べ物も出自から遠く離れ、流浪と変貌の歴史をもっているのだと彼は語った。その日は日曜だったので、わたしたちのいる店の前の通りは若いフィリピン人の女性たちでいっぱいだった。富裕な香港人の家庭に雇われているベビーシッターやメイドたちが、カトリック教会のミサの後、往来を占拠し、お喋りをしていたのだ。彼女たちを当てにして、フィリピン料理の屋台までが出ていた。

これが香港の未来なんだよ。也斯はいった。僕の家族が大陸からここに来たように、彼女たちはフィリピンからやって来た。香港人の家に住み込んで、ベビーシッターをしたり、台所を手伝ったりしている。香港の子供たちは彼女たちからフィリピンの森に棲む妖怪や神々の話を聞き、彼女たちの味付けの料理を食べて育つ。こうして香港文化はゆっくりとではあるが、少しずつ変わっていくんだ。

也斯は二〇一三年、逝去した。彼の追悼のためわたしには何ができるだろうか。しばらく考えて、それは彼が書いた詩を読み直し、それを日本語に翻訳することだと思い当たった。ここに掲げた詩はそのうちの一篇である。

料理と植民地主義、ディアスポラについて考えるとき、わたしはつねに彼が書いた詩に立ち戻る。その詩の内側では快楽と政治が結合して、不思議な結晶体を作り上げている。詩を読むことと友情、それに夕陽を眺めることにお金はいらない。わたしたちはよくそんなことをいいあっては食事をしたものだった。それが香港であっても東京であっても、またボストンであっても、空間にはいかなる差異もなかった。ただ時間の過ぎ行きだけが現実のものだった。

ツバメの巣と盆菜料理

現代社会には過度に神話的な価値を与えられてきた食物が存在している。マツタケ。キャビア。トリュフ。フォワグラ……。そのなかで中国料理におけるツバメの巣の特異な〈高貴さ〉について論じておきたい。

世界の三大料理とは何かという問いは、およそ食べることに情熱を抱いている人なら、しばしばお喋りの話題にするテーマだと思う。わたしなりの偏見に満ちた回答を掲げておきたい。洗練の極致にある料理があって、それをある特権階級だけが賞味できるというだけでは、ひとつの料理体系が三大料理たりうる条件としては不充分である。より重要なことは、質素で簡単ではあるが、社会の底辺にまで行きわたる料理をたくさんもっていることである。それが今日のグローバリゼーションの波に乗り、安価なファストフードとして全世界的に普及しているという事実が、実は重要なのである。

三大料理としての次の基準は、その料理が困難な食材に関しても、いかに深い好奇心を燃やしているかという問題だ。土地に在来の野菜や魚介だけを工夫して個性的な料理に仕立て上げるだけではいけない。首都にあっては入手不可能な珍しい食材を求め、地の果てまでを駆けるという情熱があってこそ、一国の料理は統合的な価値を帯びるものだからだ。

だが、最後にもうひとつの基準が存在している。その料理を調理し賞味する者たちが世界中に散在していることだ。これは近代における中国人とイタリア人のディアスポラを考えてみると納得がいく。この二つの民族は一九世紀この方、南北アメリカ大陸はもとより全世界に安い労働力を提供してきた。彼らは異郷の地にあって故国の食物に深いノスタルジアを抱き、異国における最初の職業として故国の料理を提供する食堂を開いた。彼らの要請によって、祖国の料理は世界的な規模で認知されることになった。

料理は音楽と同じで、本来の土地から切り離されることによって思いもよらない未知の食材や消費者に出会い、現代の世界同時性の動きに突き動かされて発展してゆく。その多様性こそが料理の世界性の前提とされる。いうまでもなくそれは、民族の難民化や移民化、ディアスポラといった、前世紀に顕著な事情と深く関係している。

ここまで論を進めてみると、わたしのお眼鏡にかなう世界料理の体系はきわめてかぎられてくるようだ。日本料理と韓国料理は、なかにはきわめて洗練された料理を含んでいることは認めるにしても、伝統的に社会の外側に積極的に食材を求めることをせず、入手可能な、ありあわせのものの内側で発展してきた。というより歴史的事情に由来する規制によって、逆に閉鎖的なアイデンティティを形成してきた。フランス料理はイタリア料理の一部の興味深い発展形態ではあるが、ピッツァやスパゲッティのように世界中で気軽に親しまれている演目をいまだもちえていない。エチオピアやポルトガルやペルーの料理は(個人的には好きではあるが)どこかに行けばそれが食べられるのかなあという感じ。というわけで世界の三大料理は、以下のように決定される。イタリア料理。アメリカのジャンクフード。そして、あらゆるレベルにおける中国料理である。グローバル化した世界の生産と消費のシステムのなかで、この三者だけが、ローカリティの記号を脇においたまま、世界に遍在する三大料理として君臨することに成功した。

中国料理がそのなかでもとりわけ異彩を放っていることについては、読者のなかにも異論はないだろう。中国人は千年前から外食産業を発展させてきた。今日の都市部では、一日三食のほとんどを外食ですます人が少なくない。レストランがようやく一九世紀になって興隆した西洋と比較すると、この事実からも中国人の食事観が隔絶したものであることがわかる。加えて中国人は往古より移民、難民として、東南アジアから欧米まで、世界の津々浦々に拡がっていった歴史をもっている。大帝国として周辺地域から珍奇なる食材を収集し、高雅な宴席を築きあげつつも、社会の最下層の労働者のために経済的な料理を無数に考案してきた。その根底には食をもって人生の根底とするという価値観が、頑強に存在している。

わたしはこのエッセイのなかで、香港の料理について気の赴くまま、二つのことを書いておきたい。ひとつはもっとも高価な食材のひとつとして神話化されているツバメの巣のことであり、もうひとつは香港料理が本来的に抱えている雑種性、階層転倒性のことである。

香港で一番高級な食材といえば、燕窩、つまりツバメの巣であると、相場が決まっている。ツバメといっても厳密にいえば、日本ではアナツバメ族のいくつかの種なのだが、ここでは慣用にしたがって、単にツバメと書くことにする。固く乾燥しているこの巣を洗い、水に戻したうえで鶏絲湯（チキンスープ）にしたり、清湯（すまし）にして食べるものであるが、驚くべきや、黒窩《こっか》で一キロあたりの仕入れ値が三五七米ドル、白窩《はっか》では一六二一米ドルの値段がつけられている（一九九五年の調査による）。料理屋で出されるときの末端価格はまちまちであろうが、推して知るべし。ちなみに今、インターネット通販で日本の健康美容商品輸入業者のサイトを見ていたら、百グラムで三万円ほどの価格がつけられていた。

黒窩と白窩とはどう違うかを簡単に説明しておきたい。ツバメの巣というのはツバメの唾液が乾いて固まったものから構成されている。純粋に唾液だけからなるものが白窩。小枝や草が混じって色が不透明になっているものが黒窩なのである。俗説に海藻が混じっていると黒くなるというが、海藻を食べるという習性はアナツバメにはないから、これは誤りである。

個人的な体験をいうと、香港と東京で開催された満漢全席の卓に就いたとき、清湯琵琶燕という料理を供されたことがあった。澄んだスープのなかに、禽肉《とりにく》と火腿《ハム》、冬菇《どんこ》の千切りに混じって、白いゼリー状の粒粒が揺蕩《たゆた》っている。それがツバメの巣だと教えられた。深みのある絶妙なスープだと思ったが、燕窩《えんか》そのものに特別な風味があるわけではない。だが人が美食に向かうのは、単に直接の味覚を越えた動機によることが多い。

ツバメの巣は伝統的には消化を助け、解毒剤として効き目があるとか、喘息から結核まで、ともかく肺関係の万病に効くといわれたり、媚薬として一流であるともいわれている。まあ始終服用できるわけではないから、話半分に聞いておけばいい。重要なのはそれが富裕を示す記号として、伝統的に中国人社会で扱われてきたという事実である。辺境にあってわざわざ危険を冒さなければ入手できないもの、獲得に高価な代償を支払わなければならないものを口にすることこそが、高貴にして富める者を貧しき者から隔てる示唆的な行為であった。それが稀有なものであればあるほど、中国人は争って獲得に情熱を燃やし、食材の価値を喧伝したものであった。清末の西太后は海老のすり身にこの巣を混ぜた蒸しもの(出水芙蓉燕)を愛好したと聞いたことがあるが、彼女はその皿を前にさぞかしご満悦のことであったはずである。

ツバメの巣の原産地はカリマンタン島の北部、東サバのいくつかの山岳地帯である。もっとも鍾乳洞に入り込んで採集を許されているのは現地のイダハン族に限られており、他の素人が気楽にそれに携わることは許されていない。というのも彼らにとって巣の採集は、単に現金収入を得られる労働である以上に、神聖なる宗教的儀礼であるためだ。彼らは遠い祖先がツバメの巣を採集したという伝承に基づいて、その行為の反復を通して、始原的な時間へと立ち返る。ツバメの巣とはけっして食用に供されるものではなく、神話的な時間の再生がもたらしてくれる結果にすぎない。巣が密集している洞窟とは聖なる空間であって、不用意に立ち入ることは禁じられている。

イダハン族がツバメの巣を中国人との交易に用いるようになったのは、一五世紀のことであった。明の鄭和がスールー諸島を訪れたとき、彼らはこの大航海者の教えを受けてイスラーム教を信じるようになった。こうして最初の交易が成立した。といってもイダハン族の側は謝礼として陶磁器やガラス玉などを受け取るばかりで、それが今日でいう商取引となったのは一九世紀から二〇世紀にかけてのことだった。

ツバメは主に石灰質の鍾乳洞にある岩壁に巣をかける。といっても、簡単に手の届くところではない。通常は穴底から三十メートルほど上の、いく層にもなった岩の窪みを選び、四十日から二カ月ほどの時間をかけて唾液を塗り重ね、丹念に巣作りをする。巣は半球形をしており、縦五センチかける横八センチ、奥行き三センチくらいが通常である。いうまでもなくそのなかには雛鳥がいて、半年ほどで飛べるようになる。イダハン族が巣を採集するのは、この時期である。それを逸すると巣は岩壁から剥離して穴底に落下し、野豚や鼠に食べられてしまうからだ。だが採集といっても生易しいことではない。何といっても薄明のなか、三十メートルの高さにまで手を伸ばさなければならず、おのずから作業は父と息子といったコンビによってなされることになる。

一番身軽な者ができるだけ高くまで岩壁を這い登り、そこから折り畳みの梯子をかける。残りの者たちは懸命になって下で梯子を支え、最初の者の作業が安全になされるように心掛ける。この危険極まりない作業に熟達するため、イダハン族の男たちは幼少時から特別な訓練を重ねている。とはいえ巣のある洞窟の場所を他人、それも中国人に明かすことは禁じられている。彼らは一昼夜にわたって小舟を操り、さらに険しい山地を横切って、ようやく秘密の洞窟に到達することができるのだ。とはいえせっかく採集したものの、ツバメの巣はひどく壊れやすいものである。それを細心の気遣いのもと、中国人の商人に渡すまで、部族の男たちの緊張は解《ほぐ》れない。それが高価なものになるのは当然のことだろう。

ツバメの繁殖と巣作りの時期を考えたうえで、採集は一年に二度を越してはならないというのが、数百年にわたる掟であった。近年になって三度となったのは、グローバル化したグルメ主義のおかげで巣の価格が高騰し、国際市場からの強い要請があったためである。だが採集技術の難しさと危険性のため、乱獲が何とか抑制されていることは、イダハン族の社会構造と生態系の保持のためにはいいことだろう。この抑制の根底にあるのはイダハン族のもつ円環的な時間認識であり、神話的始原への回帰を重視する宗教的価値観である。巨大な鍾乳洞はその意味で、彼らにとって世界の中心なのだ。

もっともこうした前近代的な採集がいつまで続くか、こころもとないことも事実である。現によそ者による盗掘めいた採集が行われつつあると、イダハン族研究の文化人類学者、モハメド・ユソフ・イスマイル教授(後出註)は警鐘を鳴らしている。最近ではアナツバメが、都市部の鉄筋コンクリートのビルの壁にも平然と巣を作りだしたという例が報告されているからだ。

長々とツバメの巣について書いてきたのはほかでもない。それを世界最高の珍味とし、健康増強と媚薬の素として賞味する側の香港人(およびシンガポール人、近年においては大陸の中国人)が、巣の採集をめぐる文化人類学的な事情にまったく無関心であるという事実を、書いておきたかったからである。辺境より到来するものはなべて稀少であり、稀少ゆえに高価である。それは虚栄なる富の記号として中華社会の内側を円滑に廻り、かくして毎年おびただしい数のツバメの巣が消費されていく。フランスの社会学者、ピエール・ブルデューの説く「嗜好の階級制」なるものが絶頂を極める形で結晶化したのが、この鳥の乾燥した唾液の塊であった。

こうした料理をめぐる階層性や富裕の記号としての食材という考えは、永久のものでもなければ、いささかも固定的なものでもない。中国史を紐解いてみるならば、食物の嗜好はつねに歴史的に形成され、今後も不断なく変化していくものであることが判明する。

前章で引いた友人、也斯は、まず何よりも食事の光景や食材についてユーモラスな詩編を残した人として知られてきた。「食景詩」の連作（『蔬菜的政治』（二〇〇七）収録）から、「香港盆菜」（香港の大鉢料理）という詩を紹介してみよう。

焼米鴨と海老フライは頂上であるべし
階級秩序は層ごとに明快をもってよしとする
とはいえ突っつき箸がしだいに
高い五味鶏と安い豚肉を転倒させる
敗残の宋軍が慌ててこの地に逃げ
漁師の余りものを木の大鉢から貪り食った

浜辺で車座と来れば　昔日の優雅は二度と戻らず
首都の栄光から遠く離れ　現地の野趣を試みた

もう高みには戻れない　彼らは日に日に消耗していった
好き嫌いはともあれ　卑賤の色に手を染めぬわけにはいかず
北の茸と南の烏賊《いか》の交流を妨げることはできない
関係の転倒はどちらをも汚し　頂上の純粋を乱す
肉汁の自然の滴りを止められる者はいない
底に敷いた蕪が　すべての味を甘く吸いあげるばかり

香港では盆菜料理は、一三世紀の中ごろ、モンゴル軍に敗れた南宋の文天祥将軍が兵士たちを引き連れ、この広東の地に到来したときに始まると伝えられている。兵士たちは現地の漁民からありとあらゆる食糧を徴発し、漁民たちはそれを巨大な鉢に載せて供した。北方の兵士たちと南方の漁民とでは、食生活の習慣と嗜好に大きな違いがあったし、何よりも食材の階層性の意識が異なっていた。

とはいえ行き場を失った敗残兵たちがしだいに軍規を忘れ、現地の女性と結婚してこの地に根付いていくように、盆菜料理にあって最初に決められていた盛り合わせの規則も、歳月が経過してゆくうちに曖昧となっていった。鉢のうえに整然と並べられた山海の味覚の秩序は、取り箸によってただちに崩されてしまう。かつての栄光の日々を思い出させる高雅な食材は、心ならずも住むことになったこの南の地にある、卑賤にして庶民的な食材、漁師たちの「余りもの」によって圧倒され、位置が転倒してしまう。とはいえ人間の舌は嘘をつくことはできない。虚勢を張っていた将軍も兵士も、いつしか鄙《ひな》の味覚に馴染み、こうして南でも北でもない、新しい料理が創造されることになる。あらゆる中国料理とは混合種《ハイブリッド》であると、作者はいいたげだ。香港料理のあり方は、ちょうど香港という土地とそこに住む香港人の雑種性、秩序転倒性にみごとに対応していると。

香港ではあらゆる料理が恐ろしい速度で変化してゆく。ある地方の料理が街角を席捲したかと思うと、十年ほどのうちに流行遅れとなって、別のものに取って替わられたりするし、料理の名称は猫の目のように変化してゆく。そこにまた新しい波が到来し、これまでの外食産業の地政学を塗り替えていく。

小さな漁村がイギリスの租借地となることで発展していった香港には、もとより巨大な外食産業が存在していたわけではなかった。第二次大戦の前には、香港島の屋台街から発展していった潮州料理と、広東から流入してきた客家《ハッカ》人の手になる、質素で塩辛い客家料理が、もっぱらの外食産業であった。戦後に大陸で共産党政権が発足すると、事態は急変する。数多くの難民がそれぞれの料理を携えて、この猫の額のごとき都市に集中してくる。上海から渡来した亡命者たちは北角《バッコ》に固まって住み、そこを「小上海」と呼ぶと、豚挽肉のレタス巻きといった上海料理を広めていく。白系ロシア人たちはボルシチやビーフストロガノフをもちこみ、現在それは香港の庶民に「醤油洋食」の名前で親しまれている。肉体労働者はコーヒーと紅茶を等量に混ぜたものを「鴛鴦茶《ユンヨンチャ》」と呼び、イギリス人が顔を顰めるのもおかまいなしに、堂々とそれを引っかけて仕事にでかける。一九六〇年代にもなると客家料理人気に陰りが見え、やがてマレーシアやタイ、ヴェトナムの料理が押し寄せてきた。昨今における台湾料理の進出は目覚ましい。そしてこうした現象は、より雑食化した香港料理がグローバリゼーションの波に乗って、ロンドンからニューヨーク、横浜まで、全世界的に散種されていく動きと、軌を一にしている。

なるほどツバメの巣は世界に冠たる高級食材であるだろう。だが香港人は春雨をもって魚翅《ふかひれ》の代用としたように、スライスしたフライドポテトを巣に見立て、平然とチキンスープの具として用いてしまうのである。紛いもののツバメの巣料理は、いくらでも存在している。先に引いた也斯の詩は、こうした香港における文化の政治学と政治文化の双方を、料理という隠喩を通して巧みに物語っている。

也斯は二〇一三年一月、六三歳の生涯を閉じた。わたしは彼を追悼する三日間のシンポジウムに招かれ、つくづくとこの人物が、洋の東西を問わず、美食に情熱を捧げた人生を送ったことを感じた。彼は同時にベンヤミンの徒でもあり、食物と料理とがいかに歴史的に形成されてきたかを、鋭く洞察する人でもあった。

その霊の安からんことを。

註――ツバメの巣採集の文化人類学的考察として、Mohamed Yusoff Ismail, Sacred Food from the Ancestors : Edible Bird Nest Harvesting among the Idahan, in David Y.H. Wu and Sidney C.H. Cheung (ed.), *The Globalization of Chinese Food*, Routledge Curzon, 2002. に教えられた。

国民料理とは何か

1

ペッレグリーノ・アルトゥージの『厨房の科学とよき食事のための術』*La scienza in cucina e l'arte di mangiar bene*という書物の存在を知ったのは、三十歳代の終わりころ、フィレンツェの料理学校に通っていたときのことだった。

本来は語学学校に登録していたのだが、教室は外国人の生徒ばかりだし、午前中の授業が終わってしまうと、後は何もすることがない。ちょうどいい機会だから、午後にお料理の勉強でもしようと思い立った。この計画は正解だった。生徒たちはいかにもこれから結婚しますよといった、初々《ういうい》しさが漂う地元の女性ばかりであり、彼女たちのフィレンツェ弁の（「キャッキエーラ」という、まさに猿が騒いでいるような）お喋りに囲まれているのは、会話のまたとない勉強となった。

教室ではたいした料理を教えてもらったわけではない。白い顎髭を生やし、白いワイシャツに真赤なネクタイという先生は開口一番、「フランス料理なるものは世界に存在しませんぞ」と宣言した。あれはイタリア料理の一部であって、その証拠にイタリアには一軒もフランス料理店などないのだとおっしゃる。年齢は七十歳くらいか、とにかくおシャレで、言葉の端々にエスプリがきいている。最初の一言から、イタリア人が自国の料理に抱いている、深い矜持と愛情が感じられた。

それほど複雑なレシピは習わなかった。実習では鶏を焼くさいのフォルノ（オーヴン）の使い方のコツとか、煮えたぎる大鍋のなかのパスタの硬さの確かめ方とか、大蒜の潰し方とか、そういった基本的なことが中心である。講義ではもっぱら食材の取り扱い方に力点が置かれていた。バジリコは金属に触れさせてはならない。刃物で切るなどもってのほか。かならず手で千切るべし。スープは絶対に熱くなければいけない。キノコは洗ってはならず、汚れは濡れた布巾で拭うべし、などなど。

わたしは先生のイタリア語についていくのが精いっぱいだったが、それでも授業は面白かった。そこであるとき、授業の終わりに訊ねてみた。本屋さんに行くとイタリア料理のレシピがズラリと並んでいるのですが、どんな本を買えばいいのでしょう。わたしは大蒜の潰し方やトマトソースの作り方は習ったのだが、イタリア料理なるものの核と輪郭について知りたかったのだ。

先生は躊躇《ためら》わずに、それはアルトゥージだねといった。一九世紀に書かれたものだが、いまだに古くなっていない。一家に一冊というのは、まさにあの本のことだよ。

わたしが了承すると、先生は付け加えた。本屋にいったらアルトゥージはいろいろな版が並んでいるから、きっときみは戸惑うことだろう。自分が推薦したいのはボローニャ大学のカンポレージ博士が序文を書いている版だ。

ピエロ・カンポレージは少し齧ったことがある。中世の血液循環論や聖人崇拝の分析に始まり、魔術と医学の接点に迫ろうとする碩学である。人類学、民俗学、景観学まで、とにかく恐ろしく広い射程をもったその知識と思索のあり方は、日本でいうならば種村季弘さんを思わせる。そこで早速、推薦された序文付のアルトゥージを手に入れた。カンポレージは八十頁近い序文のなかで、この『厨房の科学』を単なるレシピ集と思っては大間違い。この書物の出現自体がイタリア統一後の一大文化的事件なのだ。表向きは地方ごとに大きく異なっているように見えるイタリア人が、食べるということを通して、実は「イタリア」という巨大な無意識を体現してきたことがよく理解できるはずだと述べている。博士の説くところによると、アルトゥージのこの書物はその後、食文化の領域で、国家が提唱するナショナリズム的統合に大きく貢献したのだという。

わたしは神妙な気持ちを抱きつつ、アルトゥージの頁を捲り始めた。

冒頭はスープとゼリー寄せのレシピ。次に汁気《ブロード》のあるパスタ(「ミネストラ」)と、汁気のないパスタ。クロスティーニやサンドウィッチのようなパンを用いた前菜。さまざまなソース。卵料理。パスタの生地と揚げ衣の作り方。詰め物料理。前菜と本皿の間のお通し料理(トラメッソ)。煮込み。野菜と豆。魚。焼き物。お菓子。トルタとスプーンで食べるスイーツ(ドルチェ)。シロップ。ジャム。ジェラート。その他。七三一通りのレシピの内訳はこの通りである。

アルトゥージ(一八二〇〜一九一一)は、教皇領のロマーニャ地方に絹商人の息子として生まれた。家業のため各地を転々としたが、三一歳でフィレンツェに居を定めた。基本的にはフィレンツェの文化人である。一八六一年、ガリバルディによるイタリア統一がなされたとき、彼は四一歳だった。父親の遺産を継承すると家業から引退。サロンを通してさまざまな知識人と親交をもち、長く憧れていた文筆の道に進んだ。

イタリアは近代国家として政治的には統一されたが、言語においても日常の文化においても統合がなされているとはいいがたい。これは程度こそあれ、今でもそうである。食においても同様。イタリア人は自分の地方の料理しか知らず、他の地方の料理を知らない。そのくせ、隣国のフランス料理こそ高尚にして最高のものと信じ切っている。今こそイタリア料理の規範を打ち立てることで、こうした支配的な料理観に対抗しようではないか。食文化を「科学」scienzaとして確立することが必要なのだ。アルトゥージを『厨房の科学』執筆へと駆り立てた動機とは、かかる愛国主義的信念である。料理人と給仕係に傅《かしず》かれ、静かに独り暮らしの余生を送っていた老人は、こうして自分がこれまで食べてきたものの思い出をトスカーナ方言で書き始めた。

躊躇いつつ千部を自費出版で刊行したのが一八九一年。ところがそれが大反響を呼び、あっという間に重版、三版。そのたびに料理を追加したりしているうちに七版からは毎回、六千部ずつの増刷。著者のもとにはイタリア各地から数多くの手紙が寄せられた。手紙は言及されていない料理や、言及されてはいても異なったレシピの存在する料理について触れていた。アルトゥージは手紙にある料理をすべて試み、死に到るまで二十年にわたって自著の増補改訂に情熱を注いだ。

彼の晩年におけるこの情熱を思うとき、わたしは『クオレ』を著したデ・アミーチスを想起する。現在もなおイタリア人の間で読み継がれているこの児童文学は、『厨房の科学』の五年前、一八八六年に刊行された。舞台はトリノにある小学校の三年生の教室で、語り手は十歳のエンリーコ少年である。同級生には富裕な商人の息子もいれば、薪屋や八百屋の息子もいる。出身地もさまざまで、トリノばかりでなく、パドヴァやフィレンツェ、さらにカラブリアから転校して来た少年もいる。彼らはそれぞれに家族の物語を携えているが、互いに助け合い、教室全体として統一国家としてのイタリアを体現している。デ・アミーチスは新国家統一にあたり、十歳の子供たちを通して、地方ごとの差異を乗り越えて友情を育むイタリア人の人格的規範を提示しようとした。食生活を通して同じことを試みたのがアルトゥージであったと、わたしは考えている。彼は〈国民料理〉規範化の必要を感じ、食を通して「イタリア人の創造」を試みたのである。

かくして現在まで読み継がれている国民的料理書が成立した。彼は料理用語を統一し、レシピの規範を定めた。それまで付け合わせの地位に甘んじていたミネストラ、つまり今でいうパスタを、前菜から本皿、ドルチェへと流れるコース料理のなかで、一個の独立した項目として認めた。ユダヤ人に偏見をもたない彼は、彼らの食物をめぐる嗅覚を賛美し、その料理をイタリア料理として認め取り入れた。興に乗れば、レシピの傍らに愛唱するレオパルディの詩句やゴルドーニの科白を書きつけた。実用書であることはいうまでもないが、エッセイとしても愉しめる箇所が少なくない。読んでいて面白いのだ。

わたしは帰国してからいくつかのレシピを実行してみた。

まず蛙のスープ。横浜の中華街で冷凍の上海田鶏（蛙）を求め、大蒜と野菜を炒めたものに混ぜ、ザク切りにしたトマトといっしょに煮込む。調理をしている間に、ベルトルッチの『1900年』というフィルムのなかに、トスカーナの田舎で蛙採りをする少年時代の挿話があったことが想い出され、愉快な気持ちになった。もっともアルトゥージは蛙の一番美味な部分は卵であると記している。これにはさすがに付いていけなかったが、スープは美味であった。

続いて詰め物入りコトレッタ。小麦粉とバター、牛乳、パルミジャーノ、卵黄を混ぜ、牛肉の両面に塗り付け、さらに卵に潜らせてパン粉を塗《まぶ》し、オリーブオイルかラードで焼き上げる。現在では「ボローニャ風コトレッタ」として知られているものの原型である。正直にいって、これはいささか重すぎた。その後も何点か、アルトゥージが記した通りに調理をしてみたが、今の軽めの料理の流行からすればちょっとスタッフィかなと思うときがときどきあった。とはいえ自分が知っている「フィレンツェ風ビステカ」（ビーフステーキ）や「悪魔風チキン」といった料理のレシピがキチンと記されているのを発見すると、ああ、イタリア料理は百年以上が経過してもいささかも変化することがないのだと感動した。これが日本料理であったとしたら、明治時代のレシピを現在、そのままの形で再現することは不可能であったろう。

アルトゥージに親しんでいるうちに、彼のレシピの選び方に批評的な興味を感じるようになった。何が選ばれて、何が選ばれていないかということである。まずピッツァへの言及がない。ナポリの庶民料理がフィレンツェにまで到達していなかったのか、それともこのような下賤なものは取り上げるに値せずと著者が判断したのか。そこまではわからないが、現在ではイタリア料理の代表のひとつとして世界的に知られているピッツァが登場していないことは、逆に二〇世紀におけるこの料理のグローバルな大衆化への関心を掻き立てる。

『厨房の科学』では、その代わりにクスクスが顔を見せている。クスクスはシチリアでは食べることがあるが、現在では一般的に北アフリカの料理だと見なされている。アルトゥージの時代には、それはスファラディーム（地中海のユダヤ人）の料理という認識であった。彼はわざわざレシピを教えてもらいに、ユダヤ人のもとへ赴いている。食いしん坊は民族差別を越えるという、好ましい例である。

日本でもたいそう人気のあるカルパッチョは記載されていない。まあこれは理解できなくもない。生の牛肉をスライスにしたこの一品は、アルトゥージの生前にはまだヴェネツィアで考案されていなかったからだ。しかし生野菜の料理が「ロシア・サラダ」一品しかないのは不思議な気がする。それもわざわざ名前に、ロシアという外国の名がつけられている。他に野菜を用いた料理は何があるかとみると、すべてが茹でたり煮込んだりしたものばかりだ。一九世紀のイタリア人はまだまだ生野菜のサラダを食べる習慣をもたなかったことが、ここからわかる。そのくせ著者はジェラートに大きな情熱を注いでいる。まだ冷蔵庫などなく、そもそも氷を入手するのが大変であった時代に、なんと二八通りのレシピが掲げられているところなど、著者の子供っぽい食欲に思わず微笑んでしまう。ちなみにこの大部のレシピ集は著者の生誕二百年を記念し、『イタリア料理大全』(平凡社、二〇二〇)の名で全訳が日本でも刊行された。

アルトゥージのこの書物は、それまで地方ごとに大きく異なった食物を口にしていたイタリア人に、料理を通して統一的なイタリアという観念をもたらそうという意図のもとに執筆された。ひとつの料理の題名を公式的に定め、その規範的なレシピを提示することで、「フランス料理」とは違う「イタリア料理」なるもののアイデンティティを確立させようというのが著者の狙いであり、それは現在に到るまでみごとに成功しているように思われる。国民料理としてのイタリア料理は、アルトゥージとともに成立したといってよい。

イタリアが一九世紀からファシズム期と戦争、そして戦後の復興といった波乱万丈の歴史を体験しながらも、イタリア料理が頑固なまでに変化を拒み、保守的なスタイルを保持しているのは、ひとえにアルトゥージのおかげである。もっともこれは、少し意地悪な見方をすれば、逆の立場から批評することもできる。イタリア料理は現在に到るまでアルトゥージに呪縛されてきたのだ。頑強な箍《たが》を与えられてしまったために、日本のように多元的でなりふりかまわぬといった変化に身を任せることができなかったのだ。

ところでこの『厨房の科学』に匹敵するような書物を、他の国々はもっているだろうか。ただちにわたしが思い浮かべるのは袁枚《えんばい》(一七一六〜一七九七)の『随園食単』(一七九二)とブリア＝サヴァラン(一七五五〜一八二六)の『味覚の生理学』(邦題は『美味礼賛』、一八二五)である。ともに数多くのレシピを紹介し、長きにわたって中国料理、フランス料理の料理書として読まれてきた書物である。だがこの二冊のテクストのあり方は、それぞれ大きく異なっている。

『随園食単』は清国乾隆帝の時代に科挙に合格し、若くして江蘇省溧水《りっすい》県の知県(郡長)に任じられた官吏、袁随園の手になるレシピ集である。袁は廃園を修復してみごとな庭園に仕立て上げると、官を辞して隠遁。名文家として生計を立てながら、料理書の著述に腐心した。人の家に招かれご馳走になると、その後にかならず自宅の使用人を遣わしレシピを学ばせた。四十年の間に相当数の料理法が集まり、過去の名料理人が遺した書物を引いてそれを補塡した。著名な古典であるとはいえ附会《こじつけ》と思われるものは、遠慮なく割愛した。

この書物はまず料理人が天性を知ることから説き起こされている。続いて調味料、洗い方、味付け、取り合わせ、火加減……といった具合に、調理における基礎的な心構えを説いている。同じ鍋で煮てはならない。客に強いて勧めてはならない。目食(多きを貪ること)、停頓(すぐさま食べないこと）、材料の浪費を戒めなければならない。こうした警戒事項の後に、海産物に始まり、川魚、豚肉、獣類、鳥類、有鱗無鱗の魚介類、精進料理、小菜、点心、飯粥、茶酒と、全体で三二七通りのレシピが収録されている。記述は簡潔をもってよしとし、逸脱脱線はない。これはきわめて実用的な書物である。もっともここにはアルトゥージのように、一国の料理の多様性を統合し、ナショナリズムを顕揚しようという意志はない。袁随園はただみずからと知人友人の食の快楽のために正統なるレシピを蒐集しようと心掛けたのであって、言及されている料理は彼の周囲の親密圏の内側に限られている。遠方の料理の情報を、同じ一国の料理であるからといって取り寄せているわけではない。

それに対し、ブリア＝サヴァランの『味覚の生理学』は題名からも窺えるように、徹底して個人の快楽の追及に目的が置かれている。著者の筆は健康と栄養に始まり、宇宙論から歓待にまで及んでいる。レシピ的な情報もないわけではないが、むしろ料理を素材として自由に執筆されたエッセイという印象が強い。その一貫した主題は、美食とは何かということである。

著者はまず食の悦びと食卓に就く悦びとは、まったく異なっていると説く。前者は飢えと生理的欲求に動機づけられているが、後者は人間に固有の文化と内省的思考に基づいている。それは自然の欲求ではなく、欲望を前提としたうえで成立する、贅沢な食と談笑の欲望でなければならない。食道楽（グルメ）とはただ単に空腹だからといって皿に置かれた肉に齧りつく人種ではない。ひとたび欲望の対象としての食事という次元を通り越してこそ、真のグルメは成立するのだ。真のグルメは食欲に促されるものであってはならない。

このように要約してみると、食に対するブリア=サヴァランの姿勢にはアルトゥージや袁随園と比較にならないほどに倒錯的な雰囲気が、姿勢が窺われる。肉料理について、アルコールについて、甘いデザートについて、著者はきわめて独自の蘊蓄を傾けているが、それは啓蒙的なレシピである以上に、当時の知的流行であった「生理学」の立場に由来する分析である。この書物において重要なのは、ある料理をいかに真正な形で調理するかではなく、それを食欲から離れ、純粋に「美食」として賞味するにはどのようすればよいかという問題なのである。

アルトゥージの『厨房の科学』に戻ると、この書物には『随園食単』とも『味覚の生理学』とも異なった、明確に公的な使命が担わされていた。国民の料理としてのイタリア料理をいかに確立し、もってイタリア人のアイデンティティ形成に貢献するかという問題である。そこで論じられているのは客を歓待するさいの礼儀でもなければ、飽くなき美食の追及でもない。政治的に成立したばかりの統一国家を、文化の内側からいかに充実したものに作り上げていくか。この巨大な課題に対し、食の側から応えてみせたのが、この書物であるというべきである。

では、かくいうわたしが居住している日本ではどうなのか。江戸時代に『豆腐百珍』のようなレシピ集が天下のベストセラーとなったことからもわかるように、江戸時代にはすでにおびただしい数の料理書が刊行されていた。近代国家成立以降にはさらにそこに洋食指南の書物が加わり、まさに百家争鳴の態をなしていたといえる。だがそうした書物の氾濫のなかにアルトゥージに匹敵するような、持続的影響力をもったものがあるかといえば、わたしにはただちに思いつくものがない。理由はいくつか考えられる。明治維新以降、また第二次世界大戦以降、日本の食生活は、イタリアのそれとは比較にならないほどに大きく変化拡大したことがひとつ。もうひとつは、公式的な日本料理史が貴族や武士といった特権階級の食生活の変遷を形式的に追うばかりで、いっこうに一般庶民の、地域辺境までを含めた食に無関心であったことである。

2

イタリア料理はいつでも大人気である。世界中にピッツァとパスタを知らない人間はいない。おまけに日本には、ほとんど会席料理と区別がつかないまでに超絶技巧的な、高級イタリア料理の店さえある。

イタリア留学が引き金となって、帰国後もパゾリーニの勉強を続けていたわたしは、『あることの夢』や『生命ある若者』といった彼の長編小説を読むにつけ、そこに描かれている食べ物のあまりの貧しさに驚くことになった。カリフラワーと豚の皮。ポレンタ(トウモロコシの粉)。たった一壜のマーマレード。キャベツのスープ。またしてもポレンタ。ポレンタ……それはわたしが知っていたはずのイタリア料理とはまったく異なった、まさしく生存のためにかろうじて捜し出された食材による料理だった。

この貧しさはただごとではない。わたしはこの驚きを契機として、少しずつアルトゥージの『厨房の科学』を距離をもって眺めるようになった。アルトゥージが挙げている料理は、使用人のいるブルジョア家庭のものである。どこまでも料理人の手になる家庭料理であって、小麦パンではなくポレンタを常食とせざるをえなかった貧困層の食生活への言及はない。わたしはやがてこの「聖典」を単なる浩瀚なレシピ集としてではなく、イタリア統一というイデオロギーを担った文化的テクストとして認識するようになった。パゾリーニの小説から遡って何冊かのイタリア料理史の書物を読み、その結果、これまで金科玉条視してきた書物を、歴史的な文脈のなかで読み直さなければならないと考えるに到ったのである。アルトゥージが蒐集し記録した料理の内実よりも、その言説を成立させているイデオロギー的枠組みに関心を覚えるようになったといってもよい。

ここでアルトゥージから少し離れ、イタリア人の食生活の変遷について、わたしが学んだことを簡単に記しておきたい。

ある女は、とても独創的なやり方で施しをおこなった。彼女自身貧しく、ほんの少しの辛いチーズで味つけしたゆでたマカロニしか食べられない。しかし彼女の隣人はもっと貧しくて、乾いた硬いパンひとかけらしか食べるものがなかった。隣人ほど貧しくない女は隣人に、マカロニのゆで汁を与える。少し白く濁った湯をパンにそそぎ、柔らかく、いくらかでもマカロニの風味をつけて食べられるようにするのである。

作家マティルデ・セラーオがナポリで見聞した、貧民の間での相互助け合いの光景である。この一節を引きながら、『イタリア料理の誕生』（小田原琳他訳、人文書院、二〇二二）のキャロル・ヘルストスキーは、一九世紀から二〇世紀にかけてイタリアの庶民がいかに貧しく、慎ましい食生活を送っていたかを指摘している。

「生き延びるとは、『なしでやっていく』ということだった。食と食習慣は誕生したばかりの国民国家が対決した圧倒的貧困を象徴していた。農民も労働者も、基本的にはトウモロコシ、米、栗、ジャガイモ、豆類、少しばかりの葉野菜からなる、代わり映えのしない食生活を送り、特別の機会にはおそらく水で薄めたグラス一杯のワインがそれに加わる程度であった。」

ここにはアルトゥージが取り上げていたレシピとはまったく無縁の、ただ飢えを凌ぎ生き延びるための食の、広大な光景が展がっている。

考えてみようではないか。『厨房の科学』に記されている七百もの料理を実際に調理していたのは誰だったか。アルトゥージではない。彼の忠実な料理人である。長年にわたりアルトゥージ家に仕えていた給仕がそれを食堂に運び、主人は多くの場合、独りでそれを賞味していた。書物を刊行して以来、彼は読者から数多くの手紙を受け取り、そこに記された別のレシピやまったく未知なる料理を試み、自著の増補改訂に勤しんだわけであるが、ここでも誰が彼の書物を読み、手紙を執筆したかを考えてみなければならない。当時のイタリアの識字率の低さを考えるならば、それが一般庶民というよりも、プチブルジョア以上の階級に属するイタリア人であったことは容易に想像がつく。『厨房の科学』はイタリア料理一般を論じると謳《うた》ってはいるが、実のところそこに集められているのはすべて、自分では調理をする必要のない富裕な者たちが料理人に命じて作らせた料理であることが判明する。そしてそれがイタリア料理の規範となった。庶民はそれに到達しようと努め、ひとたび到達するや、戦後になって大衆消費社会が到来した後も頑強にそれに固執してきたのである。

今日われわれがイタリア料理として考えているものは、近年になって「創られた伝統」にすぎない。一九〜二〇世紀のイタリア国民の多くは、貧しさと欠乏のなかで何とかやりくりしてきた。イタリア料理の歴史とは、日本とほぼ同時期に成立した近代国家イタリアが、いかにイタリア人の食に介入し、新しい消費傾向を作り出し、しかも興味深いことに、それが今なお保守的に維持されるに到ったかという物語である。

アルトゥージが大著を執筆していた一九世紀後半、イタリア人の大部分はポレンタ、米、パスタ、栗などを消費してはいたが、小麦パンは肉と同じく、まだ珍しい食物であった。カラブリアでは「白パンの女性」とは上流階級の女性を意味していた。ポレンタ常用の人々は、消化不良と栄養不足に苦しんでいた。スパゲッティをはじめ、世界中でイタリア料理として認知されているものを彼らが口にするようになったのは、ここ数十年のできごとにすぎない。長い間、庶民は「なしでやっていく」ことに耐えて、生き延びてきたのだ。

アルトゥージが『厨房の科学』を著した一九世紀後半には、イタリア食物史においてもうひとつ重要な出来ごとが生じている。多くのイタリア人が貧困と失業ゆえに南北米に移民したことである。移民からの送金によって国民の生活水準が改善された。ディアスポラ現象のさなかにある移民は、異郷の地にあって故郷の食生活の再現を目指した。彼らはピッツァとパスタを食べることでエスニック・アイデンティティを確認しあい、結果的にイタリア料理の世界化に大きく貢献することになった。国外市場においてイタリア産品(乾燥パスタ、トマトの缶詰、オリーヴ油、硬いチーズ)の消費母胎が成長し、イタリア国内での食品産業を発展させた。在外イタリア人の「想像の共同体」(アンダーソン)が、イタリア料理の基礎的な食材商品の生産を促したのである。

料理史はここでの大きな分水嶺が第一次世界大戦であったとしている。戦時中、政府が助成し輸入を促進させたおかげで、少なからぬイタリア人が、これまで縁のなかった小麦パンを主食として口にできるようになったのである。

とはいえ僥倖は長くは続かない。ムッソリーニによるファシズム体制は食生活を政治的忠誠や国民意識に結びつけ、国民に「質素な生活様式」を強いた。彼はイタリア料理を〈国民的〉なものにしようと企てたのである。とはいえファシスト政権はエチオピアを侵略し、それによって国際的な経済封鎖を受けた。結果的に生じるのは深刻な食糧不足である。ファシスト政権は国民に節食を命じ、食糧自給率百％の達成を急ぐあまり国産品奨励の宣伝工作を続け、小麦の輸入を禁止した。イタリア人はまたしてもパンを取り上げられてしまったのである。代わりに奨励されたのが米の消費であった。

ここで仇花ともいうべき奇怪な出来ごとが起きる。小麦よりも米というファシズム体制の主張に応じるかのように、前衛芸術運動である未来派の指導者マリネッティがパスタ廃止運動を唱えたのだ。彼はオーデコロンの肉料理やら、ムール貝のバニラクリーム添えといった奇怪な料理を次々と考案し、イタリア人は究極的にはビタミン剤とサプリで栄養を取ればいいのであって、料理はどこまでも美的体験を目的とすると主張した。

ちょっと話は脱線するが、わたしは以前イタリア料理店のシェフと組み、『未来派の食卓』なるレシピ書に倣って「未来派スシ」なるものを再現したことがあった。蛙とサクランボを用い、イタリア国旗の三色を真似たデザインは、みごとにナショナリズムの表象である。一九二〇年代にはヨーロッパのさまざまな都市で芸術的前衛運動が展開されたが、およそ料理に前衛精神を導入したのは未来派だけであって、これは愉快な挿話である。

ムッソリーニに話を戻そう。ファシズムは食料消費のあらゆる側面の統制を行なった。贅沢な高級料理は避けられ、質素にして滋養に満ち、節約精神に満ちた家庭料理が推奨された。一九二〇年代にはこうした「国民料理」のため、数多くの料理書が刊行されている。

このあたりの事情は、イタリアと同じく統制経済を採用した軍国主義下の日本と比較してみると興味深い。第二次世界大戦下にあって深刻な食糧難に陥った両国は、国民に節食を強要し、「贅沢は敵だ」というキャンペーンを打った点でそっくりである。日本が戦時下に「すいとん」と野草食を推奨したように、イタリアはバターを用いないベシャメルソースを、肉を用いずパン屑と卵白と粉チーズから「偽肉団子」を作り出した。いずれもが「……をなしですます」料理である。

だが忘れてはならないのは、戦後の復興のなかで両国の食生活における方向の決定的な違いである。日本社会は在日韓国人や旧満洲国からの追放された難民日本人を通して、焼肉や餃子といった未知の料理を知り、食生活において劇的な変化を体験した。それらを新しい国民食に作り変えた。イタリアでは事態は逆である。オリンピックに象徴される経済復興がなされた後も、人々はかつての質素な食物に拘泥し続けた。食糧事情が好転し、いくらでも外国から未知の食材が到来するようになっても、彼らは過去の食事へのノスタルジアを基軸として、食のグローバリゼーションに対抗する頑固な姿勢を崩さなかった。食において日本人がなりふりかまわぬスノビズム的コスモポリタニズムを生きているとすれば、イタリア人は家庭料理に、地方料理に拘り、愚直なまでに保守的な立場を守っている。皮肉なことにファシズムが敗退した後も、ファシズム時代の食の規範が、戦後イタリアでの家庭料理に強い刻印を残しているのだ。

戦後の高度経済成長、EU統合、アメリカナイゼーションにもかかわらず、イタリアでは国民食はほとんど変化しなかった。外国の影響から伝統食を守り、マクドナルドに長らく抵抗し、みずからスローフード運動の拠点地となった。食生活を守ろうと団結しつつ、グローバル化とファストフードに抵抗する頑強な姿勢からは、まさに食の政治が浮かび上がる

イタリア人の消費者倫理の特異性をここで考えなければならない。経済成長により物質的に豊かになり、欲望の領域が拡大されたからといって、変化が起きたわけではない。日本のように、無自覚的に大衆消費社会へと雪崩れ込んだわけではないのだ。イタリア人はどこまでも旧来の食生活に拘泥してきた。戦後の復興のなかでの日本とイタリアの食生活の発展方向の違い

は、食文化研究において大きな主題であるように、わたしには思われる。

3

なべて口唇を経由するものは嘘をつくことができない。歌謡と料理がその典型である。人は幼くして取得した民謡の旋律を、また食物の味覚を隠し通すことはできない。植民者であれ被植民者であれ、ひとたび刷り込まれたメロディーと味覚は、人生の最後の日までその人間に宿命のように付き従う。いずれもが社会の下方からの要請である。政治権力と経済的な富裕が上方から人々を支配し、ナショナリズムを鼓舞するとき、音楽と食生活は下方から人を突き動かし、無意識のうちに呪縛してしまう。

ではその食は、ナショナリズムといかなる関係を取り結ぶことになるのか。「国民料理」と「国民食」が問題とされるのは、こうした文脈においてである。いずれも日本ではあまり用いられず、いわゆるグルメ・ジャーナリズムの辞書には掲載されていない言葉であるが、念のために英語を記しておこう。前者はnational cuisine、後者はnational foodである。この二つは同じ意味で用いられることもあるが、正確にいうならば対立する概念である。国民料理はどこまでも上からの目線によって、理念として規定され神話化されるものであり、国民食は下から、つまり現実に存在する一般庶民の視座において論じられるものであるからだ。

ちなみに本稿の論議における「国民料理」と「国民食」の差異については、西澤治彦編『「国民料理」の形成』（ドメス出版、二〇一九）における西澤論文『「国民料理」という視点」、ならびに執筆者の面々による「総合討論」、とりわけ西澤の指摘に示唆されるところが大であった。感謝の意を記しつつ、その指摘を自分なりに敷衍する形で、以下に論を進めておきたい。

もっとも先を急いではならない。いきなり「国民料理」と「国民食」について論じる前に、さらに思考の射程を大きく拡げ、われわれが日常的に口にしている料理にはさまざまな階層があり、どの食体験も一律に均質だというわけではないという事実を確認しておこう。人はみずから好んで食事をしているように見えて、その実、経済的にのみならず、社会的にもまた文化的にも構造化された場所に置かれて料理を口にしている。端的にいうならば、食とはつねに政治的な行為なのである。

われわれの食生活のもっとも底辺にあるのは、個人的に心の慰めを感じる食物である。それは人によって千差万別であるが、多くはその人物のエスニシティ、経済力、宗教的信条、家族関係、つまり約《つづ》めていうならばその無意識とイデオロギー、幼少時の体験によって形成されている。ある者は病気のたびごとに母親が作ってくれた、ユダヤのチキンスープだといい、別のある者はミネストローネだというだろう。本書の「ぶっかけ飯」の章で言及するように、小津映画の主人公にとってそれは米飯に味噌汁を「ぶっかけた」ものである。それを口にしていると安堵を感じ、幸福感に包まれるような食物。他人には理解されなくとも、あるいは嘲笑われようとも、とにかく食卓にそれが並んでいるだけで本来の自分に立ち戻ることができると信じられるような食物。個人の食において、もっとも深いところで基軸となっているのはそうした料理である。もっとも外食産業のただなかにあってこうした食物に遭遇することは稀であり、人は失われた食を求めつつ、心に不充足感を抱きながら生きていくしかない。完璧な食物とはつねに喪失された食物にほかならないのだ。

個人の内面に秘められたこうした食物がエスニシティや宗教的共同体、あるいは地域共同体の次元にまで拡大されたとき、それは「ソウルフード」、すなわち魂の食物と呼ばれることになる。日本でいう「おふくろの味」という表現がそれにいくぶん近い。

「おふくろの味」という表現は現在、外食産業で頻繁に用いられるステレオタイプの言葉になってしまった感があるが、本来は歴史的にいって家庭料理を手掛けていたのが女性であったことに由来する表現である。優しさと慈しみに溢れた母性性という意味が、そこには含まれていた。ちなみにいうならば、それに対し、王権社会から今日の大衆消費社会に到るまで、歴史的にいって外食産業のなかで調理を担当してきた者のほとんどが男性料理人であった事実を忘れてはならない。食の階層性は、調理者のジェンダーと密接に関連してきた。

ソウルフードの領域はきわめて狭い共同体にかぎられている。だがその微妙な味付けは共同体の成員にとって忽《ゆるが》せにできないものであり、彼らは同じ食物を口にすることで互いの絆を確認しあい、共同体への帰属意識を認識しあう。地域の料理はプロヴィンシャリズム（愛郷心）に訴えるあまり、時としてナショナリズムへの抵抗を訴えることがないわけではない。その傾向が原理主義？に走ると、他県人の調理するうどんを食べないと公言する香川県人や、広島以外の場所でお好み焼きを註文しようとしない広島県人が登場することになる。苦笑を誘う現象といえなくはないが、そこでは食物を媒介として愛郷心が表象されている。

奥出雲で生まれたわたしの三人の叔父たちにとってソウルフードとは、「粕鯖《かすさば》」と呼ばれる特殊な食物であった。基本的には塩鯖と大根を大きく切って鍋で煮込むのだが、そのさい、大根の隙間にびっしりと昆布を挟みこんでおく。やがて昆布は溶けてどろどろになるが、そのあたりで、これもどろどろに溶いておいた酒粕を注ぎ入れる。最後に砂糖をごっそりと振りかける。大阪や東京の学府に学んでいた叔父たちは、帰郷のたびに祖母の手作りの粕鯖を前に、眼の色を変えて貪り食べたという。ちなみにわたしの曾祖父は炭焼きを兼ねた農民であった。

この話を聞いて、わたしはわたしなりに理解するところがあった。新鮮な海産物に接する機会がないどころか、塩ですら貴重であった奥出雲の住民にとって、この料理がいかに重要なものであったかは想像するに足る。強く塩をきかせた鯖とは、海産物である以前に塩を運ぶメディアであった。もっともこの料理は現在ではもはや作る者が絶え、消滅してしまったようだ。交通機関が飛躍的に発達し、塩も魚も簡単に入手できるようになったからである。わたしが関心をもっていると知って、従姉がわざわざ粕鯖を調理してくれたことがあった。一口食べてみて、その強烈な泥臭さに閉口した。それはわたしが奥出雲の人々の共同体感覚からはるかに遠いところで生きていることを語っていた。だがこの料理の消滅は、奥出雲に戦前に存在していた共同体意識が不可逆的に変容してしまったことを意味していた。

ソウルフードを越えたところに、より統合的な食物として国民料理が鎮座している。だが急いではいけない。国民料理の前に「国民食」がある。両者は似たような名称であるが、それを混同してしまうと論点が曖昧になってしまうので、キチンと識別しておかなければならない。国民料理が上からの視点、つまり政治文化の支配的な力によって制定されたり推奨されたりする料理であるのに対し、国民食は体系化も制度化もされないまま、ただ国民の多くがなんとなく日常的に食べている料理のことである。

「国民食」の一語は戦時中、上意下達の形で広められた言葉である。だが今日ではそれはベクトルが反転してしまい、国民がそれと意識することなく、漠然と口にしている料理を示している。具体的にいうならばうどんや蕎麦であり、餃子やラーメンの類である。いうまでもなく、そこにハンバーガーやおでんを加えてもいい。料理が日本に固有のものである必要はない。そもそもの起源がどこであろうが、二一世紀の一般的日本人の気軽に食べているB級グルメであるならば、それは何であっても国民食の候補となることができる。ちなみにそれはフランスではポトフやフレンチ・ポテトであり、イタリアではスパゲッティである。またイギリスでは、植民地であったインドやパキスタンから渡来して、みごとに家庭料理の座に就くことになった、イギリス風カレーである。

さあ、そろそろ本題である「国民料理」とは何かという問題に移っていくことにしよう。

国民食が日常的な無自覚性を前提としているとすれば、国民料理は逆に、きわめて自覚的な料理である。国民料理はA級料理であり、国民食よりもより制度的に統合されている。それは「民族的に正しい」出自をもっていることが要請される。

先に名を掲げた西澤治彦は『国民料理』という視点」のなかで、国民食の上位に位置する国民料理の形成に関し、きわめて簡潔な形で四つの判断基準を提示している。特徴的な素材や洗練された調理技術、給仕法などの有無。国民による自覚。海外での認知。国賓料理としての経歴。この四つである。以上をわたし流に実例を挙げて補填し、これから説明して行くことにしたい。

ある料理が国民料理として認定されるには、おおよそ次のような条件に適っていなければならない。

条件その一。他国の料理とはあきらかに異なる固有の素材や調味料を用い、調理器具や調理法、調理技術においても独自のものが存在していること。これはもう少し具体的に書くと、日本の寿司は(往古には中国大陸に起源を仰いではいるものの)、酢飯と生魚という独自の素材に基づき、手で握るという独自の技法によって調理されている。韓国人によれば、韓国のキムチは野菜と香辛料による複雑な乳酸発酵に基づいていることで、日本の漬物、あるいは中国の泡菜とは明確に区別されなければならない。ハンガリーのグーラシュはパプリカの使用によって、モロッコのクスクスはスメン(特殊な形で発酵させたバター)によって他と区別される。料理名に「××風」といった命名がなされている場合、そこには素材のいかんにかかわらず、絶対に妥協することのできない感覚的記号が加えられていると考えてみるべきだろう。その風味こそが国民料理の、もっとも基本的な徴である。

国民料理の第二の条件とは、それが国民によって国や民族を表象する料理であると明確に認識されていることである。国家がもしベネディクト・アンダーソンの説くように「想像の共同体」であるとするならば、国民料理はその典型的な想像物《イマジネール》である。一九三〇年代に考案され「パッタイ」と命名された麺食は、出自において明らかに華人料理を想起させるにもかかわらず、国号を料理名のうちに含み、現在のタイでは模範的な国民料理と見なされている。パッタイの権威化には、タイ王室による認定が大きく働いている。

逆の例を示そう。わたしがテルアヴィヴ大学で教鞭を執っていた二〇〇〇年代中頃、イスラエル国家はファラフェルを国民料理に仕立て上げたいがために、料理の上にイスラエル国旗を立てた画像を懸命に喧伝しようとしていた。だがこの料理はもとを糺せば、レバノンからパレスチナにかけて中東全域で一般的な料理である。それをイスラエル一国のナショナリズム的表象とするには、相当の無理があるように思われた。だがシオニスト政権は、世界中に離散したユダヤ人を統合する国家をイデオロギー的に確認するためにも、何としても国民料理を必要としていたのである。

ここに国民料理と国民食を分かつもっとも大きな違いが横たわっている。餃子とラーメン、さらにカレーライスは、日本人一般の愛好する料理ではあるが、出自を外国にもつがゆえに国民料理にはなりえない。とはいうものの寿司は国民料理たりうる「正統的」な料理である。なるほど、今日の寿司の原型である馴れ鮨は中国大陸に出自をもってはいる。しかし渡来の時期からあまりに長い歳月が流れ、その間に素材にも調理法にも根源的な変化がいくたびも重なったため、日本人の誰もが寿司を日本独自の料理と認識するに到っている。またこの食物が日本文化に帰属しているという事実は、国際的にも認知されている。

第三の条件は、第二のものと相互補完的なものであるが、その料理が国外においても国民料理として認知されているということである。スシやテンプラ、さらにヤキトリが日本を代表する料理であることは、現在世界中に存在している、おびただしい数の日本料理店が証立てている。これは海外の日本料理店で現実に調理を担当している人物が日本人であるかどうかを問わない。非日本人が経営し調理するレストランが、にもかかわらず「日本料理店」と呼ばれ受け入れられているという事実こそが、そこで供される料理がまさに日本を表象するものと見なされていることを物語っているからだ。

ちなみにこの点で興味深いのは、本稿の第二節で触れた、在外イタリア人の場合である。故郷へのノスタルジアの念に駆られた彼らが、パスタやピッツァを通して本国を認識したことが引き金となって、この二つの食物は(とりわけピッツァはアルトゥージにおいては、イタリア料理とは認知されていなかったにもかかわらず)イタリア国民料理としてまず国外で認識され、続いて国内へ逆輸入されたのである。

第四の条件は、これはきわめて公式的な性格を帯びた条件であるが、国家が外国からの賓客を歓待するにあたって、宴席においてその料理を供するということである。国民党政権時代の台湾(中華民国)では、国賓の接待にはもっぱら「中国料理」が用いられた。その後、政権が民進党に移ると、台湾独自の料理が品目に並ぶようになった。台湾は中国とは異なり、別個に独立した主権国家であり、独自の文化を所持するという主張が、そこには込められている。

もっともこの点において、日本は独自の食文化をキチンと確立しているといえるだろうか。

宮中晩餐会において供するのが明治時代以来、伝統的にフランス料理であるという事実は、第四の条件に関するかぎり、保守的、あるいはより強い表現を用いるならば、時代錯誤的であるように思われる。国賓の到来にさいして、飲み物の中心となるのはヴィンテージもののフレンチ・ワインであって、日本酒は銘柄も言及されないまま脇役に廻っている。この点に関して、日本は残念なことに一九世紀の西洋中心外交の認識パラダイムを、いまだに抜け出すことができていない。

国民料理がそれと認識されるためには、少なくとも西澤が提示した以上四条件を満たしていなければならない。だが国民料理と国民食の違いに関しては、さらにさまざまな要因が関係してくることを念頭においておかなければ、両者の本質を見失ってしまうことになる。たとえばこの二者に対し、家庭料理と外食料理という対立項がどのように関わってくるのか。定番料理と創作料理の違いはどうなるのか。本書の冒頭でわたしは、ソシュール言語学に範をとって、料理にはラングとしての側面と、具体的に調理された皿、つまりパロールとしての側面があると書いたが、このラング／パロールの対立は、国民料理と国民食の区別にどう反映しているのだろうか。健康食や自然食、伝統食とファッションフード、さらにグローバリゼーションによって席捲を極めているファストフードと、それに対抗するローカルなスローフード。食物と料理におけるこうした文化ファッションが、長い時間を経て国民食をどう動かしていくのかについても、考えておかなければならない。

いうまでもないことだが、こうした錯綜した問題に一気に結論を下すことはできない。わたしはまだ問題の端緒に就いたばかりであって、具体的に多くの実例をもとに論を積み上げていくしかないだろう。

もっともきわめて単純に、次のことだけは指摘できる。すなわち国民料理が国家をはじめとする公共的な言説のなかで認知されている料理であるとするならば、それはすでに過去のある時点で確立された料理であり、定番のレシピがきちんと存在しているということを意味している。ラングとして登録されているといってもよい。それに対し国民食は、現在進行形において調理され消費されているパロールの料理である。厳密なレシピが定められていない場合もあれば、統一的な名前がまだつけられていないことさえある。国民食とはいいながらも、調理する者によって完成した料理の間に大きな違いがあることも珍しくはない。

一般的にいうならば、国民料理は過去において完成し、国民という共同体の内側で、理想的に神話化された料理である。国民食はまだ不定形であり、近い将来にレシピや風味が変化する可能性もないわけではない。国民食のなかからあるものが選ばれ、国民料理に昇格し、イデオロギー的に喧伝されることは充分にありうるが、国民料理が国民食に「降格」することはまず考えられない。

いささか抽象的な話になったので、話を具体的な次元に引き戻すことにしたい。世界のそれぞれの国では、国民料理と国民食はどのような形で存在しているのだろうか。どの国にあっても両者のあり方は統一的なモデルの形成を許さない。食は歴史的かつ社会的事情によって大きく変動する。国民料理の成立の仕方、あるいは成立の困難と不可能性は、それぞれの国家の事情によって異なり、どれひとつとして同じものはない。いくつかの国家の例を挙げておこう。

フランス料理は長い間、世界に、つまり西洋列強とその植民地に君臨する、支配的な料理であった。フランスは革命とフランス語のみならず、フランス料理をも世界中へ輸出し、フランス料理は文明人の料理、文明国において普遍的な料理であると説かれてきた。それは一九世紀から現在に到るまでフランスの文化中心主義の証左であるばかりか、外交的にも世界中で公認された料理であり続けた(著名な評論家の江藤淳は鎌倉の自宅で新年恒例のパーティを開催するにあたり、フランス料理店の料理人をわざわざ呼んで調理させた)。だが、いわゆる公式的なフランス料理のコースが国民料理として神話化され、また観光主義的に普及していくのとは別に、マルセイユ人はブイヤベースを、ブルターニュ人はクレープとシードルを、アルザス人はザウアークラウトを郷土料理として常食し、独自の食文化圏を確立している。

そしてこのフランス料理の世界的優位、普遍性の主張に対し、イタリア人は微妙に批判的である。先にフィレンツェの料理学校での個人的挿話を記しておいたが、多くのイタリア人はフランス料理とはイタリア料理の一部が地域的に発展したものだという見解を抱いている。それを証立てるかのように、イタリアにはいわゆるフランス料理店の看板は存在しない。

他の国々ではどうだろうか。

アメリカは先住民を殺戮し周縁に追い込むことによって成立した移民国家であり、ヨーロッパの「旧世界」に対抗する「新世界」として発展してきた歴史をもっている。いかなる料理をもってアメリカ料理と定義するかは難しい問題である。白人のワスプの料理をもってアメリカを代表させたとすれば、多くのエスニックな少数派が不満を表明することだろう。アメリカにもし独自の食物が存在しているとすれば、それは先住民のワイルドライスということになるが、現在それを常食にしている者はいない。地域食としてケイジャンフードやテックスメックスを、国民食としてコーラと路上のファストフードを挙げることは可能だが、それを国民料理と呼ぶのは不適当である。

同じことは多民族国家である中国についてもいえる。中国料理はアメリカのファストフード同様世界中で知られているが、その全体を把握することは容易ではない。一般的には北京、四川、上海、広東の四大料理が有名であるが、新疆やチベットはもとより、少数民族の食文化までを考えると、そこには恐るべき多様性が横たわっている。とうてい規範的な国民料理を設定することができそうにない。本書の「『日本料理』の虚偽と神話」でも触れておいたが、日本の「和食」と韓国のキムチ文化がユネスコによって無形文化遺産と認定された時期に、中国もまた中国料理に同じ国際的認定を要求していた。それが申請のたびごとに却下されてきたのは、ひとえに料理の多様性と申請者たちの足並みが揃わないことが原因であった。

もっともある時期まで中国料理が、欧米諸国においてステレオタイプを宛がわれてきたことも指摘しておくべきだろう。多くの西洋人、とりわけアメリカ人にとって、中国は長らくチャプスイの国であった。チャプスイとは豚や鶏の肉と野菜を炒め煮込み、どろどろと片栗粉でとろみを加えたものを、米飯のうえにかけた料理である。野菜としてはトマト、ピーマン、玉葱などが用いられる。一説には広東料理にヒントを得たというが定かではない。一九世紀後半に北米のどこかで考案され、現地の中国料理店がもっぱら白人向けに調理してきた料理であって、伝統意識を重んじる中国人は口にしようとはしなかった。現在でも沖縄の米軍基地周辺では食べることができるが、世界的にはすでに忘れられてしまった料理である。ただしそれは、二〇世紀を通して、西洋社会ではもっとも著名な「中国料理」であった。

最後にインド。インドもまた中国やアメリカとは違った意味で、容易に国民料理を語ることができない。インドの外側の世界では、カレーがインドを代表する料理であると一般的に信じられている。だがカレーは植民者であったイギリス人が現地の料理に想を得て考案したものであり、現在イギリスの国民食になりおおせてはいても、インドの現実の料理事情との間には少なからぬ隔たりが横たわっている。ヒンドゥー教徒の間では、食行為はカーストと宗教によって厳密に規定されている。さまざまに多様な地方料理があり、調理をめぐる複雑な禁忌体系があるため、そこに一般的な食の統合性を見定めることが困難である。

フランス、イタリア、アメリカ、中国、インドといった国々において国民料理なるものを真正面から論じようとすると、それがけっして単純なことでは終わらないという事実を論じてきた。国民料理の規範と現実の国民食の間には大きな差異が横たわっている。われわれが日常的に体験している食という行為は本来的に非規範的なものであって、食卓に着くたびにナショナリズムが表象された料理を前に心躍らせるといった事態などは、戦時下の枢軸国ではありえたかもしれないが、きわめて観念的な思い込み(ドクサ)であることを、ここで改めて確認しておくべきだろう。繰り返し語ることになるが、二〇一三年におけるユネスコの「和食」の無形文化遺産認定は、申請者が会席料理を国民料理として想定している以上、きわめて滑稽かつ不自然なものであり、日本人の現実の食体験から遊離した、愚かしい事件であった。

4

国民料理についてはもうこのくらいでいいだろう。だが最後にこのエッセイを閉じるにあたって、料理がけっして国家の表象などにはなりえず、たとえそのような企てが政治的に強引になされたとしても、それがいかに愚かで無意味であるかについてもう少し書いておきたいと思う。

具体的にわたしが言及しておきたいのは四つの場合である。国民料理なるものが最初から想定外であるような国家が、世界には少なからず存在していること。ある国を代表する料理だと信じられてきた料理が、実は特殊な一地方の料理であったりすること。また同様に著名な料理が国外において考案されたものにすぎず、当の国民の間でまったく知られていないという事態がしばしば起こりうるということ。国民食が国民料理とは関係ないままに、いとも簡単に国境と民族を越え、短期間の間に変貌し、今後も変化を続けていくということ。

以上四点を考えてみると、国民料理がその定義上、国境を越えられないにもかかわらず、国民食がいかにも身軽にそれを成し遂げ、発展変化していくことが了解していただけると思う。

郷土料理や地方料理は存在しても、国民料理なるものがまったくありえない国の例を挙げておきたい。すべての国家が国民料理をもちうるとはかぎらないという例である。

たとえば今ではもう地上から消滅してしまったが、ユーゴスラビアなる社会主義国家が一九九〇年代中頃まではバルカン半島に存在していた。しかしユーゴスラビア料理なるものは存在していたのだろうか。わたしは縁あってユーゴ解体後のベオグラードとコソボの難民キャンプに滞在したことがあり、かつての連邦共和国のあちらこちらを旅行したことがあったが、食景は驚くほどに多様だった。

ハンガリーとの国境近いノヴィ・サドでは人々は、ハンガリーの国民料理ともいうべきグーラシュを普通に食べていた。ベオグラードではブーレカといって、小麦粉を練り、詰め物をして焼いた軽食を食べていた。これは旧オットマン帝国の領土であったイスタンブールやパレスチナでも、きわめて似たものを食べたことがあった。サラエヴォではシチュチェヴァプといって、トルコのシシカバブそっくりの肉料理を食べていた。クロアチアの海岸地域では、イタリアとどこが違うのかという魚介料理を食べていた。こうした、まったく食文化の異なる民族を統合して社会主義国家を建設していくのはさぞかし難業だったのだろうなと、わたしは故チトー元帥に同情した。

だがここに掲げた料理のどれがユーゴスラビアの代表的料理といえるのだろうか。いずれもが地域料理であり、隣接する外国と深く重なり合う料理ではあっても、連邦国家の全体を統合的に表象するものではない。チトーの死後、壮絶な内戦の後にそれぞれの共和国が独立したが、そこでも国民料理というものは成立しえないという印象がある。いったいセルビア料理やボスニア・ヘルツェゴビナ料理なるものが独自の料理体系として語りうるものだろうか。この二つは今では独立国ではあるが、それぞれの料理を差異化し、その独自性を決定付けるようなもののが存在しているのだろうか。

同様のことは、アジアとアフリカの少なからぬ国々においても、ある程度までいえることだろう。われわれはインドの隣国であるネパールとスリランカの料理を、はたしてどのくらいインドのそれと比較して識別することができるだろうか。すでにインドは国内において食の多様性に満ちている。こうした事実を前に、食物を媒介としてこの二国家がナショナリズムを喧伝するのはけっして容易なことではない。韓国にとってキムチは誇るべき国民料理であるが、中国にとってこの発酵食品は少数民族の偏愛する地方料理にすぎない。最後にサハラ砂漠周辺の国家がいかなる料理を国家の表象として提示しうるかについて、われわれが根本的に無知であることを知るべきであろう。ブルキナファソやマリ、チャド、中央アフリカといった国家の内側には数多くの部族が存在しており、それらは食文化においても、言語や神話においても微妙に、そして明確に異なっている。ひとつの料理体系が他のものを支配して国家の統合的地位を獲得することはありえない。

国家と食物については、これらの例とはまったく逆の場合も考えられる。ある国家を代表しているとわれわれが漠然と考えてきた料理が、実は特殊な一地方の料理にすぎなかったという場合がしばしばありうる。とりわけ現在のようにディアスポラとグローバリゼーションによって特徴付けられる世界状況のなかでは、この傾向は今後も続くことだろう。

ピッツァがアルトゥージの時代のイタリア人にはイタリア料理として認定されておらず、在外居民(主に北米)のイタリア人のノスタルジックな感情に動機づけられて世界的に普及していったことについては先に述べた通りである。イタリア人はそれを国外から逆輸入して受け容れることになった。

ソムタムとガイヤーンは日本の、そして欧米諸国のタイ料理店において、欠くことのできないメニューである。とはいえそれはタイ東北部、イサーン地方の郷土料理にすぎない。イサーンは歴史的にもアユタヤ王朝の圏域外であり、言語的にもラオ語やクメール語と深い親縁関係にある。バンコクの一般市民にとってこの野菜サラダと鶏料理は、イサーン出身者が多いムエタイの試合会場の前に並ぶ屋台で売られている、他郷者の料理である。逆にイサーン人にとってココナッツミルクを用いるケーンは、経済的にも政治的にも圧倒的に優位にある中央タイ、バンコクの料理でしかない。

一九九六年一二月、リマの日本大使館公邸で天皇誕生日を祝うパーティが開催され、武装ゲリラ集団が乱入したとき、会場には日本人長老の長年にわたる功績を慰労するためにフジモリ大統領は「日本料理」を準備した。とはいうものの、現実に並べられていたのは沖縄料理であった。日系ペルー人には沖縄出身者が多く、日本料理といえば沖縄料理を意味していたのである。

タイにおけるイサーン料理。日本における沖縄料理、あるいは済州《チェジュ》料理の色彩の強い在日韓国人料理。スペインとフランスにおけるバスク料理。イタリアにおけるカラブリア料理。ひとつの国家の内側に、支配的な料理体系から大きく隔たった料理が確固として存在しており、ときにそれが外国において脚光を浴びているという事実は、国家的意志の威厳ある反映としての食物という立場を格下げし、その虚偽を顕わにするという意味をもっている。

世界には、けっしてその国の国民は口にすることがなく、いやそもそもその存在すら知らないにもかかわらず著名であるといった料理があって、外国においてそれがその国を代表する国民料理であるかのように信じられているといった場合が、しばしば存在している。先に名を挙げたチャプスイが典型的な例であるが、他にもいくつか傑作な例を掲げておこう。いずれもがわたしが個人的に深い愛着を覚えている食べ物である。とりわけ最初の二つは少年時代には「ご馳走」であった。

スパゲッティ・ナポリタン　これは敗戦直後、米軍占領下の日本において考案されたスパゲッティである。野菜を炒めてトマトケチャップで和え、茹で上げたスパゲッティの上にかける。ベーコンやウインナ・ソーセージをトッピングすることが多かった。野菜としてピーマンや玉葱が主に用いられているところが、チャプスイに似ている。簡単にいえば庶民のアメリカン・テイストである。「ナポリ」と名指されているが、イタリア系の進駐軍兵士は別とすれば、イタリア人でその存在を知っている者はいない。とはいえ日本ではイタリア料理の代表として、長い間王位にあった。

カツカレー　いうまでもなく日本人の考案によるカレーである。カレーは明治期にイギリス経由の洋食として日本に到来し、そのぶっかけ飯的なあり方も手伝って、ただちに庶民の好むところとして普及した。インドでは宗教的理由から牛豚を調理することはない。しかし日本人にとって獣肉は、西洋料理によって刺激された文明開化の食材である。同じ出自をもつカレーと組み合わせるにあたっていささかの躊躇も違和感もなかった。ビーフカレーもポークカレーも考案してしまった日本人は、今度はコトレットの日本版、つまりトンカツとカレーを結合させることを行なった。カレールーのＣＦの文句を引くならば、まさに「インド人もびっくり！」である。もっとも多くの日本人がこうしたカレーの向こうにインドを夢見ていることは否定できない。

カルフォルニアロール、アラスカロール、チョコレート・スシ、その他もろもろ　日本料理の代表のひとつである寿司は、欧米圏において、日本人が予想もしなかった遊戯的発展を示した。ヴィネガーを塗した米飯に生魚を載せるという枠組みがよりフレクシブルになり、さまざまな食材が米のうえに載せられ、またその外側に巻きつけられることになった。当初、日本の伝統的な寿司職人たちは当惑したが、歴史的な見地に立つならば、こうした寿司の発展は予想もされ、かつ必然的なものであったといえる。寿司の出自を尋ねると、古代に発酵食品として中国大陸から到来した馴《な》れ鮨に遡るためだ。鮨が寿司となり、Sushiとなることは、この米飯料理のジャンル発展史において充分に予想できることであった。この新しい意匠は日本にも逆輸入され、ファッションフードと化している。

チャジャンミョン　これは山東省の中国人が韓国に移住したさいに携えていった炸醤麺（ジャージャン麺）が、数十年の時間を経てすっかり韓国化したという、興味深い例である。炸醤麺は本来、挽いた牛肉を味噌で炒めた炸醤を茹で麺の上に載せる料理で、北京を中心に中国のさまざまな地方で一般的に調理されていた。一九六〇年代から七〇年代にかけて韓国の朴正熙政権が排斥差別をしたため、多くの中国人台湾人が韓国を離れ、韓国人が中国料理店を経営することになった。彼らは炸醤麺をすっかり韓国風に作り直した。ソースは豆を煮潰して甘みを強化した、真黒なものとなり、日本統治時代の置き土産であった黄色いタクワンか、刻んだ生玉葱がそのわきに添えられた。この安価な麺は韓国人にとって代表的な中国料理として親しまれ、現在に到っている。韓国と中国が国交を結ぶ以前、一般的な韓国人にとって中国料理とは山東省からの移民による山東料理にほかならなかった。

こうした料理を伝統料理とは無縁の、真正さを欠いた料理であると呼ぶことはたやすい。だがそこで口にされる真正性なる観念がきわめてナショナリスティックなイデオロギーに帰属するものであることについては、本書の「料理の真正性とは何か」の章を読んでいただきたいと思う。わたしは個人的には（単なる食いしん坊といわれてしまえばそれでお終《しま》いではあるが）、ここに名を挙げたナポリタンやカツカレー、チャジャンミョンを全面的に肯定したいと思っている。それは外国料理だと信じられては来たが、実のところ、日本や韓国の国民食として成立しているのだ。食べ物は国境を越える。この点において、料理は大衆音楽と変わりがない。なべて口から開始されるものは虚偽であることができない。料理と旋律はイデオロギーが成立する以前に、それを携えている者の身体に属しているからだ。

料理と国家との関係は、これからどのように変化していくことになるだろうか。ただちに日本料理や韓国料理、フランス料理といった一国の料理体系の未来像を思い描くことはできない。ただ明らかなのは、一般人がさしたる自覚もないままに日常的に享受している国民食なるものが、この一世紀を見ただけでも、急速に、しかも実に簡単に変化してきたという事実である。これは歴史的に見て、誰にも否定できない事実だろう。

日本の国民食に急激な変化が生じたのは、一九四五年の敗戦以降のことである。旧植民地と満洲国から追放された日本人、復員兵士、日本国籍を剥奪された旧植民地出身者らが戦後の混乱のなかで外食産業に革命的ともいうべき変化を導入した。戦前には蔑視的に「支那蕎麦」と呼ばれていた中華麺は、「ラーメン」と新たに命名されるや、インスタント食品の第一商品となり、地方ごとに独自のスタイルを確立して発展していった。そこに中国東北地方の餃子が加わり、日本化した中国料理はB級グルメとしての地位を固めたのち、しだいに日本の国民食へと位階を上って行った。

焼肉料理は本場である韓国を離れ、日本において独自のスタイルを構築していった。在日韓国人は韓国人とは違い、食肉牛の内臓を湯《タン》(スープもの)にではなく、焼き物の材料に用いた。充分に漬け込んだ肉ではなく、ほとんど生《き》のままの肉を焼き台の上に載せた。日本人は焼肉を通して唐辛子と大蒜、胡麻油の結合からなる新しい味覚を知った。在日韓国人によって主導されたこの新しい料理体系もまたラーメン同様、現在の日本人の間で国民食となろうとしている。戦前にはきわめてわずかの肉しか摂食せず、食生活において脂肪を忌避し大蒜臭を嫌悪していた日本人は、こうして食の快楽の領野を拡げ、香辛料の綾なす未知の世界へと向かうことになった。

国民食において注目すべきなのは、それがいとも軽々と国境を越え、近隣諸国に対抗文化として紹介されるや、ただちに彼の地の食景のなかに地位を占めてしまうことである。香港ではラーメンは日本料理店の重要なメニューであり、日本料理と見なされている。韓国では日本の海苔巻きを韓国化したキムパプが考案されると、ただちに若い世代に人気を呼んだ。それは現在、韓国の日常的な食生活に深く根を下ろしている。かつては貧しい農民の飲み物にすぎなかったマッコリは、経済発展と政治改革が進むなかで一時的に失墜していたが、日本の女性たちの間で好まれているという風評が逆輸入され、ふたたびアルコール飲料としての地位を回復した。パリやニューヨークにおけるラーメン店の繁盛や世界各地における回転寿司ブームについては、今さらここで言及することもないだろう。国民食は一国の範囲に留まることを知らない。今日の世界における日本食ブームを観察したとき、そこで現実に調理され消費されている日本食とは、ユネスコが認定した「和食」などではなく、日本の食景のなかで対抗文化として急速に台頭し多様化していったB級グルメである新国民食であることは、了解すべき認識であるように思われる。

国民食に細々とした規範はない。それは場所に応じて自在に単純化されたり、現地の伝統的な味覚体系に重なり合いながら発展してゆく。それは国民料理が強いられている真正さという観念から自由であり、身ひとつで平然と海を渡って行くのだ。ともすれば日本料理のアイデンティティを国民料理という枠組みのなかで思考しがちなわれわれは、日本の食景にあって現実的に中心にあり、いまや世界において遍在へと向かおうとしている国民食を新たなる判断の基軸にすることを求められている。

肉食について

1

もう二十年以上前のことになるが、デリー大学日本研究所に招かれ学会発表をしたことがあった。岡倉天心の「アジアはひとつ」発言から百周年だというのでシンポジウムが企画され、日本映画について話すことを求められたのである。

カルカッタ（現在のコルカタ）においてなされた天心の発言は、当時ベンガルの若き知識人に大きな感銘を与え、それがやがて独立運動の萌芽となったと主催者はいう。今年は日本でもさぞかしいろいろな学会が催されるでしょうねと、彼は付け加えた。もっとも残念なことにわたしは、日本でそれが話題になっているという話をまったく耳にしたことがなかった。

シンポジウムは何日にもわたって続けられた。わたしは最初の日に発表をすませてしまったので、後は気楽である。お昼どきになると全員で大学の食堂に行き、食事をしながらお喋りをした。書物でしか知らなかった、何人ものインドの知識人と言葉を交わし、アジア映画を論じる国際的な雑誌の編集者と寄稿の打ち合わせをした。万事快調だ。わたしは解放感を覚えていた。

とはいうものの、三日目あたりでわたしは正体のわからない不充足感を感じるようになった。どうも何かが違う。何か物足りない気持ちがする。しばらく考えてみて理由がわかった。大学食堂では菜食のメニューしかなく、ずっと肉食をしていなかったからだ。

四日目の昼、わたしはそっと大学を抜け出し、市場へ向かった。喧噪のなかを歩き、食堂を見つけるとマトン・カレーを註文した。ギトギトの油脂ギーの香りが立ち昇る皿を前にして満足感に包まれた。大学に戻ると午後の発表が始まろうとしている。誰かがわたしにいった。どこに行ってたんだい？　お昼にいなかったじゃないか。

いや、ちょっとね。わたしは少し極《き》まりが悪かったので黙っていた。別に悪事を働いたわけではないのだが、何となくその場の雰囲気で、市場に肉食をしに行ったのだとは、とてもいえないような気がしていた。

デリーへの旅の終わりに、わたしは書店で『クリシュナ神の料理　インド菜食料理の芸術』という料理書を買い求めた。ヤムーナ・デヴィなる料理史家の手になる書物で、大判にして八百頁。インド各地の菜食料理のレシピが五百以上も記されている。豆《ダール》のスープに始まり、自家製バターやヨーグルト、パニールの作り方、さまざまな野菜の揚げ方、煮方、炒め方、詰め物の仕方、甘いもの、ジュースまで、頁を捲っていると、インドの菜食料理がいかに多様であるかがわかる。ひょっとしてこれはインド版のアルトゥージではないだろうか。

いや、確かにそうなのだと、わたしは納得した。インドに滞在していると、菜食料理の豊かさに驚かされる毎日が続く。乳製品までをよしとするならば、肉類が存在しなくとも、ひとつの完結した料理の宇宙を築き上げている。野菜の調理の仕方は実に変幻自在である。それに比べて肉類の料理は単調に見えてくる。鳥や羊といった特定の肉が中心になるので、どうしても調理の仕方が限られてしまうからだ。肉を食べないのなら食べるものがかぎられてしまうのではないかと、つい日本人は思いがちなのだが、どっこいその逆である。豚を除けば、肉は数種類しかない。野菜は無際限に種類がある。しかも肉と比べて、はるかに調理法が多岐にわたっている。レシピはガンジス河の砂の数ほどくらいに存在しているのだ。

村にドイツ兵がやって来たのは夏の終わりだった。彼らはユダヤ人の家を発見すると、容赦なく全員を連行して行った。どこまでもキャベツ畑しかない黒い土の上を、兵士たちを載せたトラックが何台も走って行った。

彼女はとっさに逃げた。両親と兄弟が連れていかれるのが灌木の繁みから見えた。声を出してはいけない。見つかると殺されるだけだ。すぐ近くに隣家の広大な養鶏場があった。彼女は発作的に鶏たちの間に身を隠すと、兵士たちがお喋りをしながら通り過ぎていく気配がした。こうして壮絶な鶏との共生生活が開始された。

ポーランドの冬はひどく寒い。彼女は鶏の餌を横から奪い、両手で貪って口にした。産みたての卵を割ってなかを啜り、暴れ騒ぐ鶏を小さな手で縊《くび》り殺し、羽を毟って生肉を貪った。秋になり冬が近づいてくると、殺した鶏の羽を集め、毛布代わりに身に纏って暖をとった。寒さだけが脅威であったわけではない。もっとも用心すべきなのは番人に気付かれることだ。発見され密告されてしまえば生命の保証はない。両親兄弟と同じ運命を辿るだけなのだ。卵の殻も食べ残った骨も、発覚されないよう、慎重に土のなかに埋めなければならない。両手の指の爪は穴掘りのため、いつも黒い土で汚れていた。ほどなくして彼女は、鶏の習性から行動パターン、感情表現まで、この家畜のありとあらゆることを知るようになった。

こうして数カ月が経過したとき、ソ連軍が進駐してきた。彼女は救助され、人間の世界に戻ることができた。

家族は全員が絶滅収容所で殺害されていた。彼女はまだ八歳の身の上で、天涯の孤児となってしまった。もっともここで奇跡が起きた。たまたまユダヤ系ポーランド人の富豪が同じ村の出身で、彼女の境遇に同情し、身元を引き受けてくれた。彼女は建国まもないイスラエルに渡り、エルサレムで教育を受けることができるようになった。

ということは、もう鶏はこりごりで、二度と食べないというわけですか。ヘブライ大学の研究室で、わたしは教授に尋ねた。

そんなことはありません。ゼミの学生たちといっしょにフライドチキンを食べに行ったり、普通ですよ。何でも平気で食べてますよ。

彼女は中国文学の専門家で、魯迅のヘブライ語翻訳者だった。

あなたが幼いころに受けた体験と専門として魯迅を選ばれたことは、何か関係がありますか。

さあ、そんなこと、考えたこともなかったですね。彼女は笑いながら答えた。

戦争が終わってまもないパリのサン=ジェルマン・デ・プレでは、ボリス・ヴィアンがジャズ・トランペッターとして、詩人にして小説家として、パタフィジシャンの作詞家として、めざましい活躍を始めていた。あまたの実存主義者たちに囲まれながら、彼はただ独り、自嘲の笑いに長けた人物だった。

「陽気な屠畜人」というシャンソンのなかで、彼は屠畜場の光景を歌っている。

仔牛の臓物や脊髄を漁りにおいで
黒く濁らないうちに　血を見においで

皮の下には空気を通し
肥った牛は食べられるように
小さな牛は肥らせるように
皮は鞣《なめ》そう。脚は叩いて凹《へこ》まして
頭はマリネにして食おう
何が何でも血を流せ

二番に入ると、屠畜場の光景はいつのまにか戦場へと移っている。

何が何でも血を流せ
知り合いだったらまずいけど

脳味噌なんか掻きだしちまえ
何が何でも血を流せ
たとえきみが殺さなくとも
仲間が代わりに引き受ける
きみははかない人生を送るのだ
何が何でも血を流せ
明日はきみの番になる
明日はきみの命日だ
きれいごともアイシテイマスももうたくさん
ほら、ブーダンだ！
ブーダンだ！　ブーダンだ！

戦争と屠畜の本質的な相同性。「ブーダン」とは豚の血を固めて作るフランスのソーセージで、軍隊では爆弾の隠語でもある。アルジェリア戦争に反対し、徴兵忌避を呼びかけるシャンソンを発表してみごとに放送禁止を喰らったヴィアンにふさわしい、反戦ラディカリズムに満ちた歌詞である。

「陽気な屠畜人」では屠畜場の光景を歌っていたつもりが、いつの間にか舞台が戦場となり、最後にブラディ・ソーセージのように巨大な爆弾が到来して、全員がお陀仏となってしまう。このブラックユーモア極まりない歌を通して作者は、フランスの市民社会では日常的に隠蔽されている二つの殺戮、すなわち屠畜場における動物の殺害と、戦場における兵士たちの残虐行為が本質的に同じであることを語っている。

2

「ヴェジタリアン」vegetarianという単語の初出は一九世紀中ごろのイギリスである。それ以前、西洋社会は菜食主義者のことを「ピタゴラスの徒」と呼んでいた。あらゆる意味で殺生を禁じ、身を清浄に保つことを説いた古代哲学者の教えに倣う者という意味である。ちなみに「ヴェジタリアン」は野菜ヴェジタブルを食べる者ではなく、vegetus、つまり強壮、活気に満ちた者という意味である。

「ヴィーガン」veganという単語は一九四四年、戦時下のアメリカで考案された。ヴェジタリアンが登場してからほぼ一世紀後のことで、完全にして徹底した菜食主義者という意味である。メラニー・ジョイは『私たちはなぜ犬を愛し、豚を食べ、牛を身にまとうのか　カーニズムとは何か』（玉木麻子訳、青土社、二〇二二）のなかで、この言葉に単に肉食をしない者という定義を越え、イデオロギー的な意味を与えている。「彼らは人間のためだけに動物を殺すのは非倫理的だという深い信念によって肉を食さないという選択に至った、確固たる哲学的見解を持っている人」であるとされる。植物を食べることは「ある信念システムに基づく行動」であり、ヴィーガンはそれを擁護し、支持し、実践する者であると、このアメリカの社会心理学者は主張する。

ではヴィーガンの対極にあって、平然と肉食をする者のことをどう呼ぶべきか。ジョイは先進社会における食肉は慣習からでも、生存のためでも、健康のためでもないと説く。肉食者は見えない信念のシステム、つまりイデオロギーに基づいて肉食をしているのだ。それは「カーニズム」carnismと呼ばれてしかるべきであると、彼女は論を進める。

「現代のカーニズムは広範囲にわたる暴力を伴います。今日の畜産業が現在の利ざやを維持するためには、それに足るだけの動物を屠殺《ママ》せねばならず、そのためには現状行われているレベルの暴力が必要なのです。カーニズムの暴力性はほとんどの人にとっては目をそむけたくなる程の残酷さで、目撃してしまった人はひどく取り乱してもおかしくないくらいです。」

カーニズムは男性中心主義社会がそうであったように、これまで一度としてイデオロギーの問題として討議されたことがなかった。それはつねに三つのN、すなわちnormal、natural、necessary、つまり「正常にして自然かつ必然的」であると見なされ、その共通了解性が疑問に付されることがなかった。ただヴィーガンだけが不当にも奇異の目で見られ、少数派の位置に甘んじてきた。今こそヴィーガンの対立者であるカーニストのイデオロギー的支配性を審議にかけるべきであると、ジョイは主張している。

わたしはこのヴィーガンとカーニズムという新語の対立に、何か禍々しい傲慢さを感じる。以下にジョイの言説を見据えながら、それに対する違和感を表明しておきたい。

人は人間を殺してはならないのに、どうして動物を殺してもかまわないのか。これがジョイの立論の出発点である。いうまでもなく西洋社会はこうした、一見素朴そうに見える問いに対し、ステレオタイプの答を準備してきた。

例えば、次のような回答。動物は人間と違い、死という概念を理解していない。彼らは人間ほどの知的生物ではなく、死の恐怖に苛まれることもない。人間に命じられるままに、大人しく屠場へと運ばれていく。したがってわれわれは人間を殺害するときのような道徳的葛藤に見舞われることなく、動物を屠《ほふ》ることができる。彼らは人間に屠られ食べられるために生まれてきたのであり、その生命に敬意を抱く必要はない。

だがこの程度の通俗的な回答に納得してはならない。これは恐ろしく低次元の反論であり、西洋社会にあってもっとも一般的な、調子のいい逃げ口上にすぎないからである。動物には死の概念がないというのなら、植物にしてもそれは同様なのではないかと一言口にするだけで、この論理が成立しないことは明らかとなるだろう。

そもそも動物に死を認識するだけの知性が欠落している。そう決めたのは誰であっただろうか。

リルケは「死に近いとき　ひとはもはや死を見ず／じっと外を見ているのだ　おそらくは大きな動物の瞳《め》で」と『ドゥイノの悲歌』で書いている。動物にはただ単に外界の風景を眺めているだけで、自分の考えというものがないと思い込んできたのは人間中心主義の狭い視座に立つ西洋人だけで、仏教やヒンドゥー教はまったく異なった動物観をもっている。動物にも固有の世界があり、それはとうてい人間が到達できそうにもない、深い、真実の世界なのであり、人間は死を前にしてようやく動物が携えていた、高貴な智恵に気付くばかりなのだ。動物もまた、人間にはあずかり知らぬ眼差しのもとに死を認識しているのであり、動物に固有の世界を構築しているのだという立場である。動物が魂を欠き、人間より劣等な存在であると考えているのは、キリスト教が作り上げた歴史的な教義《ドグマ》にすぎず、さらにいえば、西洋近代の人間中心主義思想の産物でしかない。

近代人の視野を離れ、狩猟民や牧畜民の世界観を覗いてみることにしよう。彼らは動物を捕獲し食肉として受け取るという点で、動物をはるかに価値の高い存在であると見なしている。

多くの民族が動物を神聖存在として崇拝し、食用とする前に厳粛な儀礼を執り行ってきた。彼らは誤った仕方で動物を殺害してはならないと信じる点で、はるかに道徳的な存在である。ヤマトの漁民にとって勇魚《いさな》(鯨)は来訪神であったし、アイヌにとって熊は天上に帰還すべきカムイ(神)であった。彼らにとって動物の殺戮とは神聖なるものが顕現する瞬間であり、供犠の後の共食とは宗教的な共同体の確認の行為として、大いなる積極性を帯びていた。

動物を人間よりも劣等な存在と見なすという立場からでは、ジョイが提案しているカーニズムなるイデオロギーを批判することはできない。わたしは日常的に肉食をしている人間として、まったく別の角度から彼女の書物を眺めている。以下に、思いつくままにいくつかの批判的視座を提示してみよう。彼女は人間の食生活を過度に単純化しており、自分の視点が先進国の消費社会に生きる支配的階級に帰属していることに無自覚である。そして現代社会に蔓延している脱動物化の傾向に対し、感傷的な当惑を抱いている段階に留まっている。

わたしが怪訝に思うのは、まずカーニズムなるものが、そもそもはたして定義できるのかという疑問である。ヴィーガンが野菜しか口にしない菜食主義者であるというのは理解できなくはない。アドルフ・ヒトラーも、血液が汚れるからといって肉を口にしようとはしなかった。

世間にはさまざまな性的嗜好をもった人間がいるし、それに寛容に接するのが文明の定義である以上、まあご自由にどうぞという程度にしか思わない。だがその逆に、肉食しかしない人間という存在を一般的に想定することができるだろうかという問題になると、いささか首を捻《ひね》りたくなる。

なるほどある種の哺乳類や滅亡してしまった恐竜は、肉食しかしないことで知られている。だが人間は本来的に雑食性であり、肉も食べれば野菜も食べる、魚も果実も食べるといった動物であり、よほど人為的に厳密な環境(たとえばオウム真理教のようなカルト集団の内部)に生まれ落ちないかぎり、みずからの回心なくしてヴィーガンとなることはできない。カーニズムという概念は、人間が生物として携えてきた雑食性という本質を隠蔽し、そこに容赦のない対立を導入してしまう。結果として生じるのは、人間が長らく構築してきた食文化の分断と貧困化にすぎないのではないかという疑問である。

ちなみにこの概念をきわめて攻撃的な形で提出しているジョイは、明らかにアメリカのフェミニズムに常套の論法をそのまま借り受けている。三つのNを批判するというやり口は、かつてフェミニズムが男性中心主義を批判するにあたって考案した、イデオロギー批判における定番ともいうべき修辞法であった。だがはたして食文化をジェンダー論と同列に置き、その範例に基づいて論じることが妥当なのかどうか。そうした議論はまったくなされていない。

二番目に検討しなければならないのは、肉食主義の支配的構造をイデオロギー的に批判するという作業のなかで、彼女がその主体が西洋の先進国に居住し、さまざまなグルメ情報に、幾重にも幾重にも囲まれているという自分の状況に、何ら疑問を抱いていない点である。彼女はいまも世界のいたるところに残存している前近代社会の文化的伝統や、自然環境を含む固有の事情にはまったく無関心であり、そのことを考慮に入れていない。氷雪に包まれた極寒の地でアザラシの生肉を貴重な栄養源としているイヌイットも、砂漠にあって昆虫の幼虫を唯一の蛋白源としているアボリジニも、彼女の眼中にはない。論じるに値しないと考えているのだろう。そこに窺われるのは伝統社会の文化的アイデンティティの繊細な多様性を無視し、グローバルな世界論理のうちに均一化しようとする意志である。それがアメリカの白人が無自覚的に抱いている新植民地的傲慢であり、そこで強要されているのが西洋的な倫理イデオロギーの復活であることは、少し考えてみれば誰にでもわかる。

世界に遍在するエスニシティ文化は、形態こそ違え動物をめぐる神話的信仰をもち、肉を与えてくれる動物への感謝を儀礼を通して表象してきた。そうした人類学的事実を、「カーニズム」という一語はあっさりと単純化してしまう。文化人類学者たちがこれまで困難なフィールドワークを通して築き上げてきた認識、供犠に付された肉が共食され、そこに儀礼の本質が横たわるといった認識は、こうして廃棄されることになる。だが、それればかりではない。ジョイのこの肉食主義批判は、西洋社会の内部における階級的差異をも隠蔽してしまう。ハードな肉体労働に従事する労働者と、フェミニズムの修辞を借用してアカデミズムの流行語を考案する知識人とが、エネルギー補給源としていかに異なった食生活を営んでおり、またそれを強いられているかといった問題は、ここではまったく等閑視されている。グルメ嗜好の究極的到達点として菜食主義に到達する富裕層と、苛酷な労働のために肉食を必要とする貧困層が共存している大衆消費社会における食生活を分析するさいに、「カーニズム」の一語はいかなる意味ももたない。それはたかだか、ブルジョワ的な消費生活の記号以上の意味をもちえないのではないか。

最後に、ジョイが高揚した調子で訴えている、屠畜における暴力の残酷さについても註釈をしておいた方がいいだろう。現在、先進国のいたるところで進行している脱動物化de-animalizationの徴候を、われわれは彼女の言説のなかに、典型的に読み取ることができる。

彼女はカーニズムの暴力性の例として、次のように書く。

「私の授業では、畜産農業に関する動画を見せる時は、その映像が学生たちにとって心理的苦痛となることは避けようがないので、心理的環境が十分に安全であるよう配慮するために数々の対策をとってきました。これまでに数多くのヴィーガニズム擁護派の人たちと個人的に仕事をしてきましたが、彼らも食肉加工や屠殺の過程を目にしてきた結果、侵入思考、悪夢、フラッシュバック、集中力欠如、不安、不眠症などといったＰＴＳＤ（心的外傷後ストレス障害）に悩まされていました。」

ここで問題とされているのは、なぜ人は動物の苦痛を見たくないのかという問いである。現代の社会では人間の死体の映像と並び、屠畜の映像は好ましくないものとして忌避されている。食肉処理場では作業員を含め、彼らの屠畜行為も屠畜されたばかりの肉も、不用意に撮影することが禁じられている。屠畜現場は一般社会から地理的にも心理的にも遮蔽されており、映像と言説は食肉の消費者が動物殺害の事実を実感しないように、細部にわたって操作されている。動物は次々と殺戮されていく。だが消費の場においてその痕跡は拭い去られ、消費者が倫理的な問いに直面しないように、きわめて巧みに制度が整えられている。屠られたばかりの肉はただちに個別性を剥奪され、原型を留めないばかりに裁断され、サランラップで包装され流通していく。食材として社会的にコード化されていない部分、たとえば血や皮、脳、内臓は、不要なものとして多くが廃棄されてしまう。動物は大量生産された匿名の食物へと変身を遂げるのだ。

こうした事態は、今日の大衆消費社会に蔓延している〈動物嫌悪〉の現われであると了解することができる。動物が動物として存在を許されているのは、ペットとしてか、動物園のキャラクターである場合、つまりその動物性を喪失し、過度に人間化を施されている場合のみである。屠畜はどこまでもソフトな形で行われなければならない。動物の生命を奪うにあたっても、可能なかぎり彼らに苦痛とストレスを与えないように配慮しなければならない。すべては食肉処理の作業において殺戮の残酷さを隠蔽し、人間が良心の呵責を覚えないように、「人道的に」実行されなければならない。

動物的なるもののフィジカリティをめぐるこうした忌避の傾向は、死を汚穢と見なす伝統的な思考とも密接に関連し、同時に現代の高度資本主義社会における言説と映像の政治における病理的な徴候でもある。われわれに求められているのは、屠畜と食肉という人間社会を構成している基本的事実を正面から見つめ、隠蔽の代わりに開示を、廃棄の代わりにすべてのまったき受容へと赴くことである。にもかかわらずジョイはここですべてをカーニズムの暴力的イデオロギーに帰着させ、感傷的な抗議の域に留まっている。

人々は動物の死の映像から目を逸らすものだと指摘しているかぎり、彼女は間違っていない。だが、だから動物を殺害すべきではないと主張するのは論理の短絡である。真に正しい姿勢とは、動物が恒常的に殺戮され食肉化されていくのであれば、その映像の禁忌を解き、すべてを真正面から直視すべきであると説くことでなければならない。われわれの生が動物たちの生命を犠牲としてはじめて成立するものだという事実から目を閉じないことである。

3

人類は人類となった時点から雑食性であり、他の動物の肉を食べて生きてきた。植物を採集し魚介を採捕するばかりか、野生動物を捕獲し、やがて捕獲した動物を家畜にすることを学んだ。メソポタミアではすでに一万年以上も前に家畜化が開始されている。羊、山羊、少し遅れて豚、牛、鶏。家畜は農耕のためであり、同時に食用のためであった。

国連食糧農業機関の二〇一九年の統計によると、現在の地球上にあって全動物のうち、人類が占める割合が三六%であるのに対し、食用の家畜数は六十%に達している。残りの四%が野生動物である。家畜の多さは生態系に圧倒的な不均衡をもたらしている。もっともこの不自然な事態は急激に起きた現象であることも明記しておかなければならない。家畜数が人口を超えることになったのはこの半世紀の間の出来ごとであり、そこには大量の家畜を高密度の屋舎に収容し、飼育して利潤を獲得するという、アメリカに始まる「工場畜産」factory farmingが大きく影を落としている。

工場畜産とは、ピーター・シンガーが一九七五年に『動物の解放』(戸田清訳、人文書院、二〇一一)で用いた言葉である。本来は素朴な農民が家屋の近隣で行っていた畜産が、巨大企業の参入によって大きく変化した。おびただしい家畜が狭小な空間に監禁され、運動の機会も与えられず、流れ作業によって短期間に食肉へと造り上げられていく。家畜は動物としての個別的な存在であることをやめ、高カロリーの餌ばかりか、抗生物質と飼料添加物をふんだんに与えられて育つ。要は企業の利潤を上げるためいかにコストを低く抑え、巨大企業の寡占を維持していくかという問題でしかない。

こうしたアグリビジネスにおいて、家畜はただただ人間の食用のために存在している。動物としての多様性はことごとく抹殺される。当然のことながら衛生面での不潔さが問題となる。周辺の土壌と水質が汚染され悪臭が漂う。その結果、食肉の質に低下が起きると、食肉業界は別に、自然らしさを狙った飼育法によって育てられた、より高価な食肉を準備して製品の差異化を図る。加えて大衆消費社会では毎日、大量の食物が廃棄されている。食肉産業の現場では、もはや排卵の時期を過ぎた鶏、杉田水脈の言葉を借りるならば、いわゆる「生産性」を欠いた鶏が、ミンチになるならまだしも、廃棄物として処理されていく。

しかしそればかりではない。工場畜産は人類にとって食物の劣化ばかりか、より深刻な厄難を引き起こすことになる。人間と動物に共通する感染症の発生源となるのだ。エボラ出血熱からSARS、MERS、鳥インフルエンザと、これまで人類が体験したことのなかった未知のウイルスが動物を媒介として次々と出現する。二〇二〇年からは新型コロナウイルスが世界中に蔓延し、数多くの死者を出したばかりか、一時は人類全体に危機をもたらすまでとなった。

一九八〇年代になって西洋社会では家畜牛に、病原体に汚染された羊や牛の肉骨粉を餌として与えていたことが発覚した。その結果、家畜牛の脳細胞が海綿状に変性し、感染した牛を食用とした場合、それが他の動物に感染する可能性が生じた。いわゆる「狂牛病」騒ぎである。この未知にして脅威的な疾病の出現は、家畜の飼料のあり方に根本的な再検討がなされる契機となったばかりではない。先進国の肉消費の方向に一定の転換をもたらすことになった。ロンドンではわたしが滞在していた二〇一一年にデパ地下などでは、ローストビーフを販売することが禁止されていた。国民食を封じこめてしまうとは愚かな処置だと思ったが、それは、このときの騒動の結果である。

パニックに陥ったイギリスでは、政府が国内にいる牛の四割にあたる四百万頭以上もの処分を計画した。このときニューデリーのヒンドゥー教至上主義の団体が大規模な殺戮に抗議し、感染した牛を隔離して治療するように提言した。その後の顛末をわたしは知らないが、元宗主国に対する旧植民地の側からの批判ということは別にしても、いかにもインド人の信仰世界を垣間見た気がした。

狂牛病の蔓延という緊急事態を前にレヴィ=ストロースは憤激し、ただちに「われらみな食人種」なる一文を草し、人類全体に向けて食肉の自粛を求める警告を発した。そもそも人間はエデンの園では木の実と穀物しか口にせず、草食の生を営んでいたではなかったのか。肉食はノア以降の話である。それでも無文字社会にあっては、狩猟民と動物の間には一定の親密な関係が横たわっていたし、動物の肉を口にする者はいつかは自分の生命を代価として支払うことになるという共通の了解があった。この高齢の人類学者はそう前提したのち、現下に起きている厄難に対し、厳しい糾弾の発言をする。

人間は無垢なる牛たちに対し、いったい何をしたのか。本来は草食であるこの動物に肉食、それも自分たちと同じ種の牛の骨肉粉を食べさせるという重大な犯罪を強要したのだ。人間にとって食人と近親相姦が厳重な禁忌であることを、ここで想起すべきである。人間は牛たちに、同族を食べることを命じた。これは人間に対し、近親相姦を強いるのに等しい悪行である。その結果、人間が恐ろしい脅威に見舞われることになったのは当然のことである。人類は贖罪のため、以後百年にわたって食肉から身を遠ざけることをしなければならない。レヴィ＝ストロースの一文を要約するとこのようになる。

この文章が公表され、ただちに世界中の言語に翻訳されたとき、わたしはそれを川田順造の翻訳を通して読んだ（「狂牛病の教訓　人類が抱える肉食という病理」、『中央公論』二〇〇一年四月号）。今、この料理論を執筆するにあたってもう一度読み直してみて、やはり強い感銘を受けたことを告白しておかねばならない。ここにはジョイの感傷的な宣言とは比較にならないほどに深い、人類の罪障をめぐる悲嘆と憤激が記されていて、強い説得力をもっている。にもかかわらず人類はこの狂牛病騒動の結末を曖昧にしながら、それから三十年ほど後に、さらなるパンデミックの脅威を引き起こしてしまった。かつて存在していた自然と人類との調和的関係、それとは語られないままに横たわっていた信頼関係は、今や完全に崩壊してしまったのだ。動物から生物的な多様性を剥奪し、彼らを搾取し蔑ろにしてきた人間たちは、今こそ動物たちに復讐をされているのである。なされるべきであった贖罪は、いささかもなされては来なかった。贖罪は今でも間に合うのだろう。だがそれはいかになされるべきなのだろうか。人類が動物に対し慎みある態度を回復し、彼らの威厳をもう一度構築するためには、肉食のあり方をどう再検討すればいいのだろうか。

4

インドでは菜食主義は信仰とカーストに密接に結びついている。その点が欧米社会や日本における菜食主義と根本的に異なっている。人は個人の意志からではなく、共同体の規範に従って肉食を忌避するのである。

まず宗教。たとえば仏教徒とジャイナ教徒は肉食を穢れた行為だと見なしている。仏教徒のこの姿勢については、奈良時代から千年にわたって日本が肉食を忌避してきたことからも理解できるだろう。ジャイナ教の教理の根本にあるのは不殺生である。教徒のうちでも僧侶は肉食をしないどころか、根野菜を口にすることも殺生に通じると解釈し、歩くさいにも誤って虫を踏み潰すのではないかとまで気を配る。

では、国民のなかで多数派を占めるヒンドゥー教徒はどうか。彼らは古代にあっては供犠に附した動物の肉を、儀礼的に口にしていたと伝えられているが、『マヌ法典』が成立した後には、肉食を厳重な禁忌と見なすようになった。「わたしが現世において規則に従わず肉を口にしたとすれば、来世において誰かがわたしを貪り食うであろう」と、『法典』は説いている(第五章三三)。

豚は穢れた動物であるがゆえに食用としてはならない。その逆に牛は神聖なる動物であり、その乳を口にすることはできても殺戮や食肉は許されない。

だがインドにおける肉食忌避と菜食主義には、信仰とは別に、もうひとつの側面がある。それはヒンドゥー教社会におけるカーストの存在だ。

ここで少し脇道に逸れることになるが、正直にいって、インドでの生活体験のないわたしにはカーストのことがよくわからない。初対面の人物と対話をしているときに、あなたのカーストは何ですかと直接に訊ねることが礼を逸したことであるのは、以前に教えられたことがあった。そうした場合には、あなたのお父さんはどのようなお仕事をなさっていたのですかと、さりげなく尋ねるのがいいらしい。

V・S・ナイポールが東京に来たとき、わたしは彼を囲むシンポジウムに参加した。自分以外の作家の名前が言及されると、彼は即座に苛立ちを示した。ガンジーをどう思うかと尋ねることは彼の逆鱗に触れることだった。共同討議が終わり個人的なお喋りになったとき、彼はわたしに尋ねた。ところできみのお父さんは何をしている人だったのかね？

カーストの構造は単純なものではない。日本人は高校時代に社会科の授業で、インドにはバラモン、クシャトリア、バイシャ、スードラと、四つのカーストが存在していると教えられる。しかし実際にははるかに込み入っていて、細分化されている。地方によっても、言語によってもカーストの呼び方は違っているし、その序列が微妙に異なっていることが少なくない。ある地方にだけしか存在しない、特殊なカーストも多い。カーストに対する知識人の態度もさまざまで、ガンジーからショトジット・ライまで、その根絶を強く主張した者もいれば、カースト制度はイギリスの植民地統治時代に固定化されたものだと、批判的に主張する学者までいる。

わたしがカーストの問題に関心を抱くのは、その存在がインドにかぎられたものではないと考えているからだ。なるほど社会のなかにそれが構造化されていて、明確に見てとれるのがインドだということは事実である。だがそれでは日本に、アメリカにカーストは存在していないのかと問われれば、答えに窮するしかない。日本では律令国家の成立時から明治維新の前までは、制度としての身分秩序が厳然と存在していた。二一世紀の現在でも、被差別部落民に対する差別と迫害がいまだに消滅していないことを想起すべきだろう。もし日本人が、インドには自分たちには縁のないカースト制度があって嫌だねえと、他人事のような科白を口にしたとしたら、それはその人物が鈍感な差別主義者であるか、虚偽を好む偽善者であるかのどちらかである。わたしは中上健次との付き合いのなかで、日本における部落差別がいかに苛酷なものであるかを知る機会が少なからずあった。日本社会における差別が悪質なのは、インドとは異なり、けっして社会の表面に可視的なものとしては現われず、つねに隠蔽された場所にあって働いているからである。

菜食主義と肉食忌避の話に戻ろう。菜食主義にもさまざまな段階があって、卵はよしとする者もいれば、玉葱や大蒜といった五葷《ごくん》を避ける者もいるし、植物油を含めあらゆる油を拒み、乳製品すらも遠ざけるという者もいる。だがそうしたレベルの違いはさておき、一般的に論を進めてみることにする。

インドではもっとも高いカーストであるバラモンは菜食主義者である。彼らはけっして肉を口にしない。カーストが下に行くにつれて、非菜食に寛容な者が増えてくる。バラモンは肉食を不浄なものと見なし、肉を遠ざけている自分たちこそが清浄な存在であると信じている。菜食主義を根拠付けているのはこの独自の浄不浄観である。それがヒンドゥー教の行動規範を定めた『マヌ法典』に基づいていることは、今さらここで書くまでもないだろう。
ちなみにこの浄不浄の識別は、近代的な衛生概念とは無関係に成立している。どこまでも儀礼的な意味での清らかさが問われているのだ。カーストの頂点に立っているバラモンにとっては、自分たちを除くすべての世界は不浄である。そのため、彼らは一歩でも油断をすれば清浄な世界から転落してしまうという恐怖から逃れることができない。肉食を遠ざけるばかりではない。肉食をする者たちからも遠ざかっていなければならない。肉の調理に用いた器具や肉を盛った皿は、どのように洗っても不浄さから免れることができない。彼らは低カーストの者たちと食事の席を同じくしないばかりか、極端な場合にはあらゆる外食を忌避する場合もある。

南インドのトリヴァンドラムで食事をしたことがあった。皿の類はいっさい用いられず、食物はすべて植物の大きな葉に載せられて出てきた。それがいかに清潔さを保たれていようとも、どのようなカーストの人物が用いたかもしれない皿に載せられた食物を口にすることに、少なからぬインド人が抵抗を感じるためであると、そのときは説明を受けた。ナイフやフォークを用いず、もっぱら右手の指を巧みに使って食事をとることも、同様の理由からである。食事にさいしては、つねに襲いかかってくる不浄からいかに身を守るかが重大な課題とされている。

ここでもわたしはまたしても日本の食事作法に言及しないわけにはいかない。日本人もまた共食の場において、神経質なまでに不浄を忌避する民族ではないだろうか。あの取り箸という奇妙な器具のことだ。韓国にも中国にも存在しないこの習慣は、ひとつの皿にむかって個々人の箸が交錯することを回避するために考案された。そこには他者の不浄から自分の身を守るという姿勢が感じられる。わたしは若い時分に韓国に住んでいたが、食卓に置かれた大きなスープ鉢に向かって、めいめいがスプーンを差し出して啜りあうという光景をしばしば見かけた。隣の国とはいえ何という違いだろうと驚嘆した記憶があるが、逆に韓国の側から日本人の食事作法を眺めてみると、その他者との距離の置き方に違和感を覚えるかもしれない。

インドにおける菜食主義を根拠づけているのは、西洋諸国の菜食主義者によく見られるような、生態系への危機的な認識でもなければ、動物の生命尊重という倫理意識でもない。そこにあるのは人間を浄と不浄に二分する宗教的な世界観である。いかなる文化的な批判にもかかわらず、依然としてカースト制度が強固なまでにインドに存在していることは、この世界観に深く関わっている。菜食主義を自任するとき人は自分が清浄な存在であることを確信し、不浄な者を差別する根拠に到達する。肉食の忌避がカースト制度を支えているのだ。

わたしは想像する。もしデリー大学に集まったインドの知識人たちに、たった今、市場で羊のカレーを食べてきたばかりだと告白したら、彼らはどのような態度を見せるだろうか。おそらく多くは礼儀正しく振る舞うかもしれない。外国人であるわたしは、もともとカーストの外側に位置しているからだ。わたしと同席することを嫌がる人は出てくるだろうか。これはわからない。だが少なからぬ人はわたしを不浄の者と見なし、自分の清浄さを再確認することだろう。

5

肉を口にして不浄の身となる者、いやそれ以前に、食肉のために手を汚して動物を屠る者に救済はないのだろうか。彼らは永遠に清浄さから見放され、貶められる存在なのだろうか。

ここで日本における肉食の歴史を振り返ってみるのは、意味のあることかもしれない。

日本列島に牛馬が渡来したのは古墳時代である。もっともそれは食用ではなく、農耕用であった。その後、猪豚が飼育されることになったが、これは明らかに食用である。

六七五年(白鳳四年)、仏教を篤く進行していた天武天皇が最初の肉食禁止令を発布する。その後も七三二年(天平四年)の聖武天皇をはじめ、いくたびも禁止令が出されているのを見ると、なかなか民衆の間で肉食が途絶えなかったと推測されるが、ともあれこの時期に日本が公式的には動物殺生と食肉が疎んじられるようになったことは事実である。もっとも貴族の間では乳製品(酥《そ》)の摂取が行われ、肉食禁止にはいくらでも抜け道があったようである。動物性蛋白質は主に魚介から得られていたが、鶏や猪の調理はさほど珍しいことではなかった。

一三世紀に世界帝国を樹立したモンゴルは日本を急襲したが、おりからの台風に見舞われ、目的を果たすことができなかった。もしそれが成功していたとすれば、日本もまた中国大陸や朝鮮半島と同じく、食生活のなかに肉食を組み込んでいたことだろう。地理的な孤絶性が日本の食生活を偏頗にして独自のものにした。

江戸時代には、けっして一般的ではなかったが、牡丹鍋や紅葉鍋といった風に肉食は確固として存在していた。幕末の一八六二年には開港三年目の横浜に牛鍋屋が出現している。肉食が文明開化の記号として一般に普及していくのは維新以後の明治時代である。それは西洋の先進的な文明を示す文化流行であり、開明思想の現われであると理解された。やがて人々は、「滋養」の観点から肉食に接近するようになった。

肉食を穢れと見なす姿勢が完全に消滅したわけではなかった。個人的なことになるが、わたしの曾祖母（一八七七～一九七〇）はかつて幼いわたしに、牛肉を煮るときには七輪を庭に出し、皿も箸もそれ専用のものを用いたと語ったことがあった。曾祖母と同年生まれの文学者、薄田泣菫（一八七七～一九四五）も『泣菫随筆』（谷沢永一、山野博史編、冨山房百科文庫、一九九三）のなかで、牛肉を煮て食べるときは外に出て土器を用い、食事がすむと母親がこっそりとその器を庭の隅に埋めていたという話を書いている。明治時代とは、知識人こそ開明気分で牛鍋を突いたが、庶民はまだまだそれが穢れと見なしていた時代だったのだ。

日露戦争時における牛肉の大和煮、関東大震災直後に輸入されたコンビーフ缶など、社会が激変するにつれて肉食は次第に庶民の間に浸透していった。もっとも日本人の肉嗜好が劇的に発展するのは、一九四五年の敗戦以降である。在日朝鮮人と中国からの追放日本人の手で、焼肉やジンギスカン鍋といった新手の料理が導入されることで、日本料理は全体としての輪郭を大きく変えていった。それまでは廃棄していた内臓を食材とするようになったのはこの時期からである。

こうした歴史を振り返ってみると、日本人が欧米や他のアジア諸国と比べ、肉食に関してきわめて浅い経験しかもっていないことが判明する。とりわけ近隣の明清、朝鮮、琉球といった国々と比較したとき、内臓や皮、血といった動物の周辺部を素材とする調理法において未熟であるといえる。にもかかわらず、その日本が短期間のうちに霜降りの松坂牛に見られるような、独自の牛肉を創り上げ、Wagyuという名称のもとに先進国のグルメ産業に直進して行ったことも事実である。文明開化の記号であった牛鍋は、やがてスキヤキと呼ばれるようになり、現在では日本の国民食であるばかりか、海外において日本料理の代名詞になった。

ここで忘れてはならないのが、食肉処理に従事してきた非農耕民の存在である。律令制国家が成立した平安時代、『延喜式』(延長五年、九二七年)ではすでに「屠児」が穢悪の類とされており、食肉処理者に対する差別が行われている。前近代にあって牛馬を屠ったりその屍体を処理する者は「穢多」と呼ばれ、不当な差別と屈辱に甘んじてきた。明治時代に入り、公式的に四民平等が唱えられた後にも差別は続き、現在に到るまで残存している。日本の食物史を考えるうえで、彼らの存在を無視するわけにはいかない。

朝鮮でも事態は同様で、屠畜に携わる者は「白丁《ペクチョン》」の名のもとに貶められ、巫堂《ムーダン》や妓生《キーセン》、男寺党《ナムサダン》などと同様、社会の最底辺に位置することを強いられてきた。彼らは賤民ゆえにいっさいの納税義務から免除されていた。朝鮮が一八九四年の甲午改革によって近代化を選んだとき、白丁は制度的には不平等から解放された。一九二三年には衡平社が結成され、日本の水平社と連帯しながら差別からの解放を目指した。日本の植民地統治と朝鮮戦争による国土の破壊は、白丁居住区の痕跡を消し去った。多くの韓国人はもはや白丁差別は存在しないと口にするが、その否認の姿勢は日本人同様、隠蔽された差別意識の残存を物語っている。

白丁は屠畜の場を「天宮」と呼びならわしてきた。牛の霊魂は死後天上世界へ旅立つという信仰が、そこには窺われる。屠畜場に足を踏み入れることができるのは、牛に引導を渡す僧侶にかぎられていた。ちなみに儒教を国教とした朝鮮では、僧侶もまた被差別階級であった。

屠畜にあたっては白丁以外には理解できない隠語がもっぱら用いられた。屠畜による不浄を免れ、悪鬼を避けるためである。牛を屠るさいに使用される大槌は「燭台」、包丁は「神杖」「族譜」

「巫堂《ムーダン》花」と呼ばれた。包丁は何にもまして神聖な道具であり、親方が使い込んだ包丁を、僧侶の立ち合いのもと、息子に譲り渡すことは、「燭台を灯《とも》す」と呼ばれた。包丁の譲渡は悦ばしいことであり、たとえ地獄に墜ちた先祖がいても、包丁の継承による白丁家の存続によって、彼らを改めて極楽へ迎えることができると考えられていた。朝鮮の屠畜の根底にあったのは、このように伝統的に伝えられてきた信仰である(安宇植《アンウシク》編訳『アリラン峠の旅人たち　聞き書 朝鮮民衆の世界』、平凡社、一九八二)。

屠畜を生業とする者は、一般の凡夫同様、往生を遂げることができるのかどうか。日本仏教においてこれは、実のところ教義の根拠を揺るがしかねない重要な問題であった。

それはできると断言し、その立場を教説として明確に提示したのは、鎌倉時代に「非僧非俗」の身にあった親鸞である。彼は『唯信抄文意』のなかで「屠沽の下類」、つまり動物を殺しその肉を売る者の運命について書いている。

「自力《じりき》のこゝろをすつといふは、やうゝゝさまゞゝの大小《だいしょう》聖人《しょうにん》善悪凡夫《ぜんあくぼんぶ》の、みずからがみをよしとおもふこゝろをすて、たのまず、あしきこゝろをかへりみず、ひとすぢに、具縛《ぐばく》の凡夫《ぼんぶ》、屠沽《とこ》の下類《げるい》、无㝵光仏《むげこうぶつ》の不可思議《ふかしぎ》の本願《ほんがん》、広大智慧《こうだいちえ》の名号《みょうごう》を信楽《しんぎょう》すれば、煩悩《ぼんのう》を具足《ぐそく》しながら无上大涅槃《むじょうだいねはん》にいたるなり。具縛《ぐばく》はよろづの煩悩《ぼんのう》にしばられたるわれらなり、煩《ぼん》はみをわづらはす、悩《のう》はこゝろをなやますといふ。屠《と》はよろづのいきたるものをころし、ほふるものなり。これはれうしといふものなり。沽《こ》はよろづのものをうりかうものなり、これはあき人なり。これらを下類《げるい》といふなり。」（法藏館版全集　第四巻）

（自力の心を放棄するとは、大乗小乗の聖人はもとより、悪人も凡人もひとしく、自分が正しいという気持ちを捨て、自分を過信せず、悪い心をもっていることを顧みないことだ。無碍光の仏は、欲望に縛られた愚かな者も、生き物を殺したり、酒を商ったりする下賤の者も救い出そうとお考えだ。この方の、とうてい人間の考えの及ばないほど広大な知恵の御名を、ただ一途に心から信じるのであれば、人は煩悩に塗れながらも、この上ない涅槃の境地に到達できるのである。「具縛」とは煩悩に煩わされ、囚われていることである。「屠」とはあらゆる生き物を殺す者で、猟師のことだ。「沽」とは売り買い一般。商人のことで、彼らをさして「下類」という。）

「屠沽《とこ》の下類《げるい》」とは究極的にわれわれと同じである。この親鸞の教えはさらに一歩進めると、われわれもまた「屠沽の下類」以外の何者でもないという思想へと敷衍することができる。倫理的なヴィーガンと暴力的なカーニストの別があるわけではない。人は生まれながらにして動物の血で手を汚し、肉を食べ終えた口の汚れを拭う存在であり、何人たりともこの運命から逃れることはできないのだ。この立場は、もし原罪なる語を用いるならば、次のように要約することができるかもしれない。すなわち人は、アウグスティヌスがいうように、アダムとイヴが神の教えに逆らって禁断の果実を口にしたがゆえに原罪を背負っているのではない。われわれは動物の生命を奪い、その肉を口にしているがゆえに原罪を背負っているのである。いや、より正確にいうならば、動物の肉を喰らうこと自体がすでに原罪に対する罰なのである。

インドでこっそりと肉食をしたという個人的な挿話に始まり、話がどんどん拡がっていってしまった。肉を口にする者が不浄であるという認識は、人をして、肉を食べない自分こそは清浄であるという認識へと自動的に導いていく。この事実は、動物の屠畜を隠蔽し、屍体の映像を忌避するという現在の風潮にも、屠畜にあたっては苦痛なくそれが行われるようにという配慮とも深く関連している。

とはいうものの、あらゆる差別が清浄不浄の分別に基づくものであるとすれば、この認識そのものに批判的な距離を置くことからすべてをやり直さなければならない。動物を食用とすることは人間の宿命、インド哲学の語を借りるならば〈業《カルマ》〉なのであるという事実を素直に受け入れ、もしそれが不浄な行為であると見なされるならば、不浄の身でありながらも救済に到達するための倫理的道筋をこそ、われわれは構築しておかなければならない。問題はカーニズムを攻撃してヴィーガンをイデオロギー的に顕彰することではない。指を血で汚し、口元を脂で汚しながらも動物の肉を喰らい続ける人間という種が、みずからの本質をもとより罪障と見なし、不浄を肯定しながら生きていくことである。

鎌倉仏教にあって浄土宗と浄土真宗とが目的としたのは、逃れる術もない罪障の彼方に、奇跡のように垣間見られる救済の可能性であった。不浄を極めたときに恩寵のように顕現する神聖なるものを待ち望むこと。愚昧と迷妄のさなかにあって、人はどこまでも肉食の快楽を捨て去ることはできない。であるならば、愚昧と迷妄を携えたまま、不浄の身体のまま、解放の手立てを探究することだ。歴史の周縁に置かれ、差別と屈辱を強いられてきた者たちが帰依していた信仰から、われわれが学ぶべきことは少なくない。

野草を食べる

1

食の対象として野草を見直すようになったのは、二度目の韓国への長期滞在のときだった。人に連れられ、菜食伝統料理を専門として評判だという「プルヒャンギ」(草香気)という店に案内されたのが切っ掛けである。

最初にムルキムチとケチュックが出た。胡麻を摺って作った粥である。次に十数種類のナムル。モヤシ、セリ、ホウレンソウ、ゼンマイあたりまでは見当がついたが、その後は見たことのない山菜ばかりである。豆を醤油で煮たもの。豆腐のなかに茸を挟み込んだもの。ワケギとニラのチジミ。レンコンの天婦羅。ゴマメ。大葉の醤油漬け。こうした野菜の細々としたオンパレードの後でテンジャンチゲが出て、最後に黒豆の炊き込みご飯が出た。キムチは白菜や大根といったありふれたものではなく、トドッ(ツルニンジン)の根を漬け込んだものだった。

みごとに山菜ばかりである。日本人が通念として抱いていた韓国料理を思わせるものはひとつもなかった。ソウルは四方を山に囲まれている。休日に山にハイキングに行く人も多い。その気になれば、いくらでも山菜を摘んで帰ることもできるだろう。この料理店を訪れたことが契機となって市場やデパートの食品売り場を覗いてみると、これまで見落としていただけで、日本ではまったく知らなかった山菜が、何十種類もキレイに束ねられて並んでいる。

山菜には基本的に二通りの食べ方がある。柔らかいもの、灰汁《あく》のないものは、そのまま生で、コチュジャンや醤油、ゴマ油などを和えて食べる。硬いものや灰汁の強いものは茹でたうえで、同じように和え物にする。前者を「生菜《センチェ》」といい、後者を「熟菜《スッチェ》」という。もっとも「熟菜」とは改まった名称であって、普通はもっと大ざっぱに「ナムル」と呼んでいる。菜っ葉くらいの意味である。

この二系列の野菜料理にさまざまなキムチが加わると、韓国料理における菜食の豊かさが実感されてくる。わたしはかつてデリーの書店で『クリシュナ神の料理　インド菜食料理の芸術』という八百頁ほどの大料理書を見つけ、ときおりそれと相談しながら台所で真似事をしているのだが、もし韓国にも同じような野菜料理大全の書物があるとしたら、おそらくそれくらいの厚さになるのではないだろうか。

2

帰国してさっそく野草の食卓を実現してみようと思った。お手本にしたのは甘糟幸子の『野草の料理』(中公文庫、一九八二)である。この本には春夏秋冬で八四種の野草とその調理法が紹介されている。おまけに、絶対に食べてはならないとして、六種類の毒草までが説明されている。そこでまず、これまで自分が食べたことのある野草をリストアップしてみた。

ヨモギ これは幼いころに祖父の家の農園に自生していたのを、祖母や母といっしょに摘み、ヨモギ餅にして食べた思い出がある。フニャフニャとした、頼りなさげな色と手触りの新芽なのだが、餅にしてみると香り高く、愉しい思い出であった。甘糟さんは茹でて刻んで、炊き立てのご飯に合わせたり、味噌汁の実、さらに天婦羅にいいと記している。

ツクシ これも祖父の農園にいくらでも生えていた。春の気配が始まると、祖母が女中たちを引連れ、摘みに出ているさまを憶えている。もっともツクシが硬い頭を突き立て、背筋正しく立っている時期はけっして長くはなく、油断をしているとすぐに頭が弾けて、不細工に開いてしまう。そうなると食べることができない。なんとか鮮やかな緑のスギナを食べられないものかと尋ね、大人たちに笑われた思い出がある。吉祥寺に住んでいたころは、井の頭線の線路の両側一面にツクシが群生している箇所があり、危険を冒して(?)摘み取りにいった。

ドクダミ　甘糟さんは悪臭に閉口し、天婦羅くらいしか役に立たないと書いている。これは正直にいって偏見だろう。わたしはその逆で、ホーチミンでは生の葉っぱをハーブとしてバインチャン(ライスペーパー)に巻き込んだり、成都では地下茎を茹でて唐辛子味噌で和えたものを愉しく賞味してきた。ドクダミは和名のひどさで損をしているので、もしフランスからキュデルナールとか、ソリュラセという名前で輸入され、高級スーパーでアーティチョークやアンディーヴの隣に麗々しく並んでいたとしたらどうだっただろうか。

カエデ　甘糟さんはお刺身や冷奴といった涼し気な料理の飾りに用いると、お皿を引き立てると書いている。わたしが育った北摂箕面では紅葉したカエデを塩蔵して揚げ、モミジの天婦羅と称して観光名物にしていた。子供のころに味見と称して何軒もの土産物店で一枚ずつ「試食」し、これで三時のおやつは終わりなどと嘯いていたことが懐かしい。

フキノトウ　これも井の頭線の線路わきにいくらでも生えていた。犬の散歩と称し、ビニール袋いっぱい摘み取り、天婦羅にしたり、お浸しにして満喫した。

このように書き出してみると、意外と野に生える草や実を採集してきたことが想い出されてくる。だがこのあたりは初心者向けであり、『野草の料理』で取り上げられている野草には、いったいそんなものがどうやったら食べられるのかと驚くものの方が多い。たとえばアザミ。タンポポの根。オオバコ。ギシギシ。まだまだある。ツユクサ。カラスウリ。ワレモコウ。ツバキの花……。

説明を読むと、多くの野草はひとえに灰汁がきついのが難点であるとわかる。これは野草の側からすれば、苦味物質によって昆虫をはじめとする多くの外敵から身を守っているということでもある。調理をするにはまず茹でたり、灰を溶かした水に晒したりして、灰汁を抜かなければならない。野草は灰汁が抜けきったところで、市販されている野菜と同じスタートラインに就き、そこから天婦羅や和え物、お浸しなどと、道が開けていくことになる。

タンポポもオオバコも、わたしがふだん犬を散歩させているご近所の道端に生えている。さっそく摘み取って調理を試みてみようと思ったが、ここで冷静に考えてみた。毎日のように犬の散歩で歩く道である。あたり一面の野草は、ひょっとして近隣の犬たちの、日常的な攻撃目標(?)ではないか。だとしたら、とても台所に運び込むわけにはいかない。そこで家の近くでの採集は諦め、計画は夏に八ヶ岳の山荘へと持ち越されることになった。

八ヶ岳の畦道にはタンポポどころか、アザミも、ギシギシも、何もかも、あたり一面に自生している。千曲川に流れ込む細い渓流にはクレソンがびっしりと生えている。その姿はまるで早く摘み取って、天婦羅にしてちょうだいよと訴えているようだ。犬が攻撃を仕掛けてくるという気配もない。これはいいと手にいっぱいの野草を摘み取り、水に漬けて灰汁出しをした。その結果はというと……

タンポポ　暖炉の底に溜まった灰を入れた熱湯で茹で、一晩水に漬けておくと、苦みが緩和されてくる。

芯に間近なところに生えている、まだ幼げな葉は、生食するとルッコラに近い味がした。ひょっとしてルッコラとタンポポは姻戚関係にあるのかもしれないなどと想像してみた。日本では野菜はどんどん苦みを軽減するように品種改良されていくのだが、苦みこそが野菜の本質ではないだろうか。野草であるタンポポはわたしに、そうした問いを投げかけているような気がする。

アザミ　棘は火に炙って焼き切るなり、鋏で切り捨てればすむことである。これも灰を入れた熱湯で茹でて煮浸しにする。口に含むと爽快感があるが、切り落とした棘がわずかに残っていて、どうにも心を許して食べるという感じになれなかった。

ツワブキ　春先に、まだ柔らかい葉の一部を集め、塩揉みしたのち、皮を剥いて茹でる。後は普通のフキと同じように扱えばいい。炒め物でもお浸しでも。甘糟さんの本で食用可と知るまでは、実は少し馬鹿にしていたのだが、見わたしてみるとそこら一面、いくらでも生えている。

ギシギシ　内側の新芽のあたりだけを集め、水に晒してお浸しにする。独特の滑《ぬめ》りがあるので、次回は吸い物にしてみよう。

甘糟幸子の本を読むと、山菜摘みは自然とのコミュニケーションであり、季節の過ぎ行きへの信頼であると著者が考え、また体感していることがよくわかる。取り上げられている野草はいずれも、けっして派手なものではない。灰汁さえ鎮めれば、それぞれに慎まし気な風味をもち、静謐な佇まいをもっている。だが春の到来を待ちわび、秋になれば秋でいつもの場所にいつものように控えている山菜を摘みに山野にでかけるとは、何と優雅なことだろう。丁寧に下拵えされ、美しく盛り付けられた野草は、まさに食物の真正さそのものである。

イヌビワ、クサギ、ハリギリ、イワタバコ……『野草の食卓』には、まだわたしが試みていない野草がいくらでも記載されている。彼らはわたしの山荘の倹《つま》しい食卓を彩る日を待っているのだ。

わたしは長らく〈蒐集行為〉としての芸術という主題に捕らわれてきた。ここに新しく、〈採集行為〉としての料理という主題が加わったのはうれしいことだ。いずれわたしは、両者が同一のものであるという認識に到達できるかもしれない。そのときわたしはおそらく、山野を歩くことと美学の未来を思考することの間に、もはや不要な障壁を設けずにすむことだろう。晩年の西脇順三郎が体現していたのが、そのような美徳であった。

3

立原正秋という作家は、わたしにはどうにも苦手な人だった。いつも着物姿で鎌倉の古刹や骨董屋を廻り、陶磁器と日本酒に造詣が深い。京都の庭には見るべきものがないと豪語し、剣道の達人。魚捌きは玄人並みで、男の本懐とやらをもたない輩を叱りつける。そのプライドの高さと日本の伝統文化への帰属意識の強さに、正直いってわたしは近づきがたいものを感じていた。

立原の死後、小説家として兄事していた高井有一が精緻な伝記を発表した。立原が幼少時に植民地朝鮮から久里浜に渡ってきた朝鮮人であることを、本人から直接に聞いた事実として書いた。わたしは複雑なものを感じた。立原が生涯をかけて日本の伝統芸術に帰依し、模範的な日本人を演じていたからである。

立原夫人が著した『立原家の食卓』（講談社、二〇〇〇）という料理書を読んだのは、作家が亡くなってだいぶ後になってからのことである。生前は日本料理の一大権威であるように振る舞ったこの人物が、いったい家庭では普段着で何を食べていたのか、興味がないわけではなかった。だが、さぞかし豪奢を極めた魚介を……と期待していたわたしは、大きく予想を裏切られた。生前の夫が好んで調理していたと夫人が報告している料理は、多くがきわめて簡素な山菜料理であった。

「田芹は、生のまま食べることもありました。芹を生でと、皆さんに驚かれるのですが、よく洗った芹を三センチに切り、醤油と酢とみじん切りのねぎ、それに七味唐辛子などを少し入れ、よく混ぜます。」

「やはり三センチほどに切り、小麦粉を薄くといて芹と混ぜます。小麦粉は極力少なくして、芹にうっすらとかかるくらいにします。それをフライパンに薄くのばして焼きます。小麦粉の白さよりも、芹の緑が見えるほどの焼き方で、もちろん厚くはせずに薄くのばして焼きます。それを一口大に切り、たれをつけていただくこともありました。

たれは、ねぎのみじん切りに、醤油、砂糖、酢、豆板醤を混ぜたものです。芹の香りと、焼いた香ばしさ、それにたれの辛さが合いました。」

「豆板醤」とあるのは、立原の生前には簡単にコチュジャンが入手できなかったから、その代用だろう。夫人がこのように回想している芹の料理は、わたしにいわせればミナリ(芹)のセンチエ(生菜)であり、チジミ(ピンデトッ)である。韓国ではきわめて一般的な野菜料理だ。

近所の土手に自生している蕗《ふき》をさっと茹で、水によく晒す。水を切った大きな葉を皿の上に広げる。温かいご飯をその上に載せ、全体を包《くる》んで口に運ぶ。あらかじめ味噌に生姜の摺り下ろし、砂糖、醤油、ゴマ油、葱のみじん切りを混ぜておいたものを、そのときサッと葉で拭ってみせる。蕗の葉とはかぎらない。新キャベツでも、柔らかい春菊でも、サニーレタスや普通のレタスでもかまわない。この自家製の特別味噌とご飯を載せて食べる。

これはひょっとして韓国で一般的なサムパプ（包み飯）ではないか。韓国では農民が仕事の合間に、炊いたばかりの米と味噌を山菜で巻いて食べるという習慣があった。現在でも焼肉屋では、焼いたカルビや大蒜のスライスをチシャやサニーレタスの上に載せ、味噌を和えて包んで食べるというのが一般的である。なあんだ、大先生は家では韓国風に食べていたのかというのが、わたしの感想だった。現在のように、スーパーマーケットで唐辛子の入った味噌、コチュジャンが売られているという時勢ではなかった。立原先生は日本で市販されている味噌にわざわざ手を入れ、幼いころに故郷で食べていた生菜に少しでも近いものを再現してみたかったのではないだろうか。

そう思ってこの料理書を読み進めると、韓国料理の味付けを思わせる料理が次々と記されている。先に記した芹のセンチェやチジミばかりではない。イカの塩辛には塩揉みした大根の細切りを混ぜ、さらに葱や生姜、唐辛子を加えて混ぜておく。わたしにいわせれば、これはカクトゥギ（カクテキ）にほかならない。

人は食べ物の記憶において嘘をつくことはできない。聞き覚えていた音楽の旋律と同じである。立原正秋は鎌倉に住み、能楽と骨董を愛し、いかにも鎌倉武士の美学を生きたかのように一般には信じられており、本人も生前にはつとめてそれを演じていた。だが家庭では幼少時に過ごした朝鮮での倹しい食事の味付けに拘泥していた。わたしはそれを知って、食とはつまるところ記憶であるという真理に出逢ったような気がした。こうした文脈のなかで考えてみると、彼が久里浜を後にして鎌倉に居を定めたことも、単に川端康成のような鎌倉文士に憧れたというだけではないのかもしれない。山野に自生している山菜を気ままに摘み取って持ち帰り、味噌和えにして食べるということを、単純にしたかったからではないだろうか。韓国料理における山菜の豊かさは、わたしにそのようなことを考えさせる。

そういえば、わたしが山菜摘みのお手本とした『野草の料理』の著者、甘糟幸子さんも静岡に生まれ、鎌倉在住である。著者紹介に一九三四年生まれとあるから、日本が戦争に負けたときは一一歳。食糧危機の時代を身をもって体験している世代だ。彼女が野草料理について執筆しようと思い立った動機に、はたして少女時代の体験が反映しているのかどうか。それを考えてみようと思ったのは、一九三二年生まれの漫画家、白土三平の壮絶なる疎開体験を知ったときであった。

4

野草を食べるとはどういうことだろうか。甘糟幸子の場合、それは季節の経めぐりのなかで感覚的豊かさを享受する、幸福な行為であった。立原正秋の場合には、ある傷ましさを抱えながらもなされる、秘密のノスタルジアの確認であった。だが一般的にいって、多くの場合、野草は救荒食の食材だと見なされている。

以前、白土三平について書いているとき、彼が戦時中に疎開をした上田市真田町を訪れたことがあった。都会の知識人、しかも左翼の画家の息子である。排他性の強い田舎の山村にあって、二年にわたる疎開生活はさぞかし苛酷なものであったはずだ。白土漫画の根底にある自然界における生存競争の厳しさと飢饉の残酷な描写は、この少年時の体験から導き出されたものであった。

真田町では白土少年のことを憶えている人たちが少なからずいた。そういえば野球のとき、バットの持ち方が自分たち田舎の子とは違ってたなあという人もいれば、いっしょに茸狩りをした思い出を語る人もいた。そのなかに、おやっと思う昔話をした人がいたことを、わたしはいまだに憶えている。あの人たちは道に生えている草を、片っ端から食べてしまったんだよ。その人はいった。

農村である。畦道にはいたるところに雑草が生えている。もちろん農家はそんなものに目もくれない。ところが東京から疎開者《そかいもの》が大挙してやって来てしばらく経つと、その雑草がすっかりなくなってしまった。さぞかし餒《ひも》じかったのだろうなあ。食べるものに事欠いて、道端に生えているものなら何でも煮て食べてしまったんだと、わたしに思い出を語った人は付け加えた。

白土三平は戦後の日本漫画を代表する存在だが、漫画とは別に、「フィールド・ノート」と称したものを含め四冊の食物誌を著している。彼は長きにわたって、房総の漁師や長野の山地の農民と親しく語り合い、さまざまに不思議な食材を教えられてきた。そのなかでも茸は別格で、彼はウシブテ(クロカワ)、ナラタケモドキ、ヌメリスギタケ、オジボウズといった、長野の山中に自生する茸について情熱をこめて語っている。また毒茸についても、体験を含めて深い蘊蓄を傾けている。幻の山菜といわれるトゥドゥッ(ツルニンジン)、貴重な蛋白源であるイナゴ、さらにイタドリに寄生する幼虫やカエル、カイコ、狸の屠り方までが語られている。

真田の農民が猛毒のベニテングタケを塩蔵し、いかに毒を抜き取って正月の食卓に供するか。白土はこうした、現地の者以外は誰も知らない食材の調理法について、何頁にもわたって細かく記している。それは貧しい食糧事情のなかでなんとか冬を生き延びようとする山村の者たちの知恵である。また彼は川蟹、蛇、蚕、甲虫、カミキリムシの幼虫までを貴重な蛋白源として過ごした自分の少年時代を、懐かしさを込めて回想している。もっとも茸の美味を語った後で、彼は付け加えることを忘れない。「私が山で死ねば、おそらく今度は菌類が私を大地に還元してくれるだろう。」

白土の世界観にあって人間はどこまでも脇役であり、中心ではない。自然の脅威を前にしたとき、人間も、他の動植物も、バクテリアも、すべて対等である。すべて生ある者は別の生ある者を喰らい、自分もまた喰らわれていく。こうした世界観の形成にさいしては、彼が長野の山村で苛酷な疎開生活を送ったことが大きく影を落としている。路傍に生えている雑草をすべて摘み取り、食用にするという飢餓の体験が、彼に食物とは自然から採集するべきものであるという真理を授けたのである。

5

日本で野草調理が奨励されたのは、第二次世界大戦の末期、一九四三年から四五年にかけてのことである。陸軍獣医学校研究部による『食べられる野草』(毎日新聞社、一九四三)や神奈川県食糧営団による『決戦食生活工夫集』(産業経済新聞社、一九四四)といった書物が、本来は軍用目的であった野草レシピ集を一般向けに作り直し刊行した。書き写しているだけで憂鬱になるような書名である。また『主婦之友』を中心とする銃後の婦人雑誌が具体的な調理法を掲載した。斎藤美奈子の『戦下のレシピ　太平洋戦争下の食を知る』(岩波現代文庫、二〇〇二)はこうした野草食に到るまでの、大日本帝国の食糧統制の経緯を丹念に辿っている。しばらくこの本に依拠しつつ、一九四〇年代前半の日本の食生活の変化を辿ってみよう。

一九三九年、価格等統制令が公布され、いかなる物資も公定価格でしか取引できなくなる。

米の自由販売が禁止され、白米禁止令が施行される。翌四〇年には週に一度の「節米デー」が唱えられ、食堂や料理店で米の飯を出すことが禁止された。

節米には具体的に三通りの方法がある。炊飯時に雑炊、お粥、混ぜご飯で、米を増量すること。米の代わりにパンを食べること。イモ、カボチャなどのおかずを工夫すること。パンといってもバゲットやクロワッサンではない。小麦粉に大豆の粉、海草の粉、魚粉、野菜屑を混ぜた、「興亜パン」「興亜建国パン」と呼ばれる蒸しパンである。やがてそれは「だんご」と「すいとん」へと移行してゆく。すいとん(「水団」と書く)とは、何でもよいから手に入るかぎりの豆や米、芋を粉にし、水で溶いて団子にして、汁で煮込んだものである。

配給制度によって通帳がないと買えなくなったのは米ばかりではない。一九四〇年には砂糖、マッチ、家庭用燃料、育児用乳製品が、四一年には小麦粉、酒、食用油、卵、魚が、そして四二年には塩、醤油、味噌まで、ほとんどすべての生活必需品が配給制に移行した。輸送しやすいよう貝は茹でてむき身で、魚は魚種におかまいなく配給。人体に必要な蛋白質を確保するため、これまで飼料用、肥料用とされていた素材が食用として転用された。

一九四三年には「食糧戦」という言葉が口にされるようになる。外地からの食糧供給が困難となり、内地での生産力はガタ落ち。戦地への食糧補給もままならぬといった状況のなかで、配給は遅れたり欠落したりする。一般人は遠方に買い出しか、「闇」に頼るしか手立てがなくなった。燃料節約のため、隣組による共同炊事が奨励された、隣組制度は勤労奉仕と防火訓練、金属供出といった日常のさまざまな局面において、共同監視と連帯責任の基軸となった。配給切符は個人の家庭にではなく、もっぱらこの隣組を単位として配布された。

家庭菜園が奨励された。燃料費を節約するため、まず生食が提唱された。トマト、茄子、胡瓜、葱、とにかく野菜と名が付けば何から何までが植えられた。次に食糧の長期保存のため、収穫された野菜を乾燥させること。大根、ジャガイモ、茄子の葉、キャベツの芯など、これまで捨てていた部分を工夫して調理すること。もはや食べることではなく、食べ延ばすことが求められていたのである。

都市部では学校の校庭からゴルフ場、国会議事堂の周囲までが畑地と化し、ジャガイモ、サツマイモ、カボチャが植えられた。だがそれでも食糧に事欠いた都会生活者は、地方に買い出しに出かけた。戦前にモダンで贅沢な美食に慣れていた都会人は、戦前からはるかに貧しい食生活を強いられていた農民たちの怨恨に、直面しなければならなかった。

カボチャについては『婦人之友』(昭和一九年(一九四四)八月号)に、それこそ若葉から蔓、葉柄、蕾、花に到るまで、実に細かくレシピが記されている。あまりに長いので、要約しておこう。

わき芽に出てくる嫩葉《わかば》は茹でるとホウレン草以上に美味しい。若葉は茹でて軽く揉むようにして細く切ると、青菜同様に利用できるし、夏の食卓に涼味を添える。チリチリと巻いた蔓は芯の繊維が強いのでさすがに食べられないが、嫩葉のそばの真直ぐで細い蔓は茹でると糸みつ葉のようで、味噌汁にいい。葉柄は酢味噌、油炒め、雑炊、混ぜ寿司などなど。蕾は唐揚げか揚げ煮にすると、フキノトウのような味わい。花はさっと茹で、酢の物にするか、そのまま揚げても軽くておいしい。

昭和一桁生まれの日本人がカボチャの蔓まで食べた、もう一生カボチャは食べたくないと思い出を語るのは、このあたりのことを指しているのだろう。ちなみにイタリアではズッキーニの花はフライにするのが定番で、初夏ともなると八百屋の店頭に黄色く可愛らしい花の蕾がキレイに並べられている。こんなことを書くと戦中派の方々に叱られそうで申し訳ないが、ズッキーニが手元にないとき、わたしはよく畑地のカボチャの花を摘んで代用にしていたことがある。救荒食などではない。イタリアではフィオーレ・ディ・ズッカといって、立派な伝統的野菜料理である。

閑話休題。野草の採集と調理が求められるようになったのは、まさにこの食糧危機の時点においてであった。

『主婦之友』（昭和一九年（一九四四）九月号）に掲載されているレシピを引いてみよう。

「**あかざ**＝野草のうち、一番おいしく栄養価の高いもの。ほうれん草代りに、さっと茹《ゆ》でてお浸しに、和《あ》え物に、乾して粉末に。

すべりひゆ＝つるつるした薄赤い茎。茹でて酢味噌で和えると美味しい。
うわばみ草＝薄赤い茎で、欅《けやき》に似た葉。さっと茹でて和え物に。皮を剥《む》いて摺りおろせばとろろ芋代用。
榎《えのき》の葉、葛《くず》の葉＝熱湯にくぐらせて乾して粉にする。パン類には小麦粉の二割くらいまで加えられます。」

「野草を採るときは、枯葉や硬すぎる葉を除き、できるだけきれいなものを集める。／葉の裏や付け根、また茎の根本などには、幼虫や卵、泥などがついているから水洗いを充分にすること。／野草には特有の香や風味がある。また綺麗な花の食べられるものもあるから、それらを生かして調理すれば食事の楽しみも格別でしょう。」（『主婦之友』昭和二〇年（一九四五）四月号）

書き写していて無惨さがこみ上げてくるような文章である。ああ、日本人は空腹を抱えながら、こうした美文のもとに食生活を統制され、結局のところ敗戦を迎えてしまったのだ。飢えたことがあるかないかは、人間を決定的に分割してしまう。世代と世代の間に、絶対に譲り渡すことのできない障壁を作り上げてしまう。イデオロギーはいくらでも隠蔽することが可能だ。だが食の記憶はけっして偽ることができない。いかなる体験が風化したとしても、それは人の世界観の根底に、頑強に横たわることになるだろう。

6

「雑草ということはない。」昭和天皇裕仁はそういった。「どんな植物でも皆名前があって、それぞれ自分の好きな場所で生を営んでいる。人間の一方的な考え方で、これを雑草と決め付けてしまうのはいけない。」

一九六五年九月、皇居・吹上御所周辺の草を雑草として刈ったと侍従らが報告したときの談話である（入江相政『宮中侍従物語』角川文庫、一九八五）

雑草というものはない。「民草《たみぐさ》」という言葉があるように、統治者にとって人民は草に喩えられてきた。草は摘んでも摘んでも、たちどころに生えてくる。いくらでも代わりがある。一度その場所に生えてしまうと、逃げることができないので、簡単に摘み取ったり刈ったりすることができる。草は樹木や美しい花々とは違うので、たとえ刈ったところで、誰もそれを咎める者はいない。

『古事記』上巻に「葦原中国《あしはらなかつくに》にあらゆる現《うつ》しき青人草《あおひとくさ》」とある。「現しき」とは眼の前に並んでいるという意味だ。山中智恵子はこの表現を転倒させて、裕仁が死んだときに次の歌を詠んだ。

青人草あまた殺してしづまりし天皇制の終を視なむ

『夢之書』（砂子屋書房、一九九二）

裕仁は雑草一般なるものを認めず、一本一本の草木にはそれぞれ固有の種名があるといおうとした。生物学者らしい発言である。彼は海洋生物学者として、統治するよりも分類することを好んだ。いや、正確にいうならば、裕仁にとっては分類とは無定形の世界に分節的な秩序を導入することであり、それがすなわち統治であった。そして裕仁が戦争を起こしたとき、その「民草」は道端に生えている雑草という雑草を引き抜き、食用とすることで生き延びようとした。裕仁は何が食べられる雑草で、何が食べられない雑草であるかを知っていただろうか。彼はアザミやオオバコを口にしたことがあっただろうか。

7

「日本は世界の中でも、支那、印度に次ぐ有用食物の豊富な国で、食用に供するものも頗る多いのである。これらの食用食物の研究は、農山村凶作の場合は、勿論のことだが、戦時に於ける軍事上にも、大いに必要であり、銃後の国民にとつても、等閑に附してはならぬものである。食用植物のなかの、山草野草について言ふならば、その中には、単に食へるだけではなく、人体に対する栄養価値のうえから見ても、味覚の点から見ても、田園に栽培する蔬菜《あをもの》に劣らぬものが少くはないので、大きく考へると、これが採集は、食糧増産の一助ともなるのだから、おそろかには出来ないわけである。」

書いているのは大正時代に一世を風靡したコスモポリタン作家、大泉黒石である。黒石はロシアの外交官を父親とし、幼少時から青年時にかけてモスクワとパリで教育を受け、日本では東京の第一高等学校を中退したという、なかなか複雑な家系と経歴をもった人物であった。ここに引いたのは「昭和一八年七月」に刊行された『草の味』(大新社、一九四三)なるエッセイ集で、戦局がもう相当に不利に傾いてきたのだろう、簡素な装幀のうえに紙質も悪い。黒石はかつてベストセラー作家として華々しく活躍していたころの筆名を捨て、「清」という戸籍名で本書を執筆している。

一九四〇年代前半の日本では、前節で書いたように、恐るべき食糧危機が恒常化していた。救荒食物と見なされていた山野の草や水辺の草を摘み取り、代用食糧として役立てようという『草の味』の序文は、いかにも時流に乗った、国策的な発言のように見える。

わたしはこの黒石という文学者が好きで、彼の評伝を上梓したのだが、実は本書も読む前はてっきりその手の便乗本ではないかと思い込んでいた。だが一読してそれが間違いであることを知った。黒石先生、もといロシア風にいうならば、キヨスキー先生は、「決戦生活」やら「食糧増産」などといった流行語をいかにも麗々しく並べているのだが、その実、いささかもこうした言葉を信じていない。たかだか出版許可を得るための口実だと割り切っている。彼が真実描きたかったのは、山村に住む農民たちの、質素ではあるが真正な食生活への共感である。それに対し、都会の堕落した者たちの、不自然にして贅沢な食生活が批判されている。誤解がないようにいうならば、この姿勢は軍国主義化の国民統制のイデオロギーではない。黒石が幼少のみぎり、謦咳に接することのできたトルストイ翁の究極の世界観、小国寡民の農村に隠遁し、自然を友として生きるという思想に拠るものである。

ヤマブドウ、シイノミ、エビヅル、ムク、グミ、コケモモ……以上は実を食べる。
ナズナ、タネツケバナ、ヨメナ、チサ、タンポポ……以上は葉を食べる。
カワラマツバ、ヤマウド、タラノキ、ウコギ、サイカチ……以上は葉、茎、花を食べる。

『草の味』はこうして食用になる山菜と果実を並べ上げ、その一つひとつに註釈が添えられている。だがこの書物の真の面白さは、主に信州の山中を訪れ、集落に住まう者たちとの対話であり、彼らが供する食べ物の妙味である。

沼田街道の掛茶屋で出される蝗《いなご》のつけ焼き。宿屋の朝餉に出される、搾りたての山羊の乳。その傍らの丼のなかの鬼百合の鱗茎《たまね》。シュンランの塩漬けに湯を注いだ白花茶。茹でて酒醤油に浸した山萱草《やまかんぞう》。タンポポの酢味噌和え。さらに強力な毒性をもつ山牛蒡の、細長い根の味噌漬け。

そういえばついこないだ、五月の端午の節句のときだ。「武蔵野電鉄」社長堤康次郎が発起人となって、豊島園で「草を食ふ会」というのに誘われたことがあったなあと、黒石は思い出す。オオバコの味噌汁、ギシギシの酢の物、タンポポの椀盛りといった献立だった。ギシギシは故郷の長崎では日常のおかずであったと、彼は記している。

武蔵野電鉄とは後の西武鉄道である。黒石の回想を読むと、戦時下で財界人たちが集まり、野草を食う会なるものを催していたことがわかる。それが風流心から出たものであるか、緊急なる時局に対応してのものであるかは、にわかには判断できない。おそらくはその両者であったのだろう。

黒石の筆になる野草の〈美食〉ぶりを、戦時下に飢えた文士の痩せ我慢だと呼ぶことはたやすい。同じ信州にいても、都会ものとして差別され、生存のために食糧を調達することに懸命であった白土三平少年であったとすれば、こうした文士の達観ぶりは我慢がならなかったはずだ。とはいうものの、これもまた世を拗ねた混血児の文学者の手になる、時局への屈折した評言であった。黒石は国家の説く食物統制の裏をかいて、みごとな反骨ぶりを披露したのである。

8

大泉黒石は一九五七年に物故しているので、わたしはもちろん生前の彼を知らない。もっとも息子の滉《あきら》さんとは少しだけ交渉があった。わたしが月島で長屋暮らしをしていたことを書いた『月島物語』をもとに、TV局が特別番組を制作したことがあった。そのとき父親である黒石の自叙伝の一節を朗読していただいたのである。黒石はロシアから帰国後、経済的に貧窮して、町工場の立ち並ぶ月島の一画に一時住んでいたことがあり、わたしは自伝からその部分を取り出して言及したのである。

大泉滉は稀代の怪優である。幼くして築地小劇場で『風の又三郎』の主役を務め、天才子役と呼ばれた。戦後は『自由学校』(二作あるが、大映版の方)で、女っぽい腰付きの、当時は「メケメケ」と呼ばれたアプレ青年を演じ、「とんでもハップン」という流行語を流行らせた。ロシアの血を引く美男子でありながら、剽軽なコメディアンでもあり、TVの『ウルトラ』シリーズや『プレイガール』では欠くことのできない脇役だった。もしフランスで俳優をしていたら、ピエール・クレマンティのような活躍ぶりを見せたかもしれない。

滉さんはみごとに格調ある朗読で、黒石の自伝の一節を朗読して下さった。ご父君への敬愛が深く感じられた。いずれお目にかかってお礼を申し上げたいと思っていた矢先に亡くなられたのが残念でならない。

この滉さんにはさまざまな異名があって、一番有名なのが「ポコチン男爵」。これは自他ともに許す女性研究のゆえであろう。次に「野菜人」。これは菜園生活を生きがいとしていたことから来る綽名で、『ぼく野菜人』（光文社カッパブックス、一九八三）という園芸エッセイまで刊行している。

『ぼく野菜人』は興味の尽きない書物である。滉さんはある時期、「完全有機栽培」を主義とし、それを国立市の自宅の菜園で日々実践していた。これはもっと平たくいえば下肥、つまり人間の糞尿で野菜を育てるということで、滉さんは日本人が古代から戦後しばらくまで実践してきた農法の継承者である。

土の性格の読み取り方に始まり、堆肥の作り方、苗のよしあしの見極め方と進んで、トマト、胡瓜、茄子と、順番に野菜作りのノウハウが記されている。その合間にときおり、貧しかった少年時代の思い出が語られている。流行作家であった父親が文壇から干されてしまい、毎日の食事代にも事欠く暮らしとなったこと。小学生のときから朝は納豆売り、学校が終わると近くの町工場でプレス工として働いたこと。混血児だというので虐められ、小学校に通うのが辛かったこと。貧しさゆえにアカザを摘んでお浸しにしたり、ノビルを摘んで自分なりに塩漬けの瓶詰を作ったこと。「遠征」と称して深夜に他人の畑に侵入し、ジャガイモやトマトを失敬したこと。そして何十回となく繰り返された夜逃げ。『ぼく野菜人』を読むと、著者が幼いころから野草を調理し、家庭菜園を耕していたことがわかる。ただひたすら貧しさのためだったのだ。

ここでふと考えてみたのだが、滉さんの菜園生活というのは、ひょっとして父祖の地であったロシアの伝統に繋がっているのではないだろうか。というのもロシアでは代々「ダーチャ」と称し、自宅から少し離れたところに小さな菜園を設け、週末ごとに野菜の栽培や収穫をするという習慣があるからである。ソ連が崩壊する直前、モスクワやレニングラード(現在のサンクト・ペテルブルグ)において食糧危機が深刻化し、いくら行列に並んでも何も食物が得られないといった状況のなかで庶民たちが何とか生き延びることができたのは、ひとえにダーチャで採れる野菜のおかげであったとは、よくいわれることである。

滉さんのお父さんである黒石先生は、幼少のみぎり、父の故郷を訪れたさいに、近所に住む最晩年のトルストイの謦咳に接したという人物である。ダーチャをはじめ、ロシアの農村の生活を身近に知っていた。滉さんはその薫陶を受け、多忙な俳優生活のかたわら、ダーチャでの野菜作りに情熱を傾けていたのではないだろうか。

『ぼく野菜人』は作物を育てるにあたって腐葉土がいかに大切であるかを説いている。これは黒石・滉の父子にもいえることではないだろうか。築地小劇場に突然に出現した天才子役は、一代のものではなかった。彼はその背後に父親の、さらにその背後にトルストイの地所の近くに生を享けた祖父、つまりロシア外交官だった人物の物語を携えていた。そしてそれらをグラムシのいう「文化の腐葉土」として、俳優兼農夫として生きたのである。

痛快ではないだろうか。

四方田犬彦が執筆で忙しいときに作る、ものすごく簡単な料理一覧

（SPとはサレ・エ・ペペ、塩と胡椒の略号）

焼きスパ

前日に食べ残してしまったスパゲッティに、かきまぜた卵と粉チーズを絡め、フライパンで焼く。裏側が少し固目に焦げるくらいがいい。

セビーチェ

鯛でもサーモンでも何でもいい。刺身用の魚に少し多めにSを振り、レモンを廻しかけ、冷蔵庫にしばらく入れておく。肉が白くマリネされたところで大皿に盛る。玉葱、胡瓜、ピーマン、トマト、茹でたジャガイモとかトウモロコシなどを脇に配する。ペルーを代表する料理。

ビスマルク

頭の部分を傷つけたり、茹で過ぎたりしないように気を付けながら、緑のアスパラガスを茹でる。皿の上に放射線状に並べ、溶かしバターをかけ、チーズを下ろして振りかける。最後に真ん中に目玉焼き

を載っける。イタリア人はいつもこれを「ビスマルク」と呼んで大好きなのだが、どうしてドイツの宰相の名前がついているのか、誰も説明してくれない。料理の名前は案外そのようなものだ。

ロシア・サラダ

キャベツをちぎっておく。ニンジンと胡瓜は輪切り。蕪は蜜柑切り。すべてにSをまぶし、もむようにして三時間ほど放置しておき、水分を軽く絞る。その間にドレッシングを拵える。酢1にオイル3にSP、隠し味に唐辛子一本か二本。砂糖も少し。以上を小鍋で火にかけ数分。最後にほんのわずかの胡麻油。このドレッシングをしんなりとした野菜の上にジュワッとかけて冷やす。翌日から食べられる。このサラダもどうして「ロシア」という形容詞がつくのか、母親が頑強にそういっているばかりで、詳しくはわからない。おそらく日本のいろいろな家庭に、自称「ロシア・サラダ」があるのではないだろうか。

カラブリアのスープ

キャベツを刻み、ラードで炒めておく。スープ(本当は牛のすね肉から取るのが一番いいが、そんな手間をかけられないときは、インスタントでも何でもいい)にキャベツを入れ、SPを振りかけ、火にかけておく。何時間でもトロトロになるくらいがいい。食べるときには深皿に古パン(ラードを塗っておくといい)を敷き、上からスープをかける。チーズを下ろして振りかける。イタリアでもっとも貧しい地方のスープ。しかし美味である。

パンの耳

食パンの切り落としの耳を集め、日に乾かしておく。油で揚げ、砂糖とシナモンを振る。焦がし過ぎてはいけない。

貧乏人のペキンダック

スーパーで鳥皮をごっそり買ってくる。フライパンで炒めて、余計な脂を落とす。大き目の餃子の皮を片面だけ、これもフライパンで軽く炙っておく。この餃子の皮で、鳥皮、細切りにした胡瓜と葱を巻く。甜面醤とか海鮮醤を少しつけて食べる。本物の合鴨が手に入らないとき、お金をかけず即席でできる、そっくり料理。

ビゴリ

ジャガイモの皮を剥く。キャベツを手でちぎる。大鍋で湯を沸かし、ジャガイモ、キャベツ、スパゲッティをいっしょに投げ込んで茹でる。茹で上がったら、オリーヴオイルとSPをかける。

イタリア北部山岳地帯にちゃんとある料理で、本当はビゴリという蕎麦系パスタを用いる。だから蕎麦を突っ込んでもいいが、その場合には茹で過ぎないよう、気を付けなければいけない。

ヤキソバージュ

前日に作りすぎた焼きソバを翌朝、切り目を入れたパンに突っ込んで食べる。パンはバゲットでもコッペでも、何でもいい。紅生姜があると完璧。イタリアの列車駅のキオスクにはそっくりのものがある。

トウモロコシ

トウモロコシを茹でる。Sをまぶし、レモンをかけ、マヨネーズを塗る。最後にチリパウダーを振りかける。メキシコの田舎で長距離バスに乗ろうとしていたとき、停留所のそばの屋台でインディオのお姉さんが売っていたものの再現。

キムチ焼きソバ

残って酸っぱくなった白菜キムチを油で炒め、焼きソバの具にする。キムチは豚や油と相性がいい。

とにかくパスタ

イタリアでは金のない学生が誰かの部屋に集まって、深夜までお喋りをしていると、お腹が空いてくる。誰かが、それじゃあという感じで台所に立つ。湯を沸かし、スパゲッティでも、マカロニでも、リガトーニでも、オレッキエッテでも何でもいい、パスタを投げ入れる。茹で時間の違いさえ気を付けていれば、抽斗に残っているパスタを片っ端から入れてしまってかまわない。

ソースは前もって準備などしない。パスタを茹で始めてから、その場で適当に考える。オリーヴオイルに大蒜と唐辛子を刻んで入れたものが基本で、後はアンチョビだろうが、パンチェッタだろうが、カッペリだろうが、冷蔵庫にあるものを投げ込んで炒めていれば、それなりにさまになる。何もなくったっていい。ローズマリーノとか、クミンとか、その辺に転がっているいろいろなスパイスを適当に混ぜて、オリーヴオイルで炒めるだけで、とてもいいソースができる。

日本のイタリア料理店に入ると、こうしたパスタにちゃんと値段をつけられ、メニューに並んでいる。ぼったくりじゃないのと、ヤマザキマリさんは怒っていた。

白切鶏《バイチェチー》

葱、大蒜、生姜を茹でて、鶏を突っ込む。火を消してそのままにしておく。冷えたら取り出して、胡麻油を塗っておく。鶏は適当に切って食べる。とりわけ皮が美味。ゆで汁は掛値なしのチキンスープだから、これでご飯を炊き込む。

塩だけのサラダ

トマト、胡瓜、蕪、セロリ……なんでもいいから野菜をブツ切りにして、Sを少しキツ目にかけておく。玉葱はスライスして水で晒してから参加。パセリでも、オレガノでも、その辺にあるハーブ、スパイスを好きなようにかけて混ぜて、冷蔵庫に突っ込んでおく。いつも油や酢をかけたサラダを食べつけていると、こういったアッサリ系の一皿の清涼感は格別。

茸のマリネ

オリーヴオイルと酢、水、つぶした大蒜、粒のままのPを鍋に入れて蓋をし、弱火で一五分ほどグツグツ煮る。ローレルを入れるともっといい。どんな茸でもいいから、汚れをとって(水洗いは禁物)その鍋のなかに入れ、五分ほど炒めるように茹でる。ときどき混ぜてやる。茸はいくら投げ込んでもいい。すぐにシュンと縮んでしまうから。

タブレ

大量のパセリを刻む。玉葱、トマト、胡瓜も刻む。大麦の挽き割り(ブルグル。なければクスクスでかまわない)を水で戻し、先の刻んだ野菜に合流させる。レモンとオリーヴオイルを混ぜる。クミンとかコリアンダーがあれば、これも加える。最後にミントをちぎってトッピングすると完璧。世界でただひとつパセリ主演の料理で、レバノンやエジプトではいつも食べている。

パンチェッタ

豚バラの塊にその五%の重さの塩をまぶし、一晩は裸で冷蔵庫に突っ込んでおく。翌日からピチットシートに包み、輪ゴムできつめに止めておく。シートを毎日取りかえておくと、どんどん水分が落ちて、肉が締まっていく。二週間くらいで塩漬け豚が完成。気分はヨーロッパ中世である。パンチェッタを少しずつ削ってカリカリに炒めれば、パスタにでもサラダにでも何でも重宝する。高級スーパーマーケットでは信じがたい値段で売っていたりするが、簡単にできる。これを燻製したものをベーコンと呼ぶ。

トマト・パン

バゲットをスライスしてトーストする。ザラザラになった表面に大蒜をすりおろしたものを擦《なす》り付け、オリーヴオイルを垂らす。トマトを半分に切って、パンの切り口に擦り付ける。

鰻丼そっくり

エリンギをチョップし、鰻のタレを塗って焼く。ご飯の上に載せて(もしあるならば)山椒の粉を振りかける。

ミネストローネ

鍋でパンチェッタをカリカリに炒め、次にチョップした玉葱を加えて炒める。冷蔵庫に残っている野菜を片っ端からチョップしてその上に載せ、大量の水を加え煮る。野菜の灰汁を掬《すく》う。チキンスープとか固形ブイヨンを入れる。とにかく四時間でも六時間でも煮る。だんだん台所に立ち込める香りが変化してくる。いつもの、あの香りになってきたなあと思ったら成功。食べる前にSP。

トンマヌル・チャンアチ

大量に大蒜を買ってくる。日本産は高いから、もちろん中国産でいい。薄皮を残すまで剥いて、そのまま丸ごと酢に漬け込み、二週間後に取り出す。水、塩、醤油、砂糖を混ぜ、火にかけて冷まし、漬け込んでいた酢を注ぎ入れる。といっても大量に注ぐことはない。適当に1/3くらいでいい。こうしてできた漬け汁で大蒜を漬け込む。重石があった方がいい。二〜三カ月で食べることができる。甘酸っぱい味である……しかし、ここからが重要。この漬け汁が餃子のタレに最高にいいのだ。

韓国はイタリアと並んで、スローフード王国である。とりわけ茄子でも白菜でも、青唐辛子でも、何でも漬け込んだものをチャンアチという。松茸でさえも、遠慮なく漬け込んでしまう。

シイタケのイシヅキ

バター炒めにする。炒飯に入れてもよい。唐辛子といっしょに醤油漬けもあり。

ソバ飯

焼きそばを短く、一〜二センチに切っておく。ご飯と焼きそば、それに細かく切ったキャベツを混ぜ、ゴマ油で炒める。もちろん豚肉があればいいが、別になくともいい。戦前に神戸の工場で働く女性たちが、焼きソバ屋に冷や飯をもっていって温めてもらったのが始まり。

チャンキムチ

白菜、大根、芹、アサツキ、春菊といった、秋から冬の野菜を適当な大きさに切っておく。醤油と水、若干の砂糖で漬け汁を拵え、野菜を漬け込む。白菜だけは少し早めにした方がいいかもしれない。大蒜のスライスも入れる。梨や栗があればもっといい。漬けて一時間くらいで、すぐに食べることができる。実に韓国の田舎の秋という雰囲気がしてくる。時間が経つと野菜の水分が過剰に出てしまい、漬け汁が緩くなって料理全体に威厳がなくなってしまう。簡単に作って簡単に食べてしまうのがいい。チャンとは醤油のこと。

バインミー

バゲットに深い切り目を入れ、なかにバターを塗っておく。焼豚、ハム、ソーセージ、レバーペースト、胡瓜、ニンジン、香菜（パクチー）などを適当に詰め込む。何でもいい。ニンジンはあらかじめ千切りにして、ニョクマム＋砂糖＋酢にしばらく漬けておくといい。ヴェトナムで普通に食べられているサンドウィッチ。

タラのノルウェー漁師風

タラとジャガイモを熱湯で茹でる。ただそれだけ。鍋ごと食卓に置いて食べる。好みでバターを載せたり、Sを振りかけたりしてもよいが、とにかく大量に食べる。冬のオスロではマトモなレストランで注文した場合、一通り食べ終わると、すかさずまったく同じものがもう一度運ばれてくる。

貧乏人のアスパラガス

葱を、バターを入れた水で茹でる。水はひたひた程度でいい。これを冷蔵庫で冷やしておき、その間にソースを作る。オイルとヴィネガー、マスタード、パセリ、もしあればカッペリにSPを混ぜれば、ソースができる。冷えたネギにこのソースを加える。白いアスパラガスだと心に念じて食べると、本当にそんな気がしてくるのが不思議。

レバカツ

牛レバーをとても薄く、五ミリ幅くらいに切り、二十分くらい水に漬けた後で、酒、大蒜、SPで四十分くらい漬けておく。小麦粉、卵、パン粉をまぶして油で揚げる。月島に住んでいたころ、吉本隆明さんが遊びに来ると近くのレバカツ屋に食べに行った。今でも島に、一軒だけ売っている店が残っている。

II

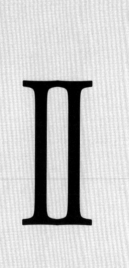

偶景

誰の心だって　いつかは飽きてしまう。
何もかもに、眠りにも、
踊りにも、歌にも、愛にも。
どれも舌のお喋りよりは大切だ。
でも心は　舌の満足を知ることはない。

レオパルディ

あの身振り。記憶のなかに今でも蘇る、あの人たちの身振り。

右手の親指と人差し指を器用に用い、クスクスに汁気を塗《まぶ》して口に運ぶモロッコ人。大きな腰を床に下ろし、臼のなかのパパイヤの実を杵で搗《つ》き潰すタイ人。鉄板のうえの薄いクレープを楽々とひっくり返し、ハムやチーズを載せるや、さっと四つに畳んで客に渡すブルターニュ人。茹でたトウモロコシにライムの汁をかけ、マヨネーズを塗りたくった後でチリパウダーを振りかけるユカタン半島のインディオ。大きな葉の上に盛られた米を摑み上げるインド人。リストランテの白い柵と芝生を軽々と越え、茹で上がったばかりの豚足を運んでくる、屋台のナポリ人。片手にお銚子とぐい飲みをもち、巧みに酒を注いでみせる日本料理店のアメリカ人。

わたしが想い出すのはそこで食べたものの味覚ではない。人々の、まったく自動化された身振りであり、作法であり、調理法だ。その簡潔さ。それを眺めていることの幸福。

メキシコシティーの市場で、十種類の唐辛子を買った。店の親父は父親の代から唐辛子ひと筋だといい、ひと袋ごとに紙に名前を書いてくれた。

一番大きいのがパシーヤ。二十センチくらいで三日月の形をしている。色は黒みがかった紫色。どことなく憂鬱そうな感じだが、齧ってみるとそれほど辛くなく、煙ったい甘さがある。次に大きいのがアンチョ。巨大なピーマンを平べったくしたような感じだ。厚い果肉を齧ってみると、みごとに辛い。ワヒーヨは太く、長さは一二センチ。暗紅色。プヤはもう少し小さい。

ひどく細い、というか華奢な感じのするのがアルボル。カスカベルは二センチに満たない。スペイン語で鈴という意味だ。とはいえ、可愛いと見えても油断はできない。猛烈な辛さである。

唐辛子の辛さの単位はスコヴィルである。アメリカの農業研究所に勤務するウィルバー・スコヴィルが開発した辛味測定テストによるもので、アマール・ナージの『トウガラシの文化誌』(晶文社、一九九七)によれば、その基準は公的に認められているらしい。現在では機械を用いて測定するが、最初は人間の舌を用いていた(人体実験と呼べるのだろうか)。唐辛子をアルコールに一晩漬けて辛味の化学物質を抽出し、砂糖水をどんどん加えて希釈してゆく。舌がついに辛さを認識できなくなったときの希釈倍率をもって測定の数値とする。たとえばピーマンは〇スコヴィルである。タバスコは三万から五万スコヴィル。日本の三鷹は五万から六万。カイエンヌ・ペッパーは十万から十・五万。ナージの研究書の時点では世界でもっとも辛いとされているハバネーロは三十万スコヴィルである。今ではさらに辛い、キャロライナ・リーパーが出現した。百六十から三百万スコヴィルらしい。

スコヴィルという言葉は日本語の「すこぶる」に似ている。宮武外骨がかつて刊行した雑誌の名前だ。

ハバネーロは料理に使ったことがあるが、とにかく猛烈に辛い。直に手で持ったりすれば、その手が触れたところが大変なことになるので、ビニール製の手袋で扱わなければならない。

わたしの知人は何も知らずにこの小悪魔を生で齧ってしまい、救急車で運ばれた。

ハバネーロはキューバの首都ハバナの産かといえば、そうではない。マヤ語で「犬の鼻」という意味のソースの素となる。キューバには、わたしの知るかぎり辛い料理はないような気がする。極辛の好敵手はタイのピッキーヌだ。赤も辛いが、とりわけ緑のものが相当に辛い。こちらはタイ語で「鼠の糞」という意味である。バンコクの食堂でトムヤンクンを註文すると、赤や緑のピッキーヌがびっしりと浮かんでいる。


メキシコシティーで買った唐辛子は、煮込み料理に使ったり人にあげたりしているうちに、いつの間にかみんななくなってしまった。わたしは自分が携えてきた幸福を、人々に拡散させたような気がした。唐辛子には独自の甘さがあり、どの品種もそれぞれに異なった風味をもっていること。唐辛子は小さければ小さいほど辛いこと。この二つがこのときの教えだ。

辛いものを食べるというのは食事とは違っている。ボクシングのような格闘技をしているような気がする。ただわたしの知るかぎり、韓国人も、タイ人も、インド人も、辛さを競い合うことに何の関心ももっていない。これは香辛料の歴史の浅い日本に特有の、愚かな現象ではないだろうか。

◎

食べることはつねにファッションと深く結びついている。といってもティラミスが流行ったかと思えば、もつ煮込みがブームになるといった次元の話ではない。食をめぐるイデオロギー的なコードにおいて組み換えがなされるという意味である。

健康のコードはつねに不変である。しかしカロリー過多による肥満を避けるためのダイエット法は、猫の目のように変化してゆく。食品添加物をめぐる警告は無限に繰り返される。魚が危ない、今度は鳥が危ないといった風評。あるものを食べると癌が誘発され、別のあるものを食べると癌に罹らないという、一見科学的な「情報」。

現代社会においてもっとも新しいコードは、消費者の倫理に関するものだ。消費者のイデオロギーとは、美食の快楽を最大限に拡大することにほかならない。グローバル経済のなかで、それは最大限に拡大される。われわれは宅配便を通じて世界中の高級食材を入手することができるし、高級フランス料理から高級「和食」までを堪能することができる。ここに実現されているのは、一見したところ、個人消費者の選択が全能であるかのように見える大衆消費社会である。

それに対し、ブルジョワ的な良識市民のイデオロギーが横槍を入れる。良い食物とは美味しい食物ではない。それは道徳的規準を満たしていなければいけない。この料理を食べることは地球全体の環境に、人類以外の生物の生命にどう関わっているのか。こうした倫理的枠組みを突きつけられたとき、消費者はそれに対し一定の反応を示さなければならない。みずからを他よりも卓越した、差異化された消費者であると自己確認するためには、倫理的な食事を営んでいなければならないのだ。グルメが政治的無関心を標榜していた時代は、とうに過去に退いてしまった。食において卓越性を顕示したい者は、自分が環境破壊に反対であり、動物愛護の精神に共鳴し、資源問題に自覚的であることを、言動において示していなければならない。わたしはステーキを前にしたとき、つねに貧困児童のことを念頭においております。苦痛をもたらす残虐な形で屠畜された肉は、誓って食べません。地球にやさしい有機野菜のサラダとワインしか口にしません。グローバリゼーションには疑問なので、努めて地元の有機食品を購入し、地産地消を心掛けています……。消費者は自分の聡明さを証立てるために、健康と肥満に留意するばかりでなく、こうした環境保護に積極的な関心をもっているという姿勢を示さなければならない。

とはいうものの、そこには触れてはならない限界が存在している。今日の世界を支配している経済的な不均衡と民族差別、階級間の隔たりについては、つねに穏健な態度で接し、明確な批判精神を発揮してはならないのだ。

美食はしたいが、倫理的コードを無視するわけにはいかない。飽食に徹したいが、地球規模での飢餓と汚染に対しては良心的姿勢を示さなければならない。今日の消費者はいくえにも囲まれたコードによって許され、猫の額のような場所に立ちながら、美食の自由を謳歌しているという「自由の幻想」(ブニュエル)を生きている。われわれの最新流行のファッションとはそのようなものである。

人は死んで名を残す。名を残すには三通りの方法がある。数学、病気と料理だ。

ピタゴラス。ガロア。ロバチェフスキー。ラプラス。数学上の偉大なる定理を発見したり、困難な問題を解いた者たちの名前だ。彼らは不朽の存在となり、栄光に輝いている。

ハンセン。アルツハイマー。ベーゼット。これらはすべて病気を発見したり、その治療に貢献した者たちの名前だ。彼らの名は現在、その病名に痕跡を留めている。

シャリアピン。蘇東坡。ストロガノフ。サヴァラン。サンドウィッチ。それが事実であったか物語であったかは重要ではない。彼らの名前は料理に記されることで、いまだに記憶されている。「聖ジョヴァンニのスパゲッティ」は聖人伝説に因んでいて、それを考案した者たちの信仰の共同体を想起させる。

ハンセンはハンセン病の、ブリア=サヴァランはサヴァランの作者なのだろうか。いずれも違う。彼らは患者でもなければ菓子職人でもない。患者と菓子職人は無名の存在である。では彼らは何をしたのだろう。神話的な探究をしたのだ。

中世に到るまで、博物学や錬金術、医学、天文学をめぐる知には、それを発見し学説として説いた者たちの固有名詞が付けられていた。ピタゴラスの養生法。ガレノスの医学。ケプラーの法則。もっとも近代に入ると科学は特定の個人の説く学説の次元を超え、普遍的な真理であると見なされることになった。知は本質的に匿名であり、特定の個人に帰属するものではなくなった。固有名詞はたとえ言及されることがあっても、単なる符牒以上の意味をもたなくなった。

文学の場合、事態は逆である。叙事詩や説話物語集には、もとより作者の名前が与えられたことがなかった。『マハーバーラタ』から『ロランの歌』『今昔物語』まで、作者や編纂者はどこまでも顔を欠いた、匿名の人物である。文学が固有名詞に従属し、作者の内面を表象して作者に帰属するものだと考えられるようになったのは、たかだか時代が近代に下ってからの現象にすぎない。作者という観念はいつか歴史的役割を終え、消えてしまうことになるだろう。

固有名に関するかぎり、食文化はどういう場所にあるだろうか。一九世紀までの神話的な探究者の時代は過ぎた。なるほど現在でもファッションフードは次々と出現し消滅する。だがその一つひとつに考案者の名前が記されることはあるのだろうか。まずありえない。料理には文学や音楽のような意味での著作権がない。ある料理が評判になると、ただちにそれに倣ったものが出現して流行となる。最初にその料理を考案した者も、時間が経つうちにそのスタイルやレシピを変えていく。すべてがつねに流動的である。正典や定本という観念は成立しない。どの一皿も本質的にすべて異稿（ヴァリアント）なのだ。

◎

わたしの手元にあるヴィンチェンツォ・ブオアナッシージ『新パスタ法典』（読売新聞社、一九八九）には、一三四七種類のレシピが掲載されている。厚さ七センチのこの書物を入手して、すでに三十年以上の歳月が過ぎた。試みたものの横には日付と短いコメントを記してきたのだが、その数はまだ二百種類にも達していない。

レシピはきわめて簡潔かつ機能的に書かれている。もっとも著者の筆が滑ったのか、ときおり考案者の来歴が記されていたりする。桃風味のスパゲッティには「この調理法はスパゲッティの詩人、エミリオ・レゴナスキによるものである。」と、スパゲッティのもやし和えには「若いダニエーレ・ムラーラがホテル学校のコンクールで優勝したときのもの」であるという添え書きがある。この料理は極貧で死んだ詩人何某の考案になるものであるといった註記を発見したときには、何が何でもそのパスタを調理しなければならないという気持ちに駆られた。

料理に固有名詞が添えられることは、今日ではきわめて稀になってしまった。時代遅れといってもいい。だがそれは貴重な記憶の痕跡であり、とりわけパスタが優れたものに仕上がった場合、ポエジーを湛えている言葉のように思われる。

◎

自分が死んだら、遺骸を砂糖のシロップ漬けにしてほしい。わたしは長い間、こう遺言した人物がシャルル・フーリエであったと、てっきり思い込んでいた。何冊もの評伝と研究書を渉猟してみたが、どこにもそのような記述はなかった。ひょっとしてそれはブリア＝サヴァランではなかったかと、今になって思い直している。これから調べてみなければいけない。

フーリエと縁戚関係をもち、『味覚の生理学』を著したこの料理愛好家は、現在でも洋菓子の名前として記憶されている。ブリオッシュにラムやキルシュをかけ、生クリームやイチゴなどを飾り付けたケーキのことだ。何と名誉なことだろう！　この人物の遺言として、シロップ漬けほどにふさわしいものがあるだろうか。

◎

イスラエルに滞在していたときの居心地の悪さ。

ユダヤ人はつねに語っていた。イスラエルには世界中の料理があります。なぜなら世界中のユダヤ人が集まって造り上げた国だからです。

現実はというと、確かにテルアヴィヴにはルーマニア料理店も、ポーランド料理店も、シリア料理店も存在していた。もっとも最後のものを除けば閑古鳥が鳴いていた。がらんとした店内には、いかにもルーマニア（あるいはポーランド）生まれと思しき老女が独りいて、寂しそうに食事をしていた。寒々とした光景だった。ノスタルジアに駆られたのだろう。若者たちでにぎわっていたのはシリア料理店だけだった。

スーパーマーケットはロシア語の世界だった。ソ連解体後、ユダヤ系ロシア人が大挙して移民してきたからだ。彼らはあっという間にTV局を設け、ロシア語専門書店を作り、スーパーを経営した。ヘブライ語を真面目に学ぼうとする者は少なかった。彼らはけっしてロシア語を手離さず、夏になるとモスクワやサンクト・ペテルブルグに避暑に戻った。

スーパーの店員はいつも大声でお喋りをしていた。わたしは買い物に行くたびに、昔習ったカタコトのロシア語を口にすることになった。ロシアから来た者たちは平然と豚を食べていた。

テルアヴィヴ大学の学生食堂では、タイ料理とイタリアのパスタのコーナーがあった。どちらも学生で混んでいた。後者ではパスタはフェットゥチーネ、スパゲッティ、ペンネといった風にではなく、単にA、B、C……とアルファベットで記されていた。ソースもミートソースやトマトソース、茸ソースではなく、1、2、3……と記されていた。ミートソースのスパゲッティを註文する場合には、Bの1と大声で叫ぶのである。

イタリアでも、いや日本でさえも、こうした略号化は許されないだろう。一つひとつ、パスタは種類に応じて形状も太さ、大きさも異なっており、どのようなソースを絡めるかは、必ずその形状に対応していなければならない。頑固なまでに伝統に固執するイタリアの地方人にとってトマトソースのペンネはありえても、ミートソースのペンネは想像不可能であり、シュルレアリスムだと呆れ返ることだろう。

食景におけるこうしたすべての光景は、イスラエルのユダヤ人が歴史的な伝統から引き離され、建国と同時に戦争体制に入って現在に到っていることを意味していた。伝統に基づいた料理を享受していたのはパレスチナ人とミズラヒーム(アラブ世界から渡来したユダヤ人)だけであるような気がした。

イスラエルのユダヤ人たちはいつも旺盛に野菜サラダを食べていた。わたしにはその理由がわかった。野菜の生食は二〇世紀になってようやく世界で一般化したことであり、そこにはエスニシティも歴史も存在していないからである。

◎

諏訪大社上社前宮では、四月一五日になると御頭祭《おんとうさい》と称して、十間廊《じゅっけんろう》に七五頭にわたる鹿の首の剥製が並べられる。江戸時代の民俗学者、菅江真澄の記録を紐解くならば、かつてそれは屠ったばかりの鹿の生首であった。さらに歴史をさかのぼると、鹿の全身が供犠として供せられていた。日本の神道がかつてこうした生々しい供犠を執り行っていたことは、わたしを恍惚とさせる。

「諏訪縁起事」を読むと、巻き狩りの日に甲賀三郎を誘惑するのが巨大な鹿である。その隙に山の天狗が悪計を企み、美しい稚児を遣わして春日姫を拉致してしまう。三郎は姫を求めて人穴を探り、ひとたびは彼女を発見するが、その後数十の地下の国々を彷徨うことになり、蛇身となって地上に帰還する。この物語でも鹿が大きな役割を演じている。

◎

わが子を貪り喰らうサチュルヌス。

自分の子供たちを育てるため、大勢の人の子供を食べて来たハーリーティ(鬼子母神)。

みずからの血と肉を口にせよと弟子たちに語るイエス。
いたるところで聖餐の名のもとに生々しい供犠が行われている。
わたしが今、食べているものとは何か。
わたしは自分の愛の対象を食べているのか。
それとも憎悪の対象である宿敵を食べているのか。

◎

誰もがその存在を忘れてしまった水族館の地下の水槽のなかに、一匹の蛸が棲んでいる。天井のガラス窓から悲し気な光が差し込むことを除けば、薄暗い岩陰に潜むこの生物に気を留める者はいない。誰もがもう蛸はとうに死んでしまったものと信じ、忘れ去ってしまった。だが彼はガラス窓の水槽に溜まった腐った海水のなかで、何日も何日も、恐ろしい飢餓に苛まれながら生きていた。

蛸は自分の足を一本ずつ食べることを学ぶ。一本、また一本。すべての足を食べきってしまうと、今度は胴を裏返して内臓を食べ始める。こうして彼は自分の身体のすべてを食い尽くしてしまう。外皮も、脳髄も、胃袋も、完全に消化してしまう。

ある朝、水族館の番人が地下に降り立ち、水槽を覗いてみる。そこには何もない。ただ汚れたガラスのなかに藍色の澄みきった潮水があるだけで、海藻が力なく揺れているばかりだ。蛸の姿はもうどこにもない。

「けれども蛸は死ななかつた。彼が消えてしまつた後ですらも、尚ほ且つ永遠にそこに生きてゐた。古ぼけた、空つぽの、忘れられた水族館の槽の中で。永遠に——おそらくは幾世紀の間を通じて——或る物すごい缺乏と不滿をもつた、人の目に見えない動物が生きて居た。」

萩原朔太郎の晩年の散文詩「死なない蛸」である。

おそらく蛸は身体を消滅させた後も、海水のなかに爛爛とした両眼だけを残して、到来者を睨みつけているのだろう。いや、もはやその両眼もなく、ただ強烈な執念だけとなって水中に潜んでいるのだろう。ここで忘れてはならないのは、最初、この見捨てられた水槽の中に溜まっていたのが腐った海水であったということだ。それが蛸が消滅した後になると、藍色で澄みきった水と化している。蛸のグロテスクな身体が消滅するとともに水は浄化され、美しい晴朗を湛えるようになった。残存しているのは純粋な観念、永遠に不滅であるような蛸のイデアばかりであって、それは人間の目には見ることができない。

蛸は極限的な飢えを契機として、身体から解放された。もはや生臭い生餌を摑み取る手足からも、それを消化する胃袋からも、さらに外界である海水とみずからを隔てている外皮からも解き放たれ、純粋な観念へと変身した。だがそれが「物すごい缺乏と不滿をもつた」怨恨に満ちたものと書きつけるところから、朔太郎に独自な世界が展《ひろ》がっていく。この目に見えない蛸は不滅の身となりながら、けっして購われることのない「缺乏と不滿」を口にしている。永遠にわたって癒されることのない欠落、回復されることのない喪失を宿命として生きている。

いったい飢餓に襲われたとき、自分の身体を切り刻んで口にして生き延びるということが、はたして人間に可能なのだろうか。まずそれはありえない。朔太郎の散文詩の根底にあるのは強烈な寓意主義であって、それは時代閉塞の状況のなかでの知識人の姿を、不気味な隠喩として浮かび上がらせている。

◎

「死なない蛸」は一九二〇年代に執筆され、遺作詩集『宿命』に収録された。この散文詩がわたしに比較を強いるのは、同じく忘れられた者の食を主題とした、フランツ・カフカの短編『断食芸人』である。『断食芸人』は一九二一年から二二年にかけて執筆されたと推測されている。それは作者の死の二年前に当たっている。

『断食芸人』の主人公は、何十日ものを食べないで生き続けることを売り物とする、サーカスの芸人である。この危険な見せ物が開始されたとき、見物人たちは彼の勇気に喝采を送る。とはいえ断食の日が続くうちに関心を失い、しだいに見向きもしなくなる。それでも彼はサーカス小屋の片隅で、いつもながらに断食の実演を続けている。その存在はもはや誰からも忘れられてしまった。

あるときこの芸人は飢えのあまりに死んでしまう。その直前に誰かが尋ねる。どうして断食の芸当などを始めたのですか。彼は答える。食べたいと思うものが見つからなかったからですよ。

『断食芸人』の主人公は朔太郎描くところの蛸の対極に位置している。彼は生に執着を示そうとしない。もはや何も口にしようとは思わないのだ。断食芸人は蛸と同じように、誰からも見捨てられて死んでいく。だが蛸とは違って、永遠の相において不可視の存在たるわけではない。最後にアイロニカルな言葉を吐くと、死とともに完全に消滅してしまうのだ。食べないとはどのような行為か。それは自分を生きさせようとする生の世界に対する、全面的な拒否である。

この芸人の行為にもっとも対立しているのは、世界中で行われているハンガーストライキである。抵抗運動としてのハンガーストライキには、実現すべき政治的目標が明確に存在している。北アイルランドの、イスラエルの、北京の獄中で、あるいは東京数寄屋橋の路上で、人々は食物を拒絶し、みずからの生命を危機に晒すことで、権力に対して異議申し立てを行なってきた。権力側は何とかそれを阻止しようとして、無理やりに食物を食道に流し込むといった暴力的な対応を続けてきた。ハンガーストライキにおいて重要なのは、それが公共圏における示威行為であることである。衆人が注目しないかぎり、それは意味をもたない。逆にいうならば、ハンガーストライキを極限まで推し進めていくと、後は焼身自殺しか残されていないことになる。

断食芸人の断食には何の意味も目的もない。それは徹底して自己完結した行為である。なるほど彼は最初のうちは観衆の注目を浴びるものの、その栄光は長くは続かない。断食は何人の眼差しも届かないところで、いつまでも続けられる。恐るべきことは、というよりそれが断食の本質的なことなのであるが、この行為にはあらかじめ期限が設定されていないという事実である。実現されるべき目標がもとより不在であるため、断食はひとたび始めてしまうと終了宣言の出しようがないのだ。この苦行にも終わりがあるとすれば、それは苦行の主体の死の瞬間である。原理的に終局をもたない行為のさなかにあって、肉体の危機から死に瀕しているにもかかわらず、断食芸人は不死を生きる。彼はつねに死への待機のうちにある。だが翻って考えてみよう。死への待機という点において、人はすべて断食芸人と同じ場所に立っているのではないだろうか。たとえ美酒に酔い、飽食を重ねる日々を送っていたとしても、われわれはその終わりなき快楽追及の途上にあって、ただ死の到来を待っているだけではないか。

◎

あらゆる詩は音楽を目指す。世紀末の象徴派詩人たちはそう信じて疑わなかった。それでは同じことが料理においてもいえるだろうか。あらゆる料理は液体、つまり滋味に満ちたブイヨンであることを目指すと。

スープは流行遅れになろうとしている。真剣にスープを作ろうと思い立つならば、経済効率に見合わないと、わたしの知り合いのシェフはいう。

スープに目覚めたのはコソボとベオグラードだった。とにかくスープしかなかったのだ。ボールペンのインクが凍るような真冬に、空爆と一斉射撃によって破壊された建物の間を彷徨い、ようやくホテルに戻ってきたときには、身も心も凍てついている。それを解《ほぐ》すには熱いスープしかない。そして食糧事情の悪い敗戦国の食堂は、スープ以外のメニューを出すことができなかった。それは地上でもっとも安堵を保証してくれる食物であるように思われた。

◎

あるときわたしは「会席料理」を自称する宴の席に招かれる。もちろん徹底して世俗化された宴だ。何と退屈な料理だろう！　細々としたものが、それぞれに大きさや形の違う皿や椀に載せられて登場するのだが、どれも記憶に残らない。紅葉をあしらった先付も、凝った造りの刺し身も、天婦羅も、蒸し物も、すべてが香りを欠いたまま陳列されていくばかりで、そこに給仕の長々とした説明がつく。味はない。味覚を感じるにはどれもが極小である。視覚の愉しみがないわけではないが、それはひどくステレオタイプに満ちたもので、未知の驚きはない。とはいうものの、わたしは招いてくれた人に礼を欠いてはいけないので、一粒ずつイクラを箸で抓みながら口に運ぶことにする。

　あるときわたしの家にお節料理のお重が届けられる。何と退屈な料理だろう！　碁盤の目のように細かく仕切られた重箱のなかには、小魚や野菜、海藻、鶏肉、練り物の煮しめや和え物がびっしりと詰められている。箱は三段からなっているため、およそ八十種類（いや、もっとだろうか）の料理が、丁寧に仕分けられ、混じり合うことなく並んでいる。日本人の独特の、秩序空間のミニュアチュールだ。

　しばらく箸を付けているうちに飽きてしまう。どれもが同じ味なのだ。しかも冷えているものだから、醤油と砂糖の味しか感じない。優雅に調理された食物に特有の香りというものがまったく感じられない。

　わたしは祖父母の家の食堂控えの間に並べられていた正月料理を想い出す。年始の客が休みなく到来するので、一つひとつの料理は大晦日から大量に作られ、大皿に無造作に盛られているだけだった。子供のわたしは控えの間を横切るたびに慈姑《くわい》を抓んで食べたり、こっそりと屠蘇酒を賞味したものだった。重箱に詰め込まれたお節料理には何の感慨もない。これはたかだか儀礼のために秩序付けられた食物にすぎず、その閉塞感と卑小な感じは食の悦びからもっとも遠いものだ。

◎

アリストテレスは『詩学』のなかで、極端に小さな動物は美しくありえないと書いている。気付かないほどにわずかな瞬間しか知覚されないために、不鮮明なまま、何も識別できないからである。同様のことがくだんの「会席料理」にもいえる。すべてのものが冷えきっていて、あまりに微小であるために、視覚的魅力とは裏腹に舌の感覚に訴えてこなかったのだ。

食物に味覚が成立するためには一定量の分量が必要である。〈和食〉を代表するというこのジャンル料理は、その条件を満たしていない。

ある食物を本質的に理解するためには、それを節度を越えるまでに口にしなければならない。ベンヤミンをナポリ近郊のセコンディリアーノで見舞ったのがそのような体験だった。

この憂鬱な批評家は一通の手紙を投函すべきか、破り捨てるべきかで迷っていた。それは一生の決断に関するものだった。街角を歩いていて無花果を満載した荷車を見つけ、さしたる考えもなくそれを求めた。わずかな金額しか払わなかったつもりだが、農婦は量り売りをして、色とりどりの無花果をドサリとベンヤミンに渡した。運の悪いことに、双方とも包み紙をもっていなかった。彼はズボンのポケットやら、上着のポケットやらにそれを詰め込み、それでも余った分は両手を伸ばして受けとめた。一時も早くこの果実から解放されるためには、それを食べきらねばならなかった。無花果のねっとりした果汁が両手に粘着し、服を濡らした。甘い香りが鼻に浸み込んだ。あるときからそれは味覚の対象であることをやめ、嫌悪感とむかつきを呼び寄せ始めた。ベンヤミンは無花果への憎悪に満ちてそれを食べ、それを貪り、ついにそれをわが身から解き放つことに成功した。最後の無花果をポケットから取り出したとき、短くない間彼を悩ませてきた手紙がそれに張り付いてきた。彼は躊躇うことなく、手紙を破り裂いた。(「新鮮な無花果」一九三〇、『ベンヤミン・コレクション』6「断片の力」、浅野健次郎編訳、ちくま学芸文庫、二〇一二)

◎

韓国の比較文化学者、李御寧《イオリョン》は『「縮み」志向の日本人』(学生社、一九八二)のなかで、日本文化の独自性とは何もかもを縮小することにあるとした。茶室は時代を経るごとに狭くなる。盆栽は大樹になるはずの樹木に剪定を重ね、宇宙の縮小模型に仕立て上げる。文学モードは長歌から短歌に、短歌から俳句に移るたびに字数が軽減して行く。広大な経典は短い念仏となる。李博士は、日本にあってはこうした極小化がオブジェを濃密で強度に満ちたものへと変えていくことに着目した。

会席料理とお節料理は、この「縮み志向」が食の場においてなされた典型的な例である。もうひとつそこに加えるならば、駅弁かもしれない。日本人はこうして空間に狭苦しい秩序を設定し、すべての料理を細分化してそこに詰め込む。どの料理も異なった食材と異なった方法によって調理されている。とはいうものの、ひとたび会席料理のコースに組み込まれ、重箱（木製の、紙製の）に押し込まれてしまうと、それらは急速に差異を喪失し、均一のものと化してしまう。それは誰もが均一であり、つねに周囲と同調していることを要求されている、日本社会の凡庸な縮小模型である。

◎

なぜ人は眼の前に差し出された料理に向かって、スマホで写真を撮るのだろうか。わたしにはそれが、美術館に行くとイヤホンガイドを求めたり、列車のなかで周囲に微かな雑音をもたらしながらイヤホンで音楽を聴いているのと同じような、愚かな仕種に思えてならない。料理の映像を撮る者は、どうしてそれが消化され排泄されたときには、写真を撮らないのだろうか。

ブニュエルは『自由の幻想』のなかで、ブルジョワジーたちが便器に坐り、排泄をしながら談話をするという光景を描いた。一人の子供がお腹がすいたという。母親がその無作法を叱り、だったら黙って行ってらっしゃいという。子供は個室に歩いて行って、独りで食事をする。

◎

牛筋。魚や鳥皮の煮凝り。豚足。海鼠。蓴菜《じゅんさい》。鼈《すっぽん》。さまざまなゼリー寄せ。なぜわたしはゼラチン状のものを偏愛するのだろうか。ずるずるとしたものに食指が動くのだろうか。

サルトルは生涯、台所に立とうとしなかった。彼は三食をほとんど外食し、肉ばかりを食べていた。野菜を嫌った。ねばねばするもの、にちゃにちゃするものを、とりわけ嫌った。そして『存在と無』のなかで、粘着性をもった物体への嫌悪を哲学的に説明してみせた。ねばねばは主体が支配しようとしても、どうしてもそれに靡《なび》こうとしない。逆に主体の優位に脅威を与えてしまう。この手に負えなさがサルトルを警戒させたのである。

ずるずるはねばねば、にちゃにちゃとは異なっている。主体はずるずるを馴致させることができる。それは瞬時にして咽喉もとを通過してしまい、痕跡を残すことがない。

とはいえ、わたしは自分の偏愛を実存の文脈で語ることがまだできないでいる。

◎

料理ジャーナリストのつまらなさ。陰気さ。見るからに不幸そうな、その身振り。

わたしと友人はとある中国料理店で「満漢全席」の席に就いていた。それが真正なものであったかどうかは判断できない。燕の巣のスープ。駱駝の瘤の蒸し物。熊の掌の醬油煮込み。霊芝と鹿のペニスのスープ。特大鮑の蒸し物……。繰り返すようだが、それが「真正」なものであったかを、わたしは判断することができない。そもそも満漢全席なる食事が歴史的に存在していたのかどうかも、わたしにはわからない。ともあれ三十四品の珍味が入れ替わり立ち替わり登場し、わたしたちは食べ、談笑し、杯を重ねた。

一人だけ、誰とも口を利かない女性がいた。彼女は単独でこの催事に参加していた。皿が運ばれてくるごとに、彼女は神経質そうにメモをとり、とり終わるとメモを仕舞った。別の皿が運ばれてくるとまたメモを取り出し、何かを書きつけて仕舞った。いうなれば、ブリア＝サヴァランが定義したグルメ、幸福に談笑するために食卓を囲む人々の、正確なる対立者だった。

料理ジャーナリストのつまらなさ。陰気さ。見るからに不幸そうな、その身振り。

彼らはけっして社会階層に言及しない。料理を前にしたときの消費者の貧富の差、文化資本の不均衡に立ち入ろうとしない。たとえB級グルメについて蘊蓄を傾けているときですら、食べる側が均一的な存在であることを前提として語る。エスニシティについても同様。調理されたものが論じられることはあっても、それを消費する者は語られることがない。消費者が被支配者であるという事実を隠蔽することで、料理ジャーナリズムは成立している。

◎

わたしが生涯の最後に口にするものは何だろうか。

酒を呑むことが好きな者は、最後の一杯を呑みたいがために呑み続けるのだという話を聞いたことがあった。おそらくこの心理は、酒を呑まない者には不条理で愚かしいものに思えるだろう。では食べることと一般に関してはどうだろうか。

もし死を前にして健康であったとしたら、最後に何を食べたいと思うだろう。どこで何を食べる？　いや、わたしの場合には、自分で何を調理するかという問いの方がいいような気がする。

わたしの友人には、きわめて質素な朝食を自分で作り続けている人物がいる。彼女は十年一日のごとく、野沢菜と目玉焼き、梅干し、豆腐の味噌汁、白菜の浅漬けといった、昔懐かしき日本の朝ご飯を作り、独りで食べている。玄米であることを除けば、それは彼女が小学生時代に家庭で食べていたものだという。あたかも時間が停止しているかのようだ。わたしには彼女がノスタルジアを食べているのだと思われる。

わたしは最後に何を口にするのだろうか。

おそらく特別なものは何も食べないのだと思う。いつもながらに、いつものような食事をとるだけではないか。韓国の炒醤麺《チャジャンミョン》？　台湾の魯肉飯《ルーロウファン》？　日本のカツカレー？

ぶっかけ飯

日本人の国民食とは何だろうか。国民料理ではない。誰もが、何となく人前ではキマリが悪くて黙っているが、本心ではそれを口にしていると安心できると思い、国民的に共有されている料理のことである。

わたしはそれがぶっかけ飯ではないかと睨んでいる。

大学時代、三人の友人と東北の温泉に旅行したことがあった。宿泊した旅館では朝食に、小皿や椀に盛った細々としたものが出た。ところが前夜に呑み過ぎてしまったのか、胃が疲れていて少しも食欲がない。一つひとつの皿に箸を伸ばして口に運ぶという気に、とうていなれない。そこでわたしは思いきったことを実行した。目の前に並べられた塩鮭やらハムやら漬物やら海苔やらを飯の上にすべて載せ、生卵を割って上に載せると、最後に味噌汁をじゃばじゃばとかけて、そのまま一気に口へ掻き入れてみせたのである。その間はわずか一分。次の瞬間には食器はすべて空になっていた。

友人たちは一瞬、きょとんとした表情になった。わたしはいかにも芝居っけたっぷりに、うちでは毎朝こんな風に食べるのだよ、君たちはどうしてそんなにチマチマと箸を動かして、食べ物を啄《ついば》んでいるのだいという表情を見せながら箸を置いた。誰も何もいわなかった。何といっていいのか、わからなかったのである。

本当のことを告白すると、これはわたしにしてもはじめての体験だったのである。味のことなどもとより念頭にはない。要するに一度やってみたかったことをやってみただけのことだった。何という快感！　友人たちの当惑した顔を見て、わたしは自分の悪戯に満足した。ついにやったぞ、という気持ちになった。

というのも飯の上に味噌汁を掛けることは、わたしの家では厳重に禁止されていたからである。

わたしの知るかぎり、ぶっかけ飯はつねに卑しめられてきた。それは犬や猫に与える餌であって、礼儀作法から逸脱した下品な食べ方であると見なされていた。小津安二郎の『お茶漬けの味』(一九五二)に、それを典型的に示す場面がある。

佐分利信演じる主人公は長野県の倹しい家庭に生まれ、努力の果てに会社で重役にまで上り詰めた中年男である。そのせいか、東京のブルジョワ家庭で育った妻(木暮実千代)とは、小さなことで意見が合わない。彼はある夜、食卓で飯に味噌汁をぶっかけて食べているところを妻に見咎められる。妻は「そんな食べ方、よしてちょうだい。犬にやるご飯みたいに、こんなにして召し上がるの?」といって、席を立ってしまう。主人公は女中に向かって呟く。「お前の田舎は、飯に汁をかけて食わないか? 東京じゃ、こうやって食わんのかなァ。」もっともフィルムの結末では、この夫婦は妥協していっしょにお茶漬けを食べ、そこで意見の一致を見る。『お茶漬けの味』では、庶民の日常茶飯における社会的階層性が語られている。妻はぶっかけ飯には拒絶反応を示すが、お茶漬けならば受け入れることができる。この事実はぶっかけ飯が、都会/田舎、ブルジョワ/庶民、女/男といったいくつもの二項対立のなかで、お茶漬けと対立しあっていることを示している。炊いた米のうえに別の食物を載せるという点では共通していても、ぶっかけ飯とお茶漬けとはまったく異なった文化的範疇に属しているのだ。お茶漬けでは、個々の含有物は溶けあわない。それは清澄にして薄味の、要するに軽い食べ物であり、食事全体の行程にあって終止符を意味している(それは同時にこのフィルムの完結でもある)。それに対しぶっかけ飯はすべてを混沌に引き戻し、重厚で濁っている。それは肉体労働を連想させる活力と時間の節約、それに何よりも経済性と結びついている。お茶漬けを口にする仕種は女性的な優雅さに満ちているが、ぶっかけ飯を掻っ込む動作はマナーの悪さ、というよりマナーの不在を示している。約《つづ》めていうならば、ぶっかけ飯は労働者階級の、とりわけ貧しい使用人の食べ物なのだ。

とはいえ、ぶっかけ飯とお茶漬けはどこが異なっているのだろう。どちらも冷えた米を温め、汁気を加えて食べやすくするという点で、構造的に同じではないだろうか。ひょっとしてお茶漬けは、実はぶっかけ飯を隠された出自としているのかもしれないのだ。

東北旅行から四十年あまりが経過し、現在のわたしのぶっかけ飯についての認識はまったく異なっている。これは日本人の食生活において長い間、本質的な食べ方であり、そればかりか、世界的に見ても普遍的な食べ方ではないかと考えるようになったのだ。前者のことは後で語ることにして、まず後者について書いておきたい。

東京から飛行機でアジアやアフリカに向かうと、そこでは例外なくぶっかけ飯の世界が待ち構えている。近場から話を始めよう。

韓国ではコムタンやソルロンタンといった具合に、牛のテイルやアキレス腱を長く茹でてスープを拵え、そこに炊いた米を投げ入れると、スプーンで掬って口に運ぶ。ユッケジャンにしても同様である。汁ものに後から米という順序ではあるから、逆さまぶっかけ飯と呼べるかもしれない。

台湾では家庭に招かれると、食卓に飯茶碗はあっても、わざわざおかずのための小皿など存在していないことが多い。おかずは個々の飯茶碗の上に載せて食べるのが一般的である。豚のバラ肉を細かく刻んで、八角や五香粉などと砂糖で甘く煮つけたソースを米にぶっかけて食べる、滷肉飯《ルーロウファン》（魯肉飯）という名菜もある。これはわたしの好物なので、本書の後の方でもまた触れることにしよう。

わたしはインドでは当然のようにカレーを、タイではケーンを食べた。カレーにはほとんど無限ともいうべき品目があるのだが、米を用いる場合には典型的なぶっかけ飯となる。日本人もそのことは最初から知っていたから、明治時代にイギリス経由でカレーが入ってきたときにも、何の抵抗もなくそれを受け容れた。

ケーンはどうだろう。日本のタイ料理店では具沢山にして「タイ風カレー」と呼んでいるが、現地で毎日のように食べていると、カレーというより味噌汁という感じである。テント張りの露店では、まず大皿を持って立っていると飯を盛ってくれる。次に食べたいケーンや煮込みを一種類か二種類註文すると、ただちに飯の上にじゃばじゃばと掛けてくれる。

モロッコではクスクスを食べる。クスクスはスムールという極小の小麦粉パスタを蒸して、上から野菜スープをぶっかける料理である。現地では器用に右手の親指と人差し指でスムールを押さえ潰し、スープを染ませて口に運ぶ。

極めつけだったのは、ブルキナファソを訪問したときだった。

ブルキナファソの首都ワガドゥグーでは二年に一度、アフリカ中の国々からフィルムが集められ、アフリカ映画祭が開催されている。数年前のことだが、わたしはこの映画祭に参加するために、はじめてブラック・アフリカの地を踏んだ。ホテルは万事がフランス風で、朝食にはパンとコーヒーが準備されていた。わたしは現地の食事に興味があったのでそれをキャンセルし、朝起きるとさっそく市場に出かけ、行列をしながら露天で朝食を摂った。

食事はつねにぶっかけ飯だった。

プラスチックの洗面器のようなものを手にして待っていると、炊いた米か茹でたマカロニをごそっと入れてくれる。次に眼前に在るいくつかの大鍋のなかから、気に入ったスープ、というか汁ものを選ぶ。中身はキャベツだったり、牛の内臓と野菜の煮込みだったりする。するとこれもまたお玉杓子で掬って、ごそっと洗面器に掛け入れてくれる。勘定はアフリカフランで三百Fcafから五百Fcaf、日本円にすれば六十円から百円くらいである。少し贅沢をしたいときには、オプションで魚を注文する。ブルキナファソはサハラ砂漠の南の端にある内陸国なので、魚はアビジャンから塩漬けの乾物を輸入し、それを水で戻すしかない。わたしは市場が面白かったので、結局映画祭の期間中、行列をしてぶっかけ飯を食べ続けた。豆ご飯の日もあったし、細かく砕いた麦の日もあった。現地の客たちは右手の指を用いて米を抓み、スープに浸して口に運んでいた。真似をしたがうまく出来ないでいると、店員がスプーンを持ってきてくれた。

ワガドゥグーで一週間にわたりぶっかけ飯を食べながらわたしが考えていたのは、そういえば自分が行く先々の外国で、いつもぶっかけ飯に落ち着いてしまうという事実だった。宿命といってもいい。カレーも、ケーンも、クスクスも、庶民の食事は国々によってさまざまな形態をとっている。だがそれらはすべてぶっかけ飯のヴァリエーションであった。サハラ砂漠の南の端の市場でこの事実に思いあたったとき、わたしは日本の市民社会では忌避された感のあるぶっかけ飯こそが、世界的には大メジャーの料理であるということに思い当たったのである。

米をもし小麦粉のパスタに置き換えてみるとすれば、と考えてみる。スパゲッティも、マカロニも、世にごまんとあるスープヌードルも、このぶっかけ族の一員であることが判明する。イタリアの庶民は硬くなった古パンの上にミルクをかけたり、温めたスープをかけたりして、朝ご飯をすませたりすることがあるが、考えようによってはこれも同じ原理である。想像するに、人類は採集社会から農耕社会へと移行していった時期のどこかで、このぶっかけ飯を発明した。炊いた穀物の上に汁気のあるものをぶっかけるというのは、人間の食体験において本源的な行為ではないだろうか。

半世紀近く、世界のあちらこちらを飛び回っていて、わたしはそう確信するようになったのである。

ここで日本料理におけるぶっかけ飯について、歴史的に振り返ってみることにしよう。かけ飯は江戸時代の庶民の間では、一汁一菜の習慣のなかにあって常食であった。現在とは違い、何よりも食器それ自体が貴重品であったことを想起しておかなければならない。ひとつの食器の内側に何もかもを入れる必要があったのだ。ぶっ切った白葱を味噌汁の具にして飯の上にぶっかける。木場の職人にとっても、江戸湾の漁師にとっても、それは日常の茶飯であった。現在では炊き込みご飯とするのが一般的になってしまったが、深川の名物であったアサリ飯は、本来は汁かけ飯であった。アサリ、ハマグリ、バカガイ(アオヤギ)、葱、それに油揚げなどを煮込んで飯に盛る。材料はすべて江戸湾の浜辺で、つまりすぐ間近の場所で容易に採集されたものばかりである。

ところが時代が下り、近代化が進行して行くにつれて、このかけ飯の地位が低くなっていく。明治時代のスラム街をルポルタージュした『最暗黒の東京』(松原岩五郎、一八九三)では「車夫の食物」の項目に、「深川飯——是《これ》はバカのむきみに葱を刻み入れて熱烹《にくたら》し、客来れば白飯《めし》を丼に盛りてその上へかけて出す即席料理なり。一椀同じく一銭五厘、尋常の人には磯臭き匂いして食うに堪えざるが如しといえども彼《か》の社会においては冬日尤《もっと》も簡易なる飲食店として大に繁昌せり」と紹介されている（岩波文庫、一九八八）。この記述は深川飯が下層階級に特有の食事と化してしまったことを意味している。西洋から渡来した「洋食」が話題を呼び、牛鍋がファッションフードと化した明治中期にあって、ぶっかけ飯はもはや少しゆとりのある「東京人」の食卓に並ぶようなものではなくなっていたのである。

第二次世界大戦後、食器の普及と保温炊飯器の一般化とが、ぶっかけ飯を決定的に凋落させた。それは無作法な食物であり、できることなら何とか記憶から拭い去ってしまいたいような、貧しい時代の食物と見なされることになった。

食物の冷蔵や保温が容易となった現在では想像することが難しくなったが、ひとたび炊いた米飯の再加熱というのは、前世紀の中頃まで日本では大きな問題であった。冷えた米に熱い茶や出汁を注いで、箸で急いでかっ食らう。お茶漬けという料理は、電気釜も電子レンジも存在していなかった時代に庶民が考案した即席料理であるが、そのポイントは米の再加熱である。その点で、いかに洗練された、都会的な雰囲気が付加されたとしても、お茶漬けはぶっかけ飯と深い縁戚関係をもっている。

歌人で精神科医でもあった斎藤茂吉に、有名な「ミルク鰻丼」なる料理がある。みずからの手になる考案らしい。冷えた飯の上に缶詰の鰻を載せ、熱々にしたミルクをその上からジャッとぶっかける。最後にトッピングとして紅生姜を載せる。食糧事情が悪化していた戦時中に、それでも鰻が食べたいという茂吉が、苦労の末に編み出した料理である。

推測するに、この料理が完成するまでには、それなりに長い積み重ねがあったように思われる。『斎藤茂吉随筆集』（岩波文庫）を読むと、彼の時代の旧制高校の生徒たちは飯に「鮮紅色の生《シヨウ》薑《ガ》漬」を載せ、熱した牛乳をかけてかきこんだとある。そこに缶詰の鰻が加わったのがミルク鰻丼ということなのだろう。

患者の治療のため夜遅くまで診察室に籠っていた茂吉にとって、これは簡単に作れてしかも満足度の高い、息抜きの食事であった。わたしも座興で試したことがあるが、ミルクの白が鰻の濃い味に混じり、紅生姜の思いがけない酸味が全体の味を引き締めている。これで小口葱でも散らせば、紅、白、茶、緑と、いかにも美しい色の取り合わせとなったことだろう。

もっともミルク鰻丼は、無数にあるぶっかけ飯のうちで極上の部類に属するといえる。世の中には、もっと恐ろしいぶっかけ飯が存在していることも事実である。

種村季弘さんから聞いた話であるから、どこまで本当のことかは保証のかぎりではない。若いころ、種さんが借金でどうにも首が回らなくなり、取り立て屋が下宿に押しかけてきたことがあった。借金を清算するには毎日の生活を極度に切り詰め、少しずつ少しずつお金を貯めるしかない。取り立て屋はそういうと、これからは毎日、「福神丼」を作って食べなさいと提案した。

福神丼とは何ですかと、若き種さん。

福神漬けを煮出して、その具を飯の上に載せるのです。茹で汁は別に、味噌汁代わりに飲みます。これでみごとに一汁一菜となります。毎日、朝昼晩とこの丼を食べていれば食費の節約となり、借りていたお金を返すことができます。取り立て屋は温厚な、しかし真面目な口調でそういった。

何ごとにおいても実験第一と考える筆者は、ミルク鰻丼に続いてこの福神丼も試作してみた。結果はというと、いかにも情けない、寄る辺ない気持ちになったとしかいいようがない。すっかり脱色されたダイコンやナタマメ、レンコンなどが、熱湯のおかげでブヨブヨと膨らみ、白米の上に被さっている。その傍らの椀には、ただただ紫色の液体が入っている。こんな食事を毎日食べていたら、ただでさえ金に窮して気分が塞いでいるのに、心細さが輪をかけて襲ってくることだろう。もっともこの福神丼に似たものは明治時代から存在していたらしい。日清日露の戦地にあって兵士たちは、缶詰の福神漬けを米の上にぶちまけ、熱湯を注いで食べていたという。ここでも携帯食としての缶詰と戦争とが密接に結びついている。だが一度だけでこりごりだ。わたしはもう福神丼だけは勘弁してほしいという気がする。

ぶっかけ飯は本当に凋落したのだろうか。現在でも多くの日本人は、生卵を炊き立てのご飯の上にぶっかけ、醤油を垂らして掻っこむという朝食に快感を覚えている。朝は忙しいからだとか、卵は栄養があるからとか、さまざまな口実をつけては、このきわめて簡単な料理をやめようとしない。その実、日本人はぶっかけ飯に対するノスタルジアを、この卵かけご飯に託しているのだと、わたしは考えている。

醸造学の研究者で料理評論家でもある小泉武夫は、その名も『ぶっかけ飯の快感』(ビジネス社、二〇〇五)のなかで、「猫飯にこそ食味の悟り」があると豪語してやまない。「猫飯が大好きだ。丼にご飯を七、八分目に盛って、さまざまなものをぶっかけてガツガツと食らうアレです」といいながら、さまざまなぶっかけ飯のレシピを披露していく。

丼に熱いご飯を盛り、サバの水煮缶詰の中身を水煮汁ごとぶっかけ、醤油をかける。ほぐしたコンビーフを玉葱といっしょに炒め、溶いた生卵といっしょに熱いご飯の上にぶっかける。マグロ味噌漬け。豚汁。葱削り節。さらに焼き餃子まで、ありとあらゆるものを熱々の御飯の上に載せる。……そういえば若き日の吉本隆明が貧しい新婚生活のなかで得意料理だと書いていた「ネギ飯」もまた、この系譜にある料理であった。

わたしはぶっかけ飯をあらゆる偏見から解き放ち、日本人の本音の国民食として提案したいと思う。ユネスコが無形文化遺産に認定した和食は、実のところいささかも日本を表象していない。滑稽なことをしたものだ。申請を推進した京都人の鄙《さも》しい根性が透けて見える。日本人の食生活の原風景にあるのは汁ものをかけた米飯であり、その構造は日本を越えて普遍的なものであると、わたしは信じている。

缶詰の思い出

花見の宴には乞食がいた。

花見というものは大概が祖父の家の裏庭に毛氈を敷いて、県人会の客を呼ぶものと相場が決まっていたから、子供が呼ばれることはなかった。だとしたら、あれはどこでのことだったのか。須磨浦だったか、岡本か御影の親戚の家のそばだったか。桜の樹が天蓋を築き、その下で大勢の大人たちが機嫌よく宴に興じている。折詰を開き、小さな杯を交わし合い、お喋りをしている。幼いわたしは末席に母親のそばにいる。どこからともなく一人の子供が近寄ってきて、缶詰の空き缶をすっと目の前に差し出した。

子供はほぼわたしと同じくらいの背格好で、髪はぼうぼうに伸び、顔は汚れて黒かった。足はひどく細く裸足だった。祖母がさも心得ていたようにソーセージとお握りを空き缶に入れてやると、子供は何もいわず離れていった。隣の宴席へと向かうというわけでもなく、地上の雑踏のなかに紛れ、あっという間に桜と桜の間に姿を消してしまった。大人たちは何ごともなかったように酒を酌み交わし合い、折詰の前にお喋りをしていた。

ただわたしだけが、満天を埋めつくす桜のうちに消えた、幼い乞食のことが気になってしかたがなかった。

花見には乞食がつきものだった。先の天皇がまだ皇太子で、平民の娘と結婚するというので、日本中が湧き上がっていた時代のことである。

わたしは近所の子供たちと、空き缶を蹴飛ばしながら遊んだ。いたるところに原っぱや水たまりがあり、缶蹴りをする場所には事欠かなかった。だがその空き缶は乞食の子供にとって貴重な食器であり、ひょっとして彼が所有している唯一の財産であるのかもしれなかった。

ポパイは危機に陥るとホウレンソウの缶詰を食べ、エネルギーを回復して宿敵ブルートに向かう。缶切りも受け皿もないのに、いったいどうやってホウレンソウを食べるのだろう。

ポパイは片手で缶詰を思いっきり潰し、中身を飛び出させる。タトゥーのある太い腕だ。ホウレンソウはすでにミキサーで摺り潰されているのだろうか、ほとんど緑の液体であり、咽喉に流し込むだけでいい。

しかしそのようなことが可能なのだろうか。アメリカの水兵はかくも強い腕力の持主なのか。アメリカの缶はかくも華奢で、潰しやすいのだろうか。いや、そもそもホウレンソウはどうして液体なのか。家に到着したばかりのＴＶではじめてアメリカのアニメーションを見たわたしには、何から何までが謎だった。


わたしの少年時代、缶詰には三種類の範疇があった。日本語のラベルがついている国産のもの。アメリカより到来した英語名のもの。名称がなく、ただアルミ缶に機械的に数字や記号が刻印されているもの。この三つである。

最初のものは純粋に国産の缶詰で、おびただしい種類があった。桃や蜜柑の缶詰。パイナップル。みつまめ。マッシュルーム。ホワイト・アスパラガス。筍。グリンピース。みんな小さく、かわいらしい缶詰だった。

あるものは「牛肉の大和煮」や「アサリのしぐれ煮」「さんまの水煮」といった風に、調理法が記されていた。大和煮としぐれ煮はいずれも素材を醬油と生姜、砂糖で甘辛く煮付けた料理である。どのように違うのか、わたしには今でもわからない。それに対し、水煮はいっさいの調味料を交えず、ただ水だけで煮たものである。

缶詰はそもそも一九世紀初頭、ナポレオン率いるフランス軍とそれに対峙するイギリス軍の間で、長期保存と遠距離運搬に耐えうる食糧保存法として、公的に募集され開発された。端的にいうならば、起源は軍需物資である。戦前に日本の缶詰業者が国威発揚のため、日清日露戦争時に将兵の人気メニューであった「大和煮」という名前を、さらにいっそう喧伝したことは、この出自と無関係ではない。

「大和煮」「しぐれ煮」という名前には、いかにも一時代前の、悲し気なナショナリズムが感じられる。何という貧しい味付けだろう。要するに、それがどんな動物の肉でもいい、質の悪い肉に強烈な味付けさえ施しておけば、食物として胡麻化すことができるという発想である。大和煮を食べて出撃するのが大和魂なのだ。大和煮を食べて竹槍を手に玉砕するのが大和撫子なのだ。

小学校時代、アメリカ先導のカブスカウト（ボーイスカウトの年少組）に入隊し、キャンプ場ではじめて缶詰の大和煮を口にして以来、現在に到るまで、わたしはこの缶詰の名称を見るたびに落ち着かなく思う。心のなかにうっすらと屈辱感に似た気持ちが横切って行くのを感じる。一九七〇年代に入ってマグロの油漬けが、「シーチキン」という商品名で売り出された。食品会社が戦前の軍需食のイメージを一掃しようとして、苦肉の策として思いついた名称なのだろう。TVのCFで宣伝していたのは、まだ稚《おさな》げな顔をした混血の少女だった。

缶詰の第二の範疇はコンビーフとスパムによって代表される。前者は牛を、後者は豚を塩漬けにしたものである。コンビーフは一九世紀に、これまた軍需品として開発された。日本に入って来たのはおそらくアメリカ進駐軍を通してであろう。いち早くノザキがそれを真似て和製コンビーフを缶詰として売り出した。これは国産ではあったが、大和煮やしぐれ煮とは対照的に、どこまでも不思議な風味をもった、アメリカの食品として受け取られた。

コンビーフの缶詰は他の缶詰と違い、台形である。開缶するには特別の巻き取り鍵を用い、缶の側面を帯状に切り取っていかなければならない。これが最初は難しく、途中で手を傷つけてしまうことがある。だがこの面倒な開け方ゆえに、単に岩塩で牛肉を漬けただけのこの食物が、アメリカという巨大な神話の換喩となったことは事実である。

スパムはスパイスしたハムという意味である。これはアメリカ軍のレーション（野戦食）として、全世界の米軍基地から周辺へと広まって行った食品だ。わたしは沖縄に行くまでスパムの存在を知らなかった。その後、縁あってパラオ、サイパン……と、日本軍とアメリカ軍とが壮絶な戦闘を行なった南洋の島々に足を向けるたびに、スパムが待っていた。沖縄人はスパムをサンドウィッチの素材にしたばかりではない。スパムのおにぎりまで考案していた。

わたしにはアメリカはまずコンビーフとして、次に少し遅れてスパムとして出現した。それはまったく未知の、繊細さとは何の縁もない食べ物であったが、わたしはその味の粗雑さの背後に脅威を感じていた。

はるか後になってニューヨークの大学に留学したとき、ロウアーイーストサイドにあるカッツのデリカテッセンで、「元祖」?ともいうべきコンビーフのサンドウィッチを食べた。食堂の壁面には、第一次世界大戦時にカッツがいかに献身的に缶詰を前線の兵士たちに送り、彼らを勝利に導いたかを語る当時のポスターや写真が展示されていた。ああ、やっぱりそうだったんだなと、わたしは思った。

缶詰の三番目の範疇は日本の自衛隊の戦闘糧食である。わたしはこれを、高校の同級生からごっそりともらった記憶がある。ヴェトナム戦争の時代で、彼の父親は自衛隊の教官だった。今ではどうなっているのかを知らないが、半世紀前、自衛隊の缶詰はブリキ製で、いかにも素っ気なく出来ていた。紙のラベルはない。鉛色の側面に「白飯」「赤飯」と黒く記されているだけである。小さな缶には「たくわん」「福神漬」と、これも素っ気なく記されているだけだ。

うちにいっぱいあるんだ。好きなだけもっていってくれていいよ。それは本当だった。同級生が家の押し入れを開けると、びっしりと缶詰が積み上げられている。本来は戦闘時における携帯食料なわけだが、製造して二年を過ぎると、隊員は自由に持ち帰っていいという規約があるらしい。ここでもわたしはアメリカの軍需物質と比較しないわけにはいかなかった。アメリカはヴェトナムの密林で戦うアメリカ兵たちに、褒賞として空から冷たいコカコーラを送り、それに反撃する解放戦線の兵士たちは、生米とニョクマムだけを背中に背負いながら密林から湖沼地帯へ抜け、蟹や魚を捕らえて調理しながら戦っている。白飯に福神漬けの缶詰だって？何を呑気なことを考えているんだ。自衛隊がもしアメリカ軍の後についてノコノコとヴェトナムの密林に入ったところで、足手まといとなるばかりだろう。彼らは精悍なヴェトナム人に、いち早く発見され撃退されてしまうだろう。

缶詰をめぐるわたしの記憶は、かならずどこかで軍隊と戦争にぶつかってしまう。アメリカの脅威に抵触してしまう。牛肉の大和煮。コンビーフ。サバ缶詰。シーチキン。戦争の幼げなミミクリ（模倣）としての、カブスカウトでのキャンプ。飯盒炊爨《はんごうすいさん》。わたしは味噌汁に缶詰の鯖を入れ、さらに生卵を入れるというアウトドアの流儀が苦手だった。

モスクワの高等研究機関で教鞭を執っているアレクサンドル・リューヤエフ教授が語ること。彼はマヨネーズがなければロシアの料理は存在しないといい、ソ連時代に缶詰が担っていた意味の大きさについて、懐かし気に述べる。

一九九一年に僕は小学校の二年生だった。学校でアメリカ製の缶詰を偶然もらった。二年生の全員が、大きな缶詰をもらった。中身はハムだった。もちろん、おいしい。おいしいに決まっている。アメリカのものは何でもおいしいと信じられていた。ソ連の缶詰と全然違うのだと。でも実をいうと、ソ連の缶詰も大好きだった。お祭りの日に、特別の食べ物としてよく食べたものだ。そのまま食べるわけではない。魚缶は鮭だったり、他の、何だか知らない赤い肉の魚。その缶を開けて温かいご飯に混ぜ、マヨネーズをたっぷりかける。たぶんソ連時代には一番人気のあった缶詰サラダだったと思う。日本語で何というだろうな？　油でギトギトの缶のなかにちっちゃい魚がいっぱい。それは食べ物というより、ヨーロッパを象徴するような感じがした。バルチック海で捕獲された魚だったからだ。缶の外回りも素敵だった。でも気を付けないと、その缶詰の偽物を摑まされてしまうことになる。

ソ連の人間はアルコールが大好きで（大虎かな？　虎より猫みたいで、もっと気持ち悪い）、缶詰をオツマミにしてよく食べた。何も作らなくてもいいからね。缶を開いたらすぐ食べる。ソ連時代はインテリがよくハイキングをした。そのときにはリュックに缶詰をたくさん詰めておかないといけない。トゥションカとスグションカ。前者は牛肉のやつ。後者はミルクから作るのだが、蜂蜜に似せようとして変に甘すぎちゃって、なんとも比較できないものだ。パラダイスの味というのだろうな。ソ連の子供はスグションカをみんな好きだった。パンに載せてもいいし、そのままでもいい。コンデンス・ミルクみたいなものかって？　そんな言葉は似つかわしくない！　スグションカだよ！

あとはね、カボチュコワヤ・イクラ。といってもイクラに関係ない。カボチャのパテーみたいな食べ物。パンに塗るとすごい美味しかったよ。

最後の思い出は何だろうな。マガジン・オケアン（大海）という大きな海鮮専門のスーパー。子供のころあの店までよく行った。モスクワのあちこちにあって、今でいうと、さしずめチェイン・スーパーだった。ショーウインドウのなかに魚缶詰がピラミッドのように重ねられていた。

二〇〇〇年のことだ。僕はロシア国立人文大学の言語学部で日本語を習っていた。日本の留学生がいて、赤の広場を見物した後、オケアンでたくさん缶詰を買って、日本へのお土産に持って帰った。

最後にもうひとつ思い出。子供のころは、キャビアをときどき食べたという思い出がある。思い出だけじゃない。本当に食べたんだ！　味を覚えてるぞ。キャビアもイクラの缶詰も、どっちもオケアンで買える時代だった。イクラは今でも買える。そんなに高くない。でもキャビアは今はなかなか食べられない。信じられないほど高いものになった。今の免税店では、ロシアの豊かさのシンボルとして売れるみたいだ。ソ連のオケアンの世代は終わってしまったのだ。

東京で最初のオリンピックが開催される少し前、高松次郎、赤瀬川原平、中西夏之の三人はそれぞれの苗字の最初の漢字を組み合わせ、「ハイレッドセンター」(高赤中)なる芸術集団を結成した。彼らはニッスイのタラバガニの缶詰を開け、中身を食べてしまうと、外側のラベルを内側に貼り直した。そしてハンダを用いて缶をもう一度密封した。彼らはそれを「宇宙の罐詰」と呼び、大量に作成して展覧会に来る客に配った。

一九世紀にスコットランドの物理学者ジョン・レスリー卿は、地球とは数百マイルの外皮のみからなる空洞で、内部には二つの小太陽が回転していると説いた。この説はアメリカに伝えられると若干変化し、南極と北極にはそれぞれ開口部があり、内側に入り込むと一個の太陽が輝いていて、生物の棲息が可能であるという説へと発展した。地球空洞説にはさまざまなヴァリエーションがあったが、もっとも過激なものはサイラス・リード・ティードなる神秘主義者のものである。

ティードによれば、人類が居住している地表とは、科学が主張するところとは正反対の、裏面的な関係にある。地表とは凹面であり、その地下は無限に続く質量の世界である。宇宙とは通常に考えられているほど巨大なものではなく、たかだか空球の中心に太陽と月、濃青色の気体状の塊が浮遊しているにすぎない。この幻覚の宇宙の内側に煌めく光粒を、われわれは誤って星と呼んでいるだけである。宇宙は中心、すなわち上空に行くにつれて大気の密度が希薄となるため、光は直線を描いて地上に到達することができない。そのため人類はこれまで、無限の宇宙という誤った観念を信じてきたのである。逆に無限なのは足下に続く大地の岩塊であり、引力とは宇宙の原理である遠心力にほかならない。

ハイレッドセンターが考案した宇宙罐詰は、このティードの学説を想起させる。われわれは缶詰の内側に蟹の身を閉じ込めたと信じているが、実は逆に蟹の缶詰の方がわれわれを、そしてわれわれの背後に無限に拡がっている宇宙を閉じ込めているのではないだろうか。このトポロジカルな反転はきわめてデュシャン的、いや、より正確にいえば、ポスト・デュシャン的である。赤瀬川を含む三人は作品を作成したのではない。宇宙を創造したのである。それ以来、われわれは巨大な蟹の缶詰の内側に存在しているのだ。

缶詰に決定的な凋落を与えたのは冷凍食品の登場である。

一九六〇年代から七〇年代にかけては、日本の一般家庭では台所にどんどん新しい電荷製品が運び込まれた。最初に冷蔵庫。それが冷凍冷蔵庫に代えられ、さらに電子レンジが加わろうとしていた。節目となったのは東京オリンピック(一九六四)と大阪万博(一九七〇)である。この二つの国家的事業が日本人の食生活に与えた影響は、計り知れないまでに大きい。

何ごとにおいても最新のものが大好きなわたしの母は、ただちに冷凍食品に飛びついた。電子レンジと冷凍冷蔵庫を買い揃え、冷凍食品を街角に探しに出かけた。もっとも六〇年代の終わり、スーパーマーケットはごく一部の店を除いて、まだ冷凍食品コーナーを常設するには距離があった。コロッケや海老フライ、ハンバーグといった、これまで家庭で普通に調理されていたものを、一応冷凍食品でも供給できますよといった、消極的な段階に留まっていた。冷凍食品会社は中型トラックに製品を載せ、冷凍冷蔵庫のある家を一軒一軒訪問し、売り歩かなければならなかった。わたしはこの、なんだか巨大な白熊のようなトラックの到来が好きだった。冷凍食品だから可能なことであるが、ある程度大量に購入すると、オマケとして、発売されたばかりの高級アイスクリーム、レディー・ボーデンの大きなカップがついてくるからだ。

ここでちょっと横道に逸れると、万事において進駐軍文化を金科玉条視してきた日本の食文化は、こと冷凍食品に関するかぎり、唯一アメリカ製であって見落としたものがあった。TVディナーである。

TVディナーとは、外箱がひと昔前のTVの形そっくりに仕切られている、大衆的な冷凍食品である。両親がパーティやオペラ見物で外出している夜に、子供がTVを見ながら食べるから、そう呼ばれているのだとも聞いた。あらかじめオーヴンにセットされている場合もあれば、ベビーシッターがスウィッチを入れる場合もある。子供たちは口うるさい親がいないのをいいことに、TVの前に陣取って、TVディナーをテーブルに零しながら食べる。もっとも大人になっても、台所のない狭いロフトに住んでいたり、料理が面倒くさくてしかたがないといった人間は、スーパーの冷凍食品コーナーで山ほど買ってきて、一箱ずつ解凍して食べる。貧しいニューヨーカーの青年ジョン・ルーリーが『ストレンジャー・ザン・パラダイス』で毎日、つまらなそうな顔で、孤独に口にしているのがこのTVディナーだ。

ニューヨークにいたとき、わたしは面白がってこの食品を何種類か集めてみた。スーパーの一画に、それは五メートルにわたり、何十種類も積み上げられていた。安いもので二ドル弱。一番高くとも五ドルである。どの品も二十センチ四方の箱に入っていて、箱の表面には料理の内容が色鮮やかに印刷されている。電子レンジで解凍すればすぐに食べられるのだから、これほど手間のかからない料理はない。だが、四箱を少しずつ試食しているうちに、自分が情けなく感じられるような料理であったことも事実である。簡単に食後の印象を記しておこう。

Ⓐ使い古したゴムのようなハンバーグが、同じ色のどろりとしたソースの上に浮いている。コーンとマッシュド・ポテト、デザート用のにちゃりとしたチェリーアップル・クラムつき。

Ⓑ牛肉をパン屑と練り直して焼いたものにトマトソース。ズッキーニ、そら豆、ニンジンのカット野菜にスパゲッティ。

©ビーフ・ブルギニョンにマッシュド・ポテト。飛行機のエコノミークラスの機内食を、少しだけ上等にしたという印象。

おそらくTVディナーは、ニューヨークで一番安くあげるときに食べるもののひとつなのだろう。ワシントン・ナショナルギャラリーには元祖TVディナーの箱が、生活デザインの記念碑として陳列されている。この冷凍食品はすでに庶民の歴史に属しているのだ。

残念なことに、TVディナーは日本に上陸できなかった。オーヴンに先立って電子レンジが普及しかけた矢先に、「ほか弁」がブームとなり、コンビニエンス・ストアーが「コンビニ弁当」を売り出したため、デビューの機会を逸してしまったのである。ニューヨークでわたしが知り合いになった同世代の者たちは、俺たちはTVディナーで育ったようなものだと自嘲的に語ってくれたものだが、これだけは日本に到着しなかった。まあ、それでよかったのではないかと思う(もし到着していたら、村上春樹が小説の主人公を描写するさいに、「彼はTVディナーの品目を選ぶくらいしか、人生に愉しみを見出せなかった」とか書いたことだろう)。

もうニューヨークの悲惨な食事のことは忘れよう。わたしが書いておきたかったのは、冷凍食品の出現によって、わが家から缶詰が急速に消えていった一九七〇年代のことだ。ちょっと気になったので、現在わたしの家の台所にある缶詰を調べてみた。

トマト　いつも大量に備蓄してある日本のトマトは上品なサラダの素材にはいいかもしれないが、一般的に香りがない。ソースを作るには八百屋の隅っこの安売りコーナーにある、賞味期限の切れたぶちゃが一番いいのだが、いつもあるとはかぎらない。そのためイタリアのトマト缶がかかせない。

ココナッツミルク　これはパウダーの方が保存には便利だが、それではタイ料理を調理していてもどうも粉っぽさが残ってしまう。一度、ひと缶を開けてしまうと、それを使っていくつもの料理やデザートを作ることになるのだが、それが愉しいといえば愉しい。

桃　病気のとき友人が一ダースほど、桃の缶詰を送ってくれたことがあった。子供のときいつも熱が出たらモモカンと、その家では決まっていたらしい。大島弓子の漫画にも熱が出たらモモカンという一節があった。わたしは感謝するとともに、黄泉比良平坂でイザナギは冥府から追い駆けてくるイザナミの鬼たちにむかって桃を投げ、難を逃れたという記紀の神話を思い出した。

フムス　ベイルートの市場で大きな缶を買って帰ったのだが、一度開けてしまうとそれこそなくなるまで毎日食べ続けなければならないので、なかなか決心がつかないでいる。

とはいうものの、缶詰はわたしに懐かしさと同時に、未知のものに対する好奇心を掻き立てる。

鯖　ソ連時代に一番人気のあったスープに、スープ・イズ・リブニフ・カンセルヴァフ（ロシア語で魚缶スープ）というのがあったという。ジャガイモとニンジン、タマネギを切って鍋にブチ込んだ後で、魚缶を加え、塩胡椒で味を調えるだけという簡単なレシピである。魚は何でもいい。日本のお行儀のいいロシア料理本には登場しない。食糧が払底し、長い行列のあげくにようやく缶詰ひとつを手に入れたという生活を続けていたモスクワ人にして、はじめて可能となったスープだ。

わが家の台所にある缶詰はわずかこれだけである。わたしは最後に書いたソ連の魚スープを、近く心して調理してみたいと思う。

缶詰はすっかり凋落してしまった。とはいうものの、オブジェとしての缶詰をめぐるわたしの好奇心は、長い歳月が過ぎたにもかかわらず少しも軽減されていない。〈何が出てくるのか、見当もつかない〉これは浦島太郎の民話に出てくる玉手箱から、『千夜一夜物語』に登場する魔法のランプまで、洋の東西を問わず、魔術的な魅惑をもった主題であった。すっかり世俗化した台所にあって、缶詰は微量ながらもそうした期待をわたしに抱かせてくれる、稀有の物体である。

缶詰の表に缶切りを突き立てたときの、あのグリッとした感触。薄い金属がスルスルと剥けていくときの感触。蟹の缶詰から中身を取り出すさいに、身を蔽っている硫酸紙をそっとはがすときの感じ。こうしたものは、他の何をもってしても代えられない独自の雰囲気を缶詰に与えている。

ひとたび開けてしまった缶詰は、もう二度と閉じ直すことができない。中のものを短期間のうちに使い切ってしまわなければならない。けっして長くはない人生において、これはいったい何の隠喩なのだろうか。その答えが咽喉元まで出かかっているのだが、それをいい切ってしまうことに、わたしはまだ少し躊躇している。

韓国の食べ物への信頼

1

韓国という国と付き合い出してもう四十年以上の時間が経ってしまったが、最初に滞在したのが大学の寄宿舎でも独身者用のアパートでもなく、賄いを兼ねた一般家庭であったことは、後に韓国料理のことを考えるにあたって幸運なことであったと思う。学生食堂や自炊ではなく、ごく普通の韓国人の日常食を、食の体験の基盤に置くことができたからである。一九七〇年代のソウルは妓生《キーセン》観光とカジノが有名なだけで、とても観光都市と呼べるようなところではなかったが、わたしは観光客向きの外食産業とは縁のないところで、朝と晩に普段着の韓国料理を知ることになった。この体験は、後にわたしが日本料理のことを考えるときに、巨大な参照項目となった。韓国の食を通して逆に日本の食のもつ特異な輪郭が浮かび上がり、それを認識するようになったのである。

韓国では食事の礼儀作法も、食材も、調理法も、何もかもが日本と違っていた。にもかかわらず、大蒜と唐辛子を取り除いてしまうと、多くのものが根底において共通しているようにも思えた。表面的にはまったく異なっているように見えて、歴史を遡ってみれば起源をともにする調理法が少なからず存在していた。

日本は古代において百済《ペクチェ》、新羅《シルラ》、高句麗《コグリョ》といった朝鮮半島の国々から先進文化を取り入れた。食においても然り。渡来人による発酵技術や酒造技術の伝授なくして、日本料理は存在しない。逆に一六世紀末に朝鮮を侵略した日本軍は、彼の地に唐辛子を残した。このあたりは歴史にナショナリズムの覆いが被っていて、曖昧である。唐辛子は日本では重用されなかったが、韓国料理の基幹をなす香辛料として現在に到っている。日本料理と韓国料理はその後、別個に発展していったが、二〇世紀に日本が朝鮮を植民地支配するに到って、韓国人はこの時期に日本料理の存在を知った。逆に日本人は第二次大戦後、在日韓国人を通して焼肉の存在を知った。二つの社会の食生活はこうして千五百年あまりにわたり、相互に深く影響しあっている。

2

ソウルに住みだしたわたしはまず、食事作法における韓国と日本の違いに驚かされた。食卓には箸の左側にスプーンが、縦に揃えて置かれている。箸置きはない。器に直接に口を付けることは不作法と見なされ、米はスプーンで掬って食べる。わたしが育った日本ではスプーンはなく、箸だけが箸置きとともに卓上にある。しかも横並びだ。米は箸を用いて口のなかに掻きこみ、汁は椀を手で持ち上げて啜る。日本では大皿のものを各自がお菜箸を用いて銘々皿に取り分ける。

ところが韓国では、自分の箸で好き勝手に取り分ける。はじめて人と外食をしたときには、卓の中央にドカンと大きな味噌汁の鉢が運ばれてきた。誰もが自分のスプーンを用いて、そこから汁を掬って食べるというシステムだった。日本人のわたしは最初こうした作法に仰天したが、しだいにそうした韓国の作法に慣れて行った。

この国では箸も器も、ほとんどの食器が金属製だった。陶磁器の国だと聞かされていたわたしには、それが最初なかなか理解できなかった。食器の素材は、それを直接に手で持ち上げないという作法と密接に結びついていた。わたしは逆に考えてきた。日本では木や陶磁器の器が一般的なので、それを片手で持ち上げ、もう片方の手で摑んだ箸で器の中味を口へ運ぶことができるのだ。

韓国人の食事作法で強く印象付けられたのは、彼らが何ごとにおいても混ぜることを好んだことだ。ビビンバが運ばれてくると、ただちに両手に箸とスプーンを握り、ときにかたわらの汁の助けを借りながら混ぜ始める。カレーライスも最初から徹底して混ぜる。日本料理店では笊蕎麦にツユをすべて掛け、混ぜ合わせてからおもむろに食べ始める。コムタンでもクッパでも汁ものと米を同時に食するときには、米を汁のなかに入れスプーンで掬って食べる。これは米の上に汁や具を載せて食べる、日本の「ぶっかけ飯」の逆である。

一般に韓国では日本と比べて、食事の分量が多い。「ミッパンチャン」といって、前菜に四つ五つ、ときには十いくつもの小皿が一時に運ばれてきて、卓の端から端までを占拠してしまうこともある。これはレバノンやスマトラのパダンに似ている。ひとつの小皿が気に入って、それを食べ尽くしてしまうと、ただちに同じものを追加してくれる。日本の韓国料理店ではキムチの一皿まで細かく註文し、追加註文にはそれぞれに代金が追加されるのだが、韓国ではそれはありえない。何もいわなくとも、最初に次々と前菜が運ばれてきて、だいぶ腹がくちくなってきたところで、ようやく真打の本皿が登場する。

おのずから食べきれないという事態が生じる。韓国人は平然と残してしまう。すべての皿を食べ尽くすことは不作法だと考えているかのように、適度にキムチや副菜を小皿に残したままにして席を立つ。わたしはビビンネンミョンやオジンゴボックンのように、唐辛子を多用した辛い料理に関しては、何の抵抗もなくそれを受け容れることができたが、平然と食べ残すという行為がどうしてもできなかった。だが満腹になって席を立とうとしたとき、目敏くキムチの小皿が空になっているのを発見した店員がお代わりを運んできたことがあり、困ってしまったという体験もあった。

複数の人間で卓を囲むときにも、勘定を割るということを嫌う。誰かがいつの間にか、勝手に会計をすませてしまう。これも日本人のわたしには驚きであった。そのため、相手に払ってもらうことが連続すると、今度こそは払うぞとあらかじめ心を決めて卓を囲むのだが、そうしたときにかぎってまたしても払われてしまう。どうせ人間が一生の間に酒場で支払う金などは大体似たようなものだから、払ったり払われたり適当にしておけばいいのですよ。知り合いになった韓国人の新聞記者にそういわれたことが、いまだに忘れられない。

もうひとつ、作法という点で忘れがたいのは、彼らが独りきりで食事をすることを嫌ったことだった。孤食は不幸の象徴だと考えられている。それは出来るかぎり避けなければならない。自分が何かを食べているときに偶然、人が訪れたとしよう。日本人は人を待たせ、慌てて食事を終わらせようとするが、韓国人は、サンドウィッチでもいい、お菓子でもいい、とりあえず眼前にあるものを二つに割り、半分を相手に差し出して、いっしょに食べながら話をしようともちかけるだろう。

大学でも職場でも、誰もが連れ立って食事に出る。キャンパスを歩いているとかならず誰か学生が話しかけてきて、いっしょに炒醤麺《チャジャンミョン》を食べようということになる。二人で正門まで歩いて行く間に、次々と他の学生が声をかけてくる。わたしのかたわらにいる学生が彼らにも誘いをかける。こうして目的の中華料理店に到着する前に、一行は四人になったり、ときに八人になったりもする。なかには店に入っても何も註文しない、貧しい学生さえ混じっている。

食事をするという行為はつねに共同体《コミュニティ》に属している。いや、より正確にいえば、その場その場で瞬間的な共同体《コムニタス》を作り上げるといった方がいいかもしれない。食べ物とは分かち合うべき何ものかであって、眼前にいる他者とのコミュニケーションの媒体にほかならない。

3

わたしは今、思い出そうとしている。一九七〇年代、朴正熙軍事政権下のソウルで、わたしはいったい何を食べていたのだろうか。

韓国の経済水準は日本と比べてまだ圧倒的に低く、外食産業は豪奢を競い合うことからほど遠かった。わたしの知るかぎり、スパゲッティや紅茶を売っているところはどこにもなかった。食通を口にする者はいなかったし、レストランガイドの類もなかった。大学の近くにある粉食店で冷麺《ネンミョン》やラーメン《ラーミョン》、饅頭《マンドゥ》(餃子)を食べることはあったが、わざわざ旧市街の韓国料理店の老舗に赴いて美食を堪能するということはまずなかった。

思い出すに、誰もが倹しい生活をしていた。とりわけ学生たちは貧しく、実に慎ましい弁当を持参していた。ある学生はいつも米だけの弁当箱を持参し、最初にその一角を口に含んで空き場所を作ると、そこにキムチを載せ、麦茶をかけて蓋をする。それから弁当箱を大きく揺らしてみせる。彼は、ほら、即席のビビンバですよといいながら蓋を取り、オレンジ色に染まった米を食べ始めた。美味しいものを食べるというのではない。とにかく目の前にある食べものを食べることが重要だった。

わたしが下宿していた家では、朝と晩に食事が出た。週の半分は白米だが、残りの半分は雑穀の混ざった米だった。食卓にはかならず二皿か三皿のキムチが出た。白菜のキムチ、大根のカクトゥギが定番で、後の一皿は青菜だったり、荏胡麻《エゴマ》をコチュジャンで漬けたものだったりした。それに簡単な汁もの。目玉焼きが付いたり付かなかったり。カレーやハンバーグといった日本でいう洋食系の食べ物が出たことは、一度もなかった。

季節によってキムチの味は微妙に違った。冬には生栗のスライスや海産物が挟み込まれ、塩辛《チョッカル》と唐辛子が混ざり合って、ねっとりとした触感があった。春になるにつれて塩味が強くなり、夏には胡瓜や茹でた茄子を用いた、一夜漬けに近い、さっぱりとしたものとなった。一般の食材用とは別に小さな冷蔵庫があって、キムチはいつもそこに常備されていた。

4

キムチといえば白菜がまず有名だが、中国に起源をもつこの野菜が品種改良され、広くキムチに用いられるようになったのは、日清日露戦争の時期であったとされる。高麗の首都であった開城《ケソン》(現在は北朝鮮)がこの新興の野菜の内側にさまざまなものを挟み込んで、包みキムチ《ポッサム》を開発するのに中心的な役割を果たした。

開城出身の高齢の女性のもとでキムチ作りに参加させてもらったことがある。一一月も終わりに近いころであり、水が手を切るように冷たかったことを憶えている。

あらかじめ塩を塗しておいた白菜を水洗いし、緑の葉(ウゴジ)の部分を二枚、四枚と四方に並べ、中央にサク切りにした白菜の根本の部分を七、八枚、立てておく。その間に薬念《ヤンニョム》を挟みこんでいく。薬念は盥いっぱいに大根の千切りを入れ、粉に挽いた唐辛子を塗す。みじん切りにした生牡蠣、ナクチ(小さな蛸)、セウチョ(網蝦の塩辛)、砂糖、松の実、棗と栗のスライス、芹、糸唐辛子などをさらに加え、全体がドロドロのペーストになるまで混ぜ合わせておく。この薬念を白菜の葉の一枚一枚の間に挟みこんでいくのだが、この作業は根気強く、丁寧に仕上げなければならない。一度にたくさんの薬念を入れようとすると失敗してしまう。ときどきはみ出てしまう葉が出てくる。そのときには千切って、手にした薬念をこっそりつけて抓み食いをしたりするのが愉しい。

さてこの大作業が終わると、白菜全体を大きく曲げて折り畳み、ひとまずバケツに入れて置く。白菜でバケツが一杯になると、家屋の外にあるキムチ瓶に詰め替える。瓶のなかに白菜を詰めて層を作ると、唐辛子を塗した大根のブツ切りを上から三つ、四つ、投げ入れ、塩を手で掬っては、これも投げ入れる。さらに白菜で次の層を作り、同じことを繰り返し、最後に瓶に蓋をする。以前は瓶を土に埋めていたのだが、現在では専用の冷蔵庫に収納する。十日目あたりから食べられるようになり、冬の三カ月にわたって食べ続けることができる。

何とも手の込んだ製法だが、この包みキムチは実に美味であった。漬物といっても日本の糠漬けや沢庵とは違い、乳酸発酵を基調とした総合食品であるといってよい。極寒の冬には鮑のスライスを挟み込むこともある。生牡蠣を混ぜたキムチをさる俳優の家でご馳走になったことがあったが、自分が今口に含んでいるのが白菜なのか、それとも牡蠣なのか、区別がつかないほどに混然一体となったまろやかな風味に感動したことがあった。

5

とはいえキムチで驚いているわけにはいかない。地方を旅行して知ったのは、この国が発酵食品の宝庫であったという事実である。

全羅南道を訪れたわたしは、木浦《モッポ》で名物料理ホンオフェを出す食堂に連れていかれた。漢字で書くならば「洪魚鱠」、つまりガンギエイの刺身である。エイは一般的には、生身にコチュジャンをべっとりと塗し、冷麺の上に載せて食べるのだが、木浦で長く伝えられてきた鱠《なます》はまったく違っていた。

卓に就くと、まず五種類のチョッカル、つまり塩辛の小皿が並べられた。サワガニ、エビ、魚の内臓、さらに牡蠣の腸を長期にわたって塩漬けしたものである。最後のものは「石花《ソクファ》」と呼ぶのだと教えられた。塩辛といっても、日本のイカの塩辛のようにそのまま単純に出てくるわけではない。扱《しご》いて粗い塩分を除き、大蒜と唐辛子の粉を混ぜ、ゴマ油や酢で和えるという風に手が込んでいる。中学生のころから地図帳で朝鮮半島を眺めるたびに、このあたりのギザギザ海岸にはさぞかしエビやカニや巻貝といった海産物が隠れ住んでいるのだろうと空想していたのだが、やはりそうであった。

後にわたしは日本料理史の書物を読んでいて、平安時代に貴族の宴席で供された大饗料理の存在を知った。『類聚雑要抄』（一一四六年、久安二年）によれば、貴人の饗膳では手前には飯を中心に酢、酒、醤、塩といった調味料が並べられ、その奥には「窪坏物《くぼつき》」と呼ばれ、海月《くらげ》、老海鼠《ほや》、蜛虫《ゆむし》、さらにもみこみ（鹿の内臓）なるものが並べられていたという。いずれもが塩辛であり、魚醤、肉醤の類である。かつて古代王国として殷賑を極めた百済の食文化と京都のそれとの間に共鳴関係が横たわっていることを知ったとき、わたしは歓びを感じた。

さて、チョッカルのねっとりした風味に舌鼓を打ち、これもねっとりとした味のキムチに箸を伸ばしてマッコリを呑んでいるうちに、ホンオフェが運ばれてきた。刺身につきものの山菜はない。大皿の上には本体が薄くスライスされて載っていて、コチュジャンが添えられている。

口に含んだ途端に、ツンとくるアンモニア臭が鼻を襲った。一瞬だが、息が詰まったような気がして、涙が出た。案内してくれた知人に勧められ、ただちにマッコリを呑む。洪濁《ホンタク》といって、これが食べ方の慣習だという。舌に強烈な痺れがする。いや、舌どころか、口のなか全体にビリビリと痺れが走ってくるのが感じられる。それでも少し休んで体制を整えると、ふたたび皿の上のものに挑戦した。心なしか、エイの身の部分よりも、縁側のゼラチン質の部分の方がより強烈な味であるようだった。

しばらくホンオフェと格闘しているうちに、次なるメニューであるホンオタンが運ばれてきた。エイの内臓《わた》の湯《スープ》のことで、煮込んだ野菜と丸ごとの唐辛子が入っている。こちらも強烈なアンモニア臭がしたが、スープとして相当の力量のある料理だという印象をもった。この食堂に入る前に通り過ぎた魚市場に、全長が一メートルほどのエイが、何尾も床に並べられていたのが思い出された。

　ホンオフェはこの巨大なエイを皮ごと厚手の手漉き紙に包み、甕のなかに詰め込んで作る。上から重しをして冷暗所に移し、そのまま十日ほど放置しておく。このとき身に発酵がなされ、強烈なアンモニア臭が生じるに到る。

　猛烈に臭い食べ物というのは、まったく体験がないわけではない。大阪で生まれ育った子供にとって関東のくさやは、いったいこれが食べ物なのかという疑念を抱かせるほどの驚きであったし、上海の臭豆腐《チョードーフ》からスウェーデンの発酵ニシンの缶詰、シュールストレミングまで、最初はとんでもない悪臭だと思えた食べ物が、勇気を出してひと口を含み、やがてそれが二口、三口となって臭いに包まれていくうちに、少しずつ親し気な気持ちを感じるようになったという体験がある。ホンオフェもそのうちのひとつだといえる。

　その後もホンオフェとは、ソウルで招待された結婚式の立食パーティなどで、何回か再会する機会があった。どうやら現在の韓国では、この料理は充分に高価かつ稀有であることから、宴席の格式を上げるために用いられているらしい。もっとも西洋風のオードブルやスパゲッティ、ローストビーフといったパーティ料理のなかにポツンと置かれたホンオフェを、その由来を知って積極的に皿に取る招待客がどれほど存在しているのかは心もとない。固有の文脈から切り離され、パーティ会場でいつまでも手つかずのままにされている料理を見ると、なまじそれが全羅南道の伝統食文化に属しているがゆえに、複雑な気持ちになる。

ホンオフェの体験はわたしに、韓国料理全体の根底にある発酵文化への関心を呼び覚ますことになった。キムチにアミの塩辛を混ぜて発酵を促す文化は、同時に塩をふったスケトウダラやカレイを漬け込んで作るシッヘ（馴れ鮨）の文化でもあり、それは海を越えて近江の鮒鮨にまで通じている。またナンプラー、ニョクマム、イシリ、ショッツルといった、東アジアの沿岸地域で広く用いられている魚醤とも関連している。上田秋成は『胆大小心録』のなかで「どこの国でも其国のたましひが国の臭気也」と批判的に書いたが、けだし臭いの創造とは一国の文化の伝統なのであり、それはひとたび海流に乗れば、国境を容易に越え、次々と近隣諸国へ伝播してゆくものなのである。

キムチを中心とする伝統文化は、二〇一三年にユネスコから「無形文化遺産」として認定された。日本では和食が認定されたことを大喜びしていたようだが、同じときに韓国の食文化にも同じ「栄光」が与えられたことは、はたしてどの程度報道されていたのだろうか。

とはいえキムチ文化がこれからも従来の形で存続していくかどうかは未知数である。キムチと米さえあればいい、キムチがなければ食事が成り立たないといわれた時代は、すでに過去のものとなった。核家族化の急速な進行によって、家庭内での大掛かりなキムチ漬けは昔日の思い出になろうとしている。経済的発展は韓国人に、キムチ以外のさまざまな食の可能性を示唆している。二〇〇〇年にわたしが二度目のソウル長期滞在をしていたとき、新聞は小学生のキムチ離れを報じていた。子供たちに一番人気のあったメニューは、日本から渡来してきた海苔巻きの韓国版、キムパプだった。

6

韓国に住んでみて感じたのは、韓国料理が、日本人が抱いてきた韓国料理のイメージとは大きく異なっていることである。これは本物、贋物といった稚拙な次元で論じるべき問題ではなく、戦後の日本社会において、在日韓国人が創造してきた文化の独自性にも深く関わっている問題と考えるべきだろう。

日本の焼き肉屋では牛は肉ばかりか内臓まで、タレに付けて焼く。その後でまた漬けダレに浸して食べる。この形は日本料理における刺身の食べ方を踏襲しているように思えてならない。一方韓国では、薬念《ヤンニョム》に漬け込んだ肉を焼く場合、それを改めて漬けダレに浸すことはしない。内臓は焼かずに、たいがい湯《タン》、つまり煮込みにする。

ソウルの東側、馬場洞《マジャンドン》にある食肉処理場を訪れ、牛の屠畜に付き合ったことがあった。屠畜場の周辺には小さな食堂がいくつもあって、どんな牛の内臓でも注文に応じて調理してくれるという。そこで試みにソゴルは出るかと訊ねてみた。パリやローマの朝市でときどき買って親しんでいた、牛の脳のことである。ただちにフェかタンか、どちらがいいかといわれた。生のまま刺身にしてコチュジャンを和えて食べるか、それとも味噌仕立ての汁にするかという意味である。そこでさっそく味噌仕立てにしてもらった。あっけらかんとしていて、明るい感じだった。

日本でも戦後になって「ホルモン」の名のもとに内臓料理が普及してきたが、まだまだ日本人は牛肉や豚肉に関して素人であり、狭い偏見に囚われている。松坂牛のように、牛にビールを飲ませ指圧を施したりして、脂身と赤身の入り混じった畸形的食用牛を作り上げることには懸命になるが、基本的なところで牛というものの全体を理解していない。牛とは柔らかで食べやすい肉にすぎず、内臓などは食用に値しないという偏見から解放されていない。いうまでもなくこれは、明治時代に食生活に西洋化の波が訪れるまで、肉食から遠ざかって来たという歴史が一因である。イタリアやフランスでブーダンやアンドゥイエットといったソーセージにナイフ・フォークを突き立て、韓国でそれに拮抗するスンデやヘジャンクといった食べ物を前にしたとき、とりわけ肉食における日本料理の未熟さが気になって仕方がなくなる。

スンデにはさまざまなタイプがあるが、一般的には豚の腸に豚血、大豆モヤシ、春雨、香料などを詰め、茹で上げて作る。スライスにして酒の肴にしてもいいし、粥のなかに炊き込んでもよい。ヘジャンクの「ヘジャン」は「解腸」と書き、野菜を焚きこんだ牛骨スープに牛血を固めたものを混ぜて作る。ソウルの街角を早朝に歩いていると、牛血を入れた石油缶が店先に並んでいるのでそれとわかる。朝帰りの客が酔い覚ましに口にする料理だからだ。どちらの料理でも豚や牛の血液が貴重な食材として用いられている。日本人は内臓を調理するさい、神経質なまでに血抜きに拘るが、血液を失った臓物が単に栄養分を毀損しただけでなく、水分吸収によって食材として劣化してしまうことを考慮していない。韓国料理には韓国料理に独自の論理があり、個々の料理を辿っていくと、きわめて合理的に食材が選ばれていることが判明する。

7

とはいうものの、韓国料理に変化がないわけではない。というよりこの半世紀にわたり、急速な経済成長と政治的な民主化のせいもあって、韓国人の食生活は急速に変化している。個人的なことでいうならば、訪韓のたびごとに知人友人と囲む卓で出される料理と酒が、この四十年の間に目まぐるしく変わってきた。

あるときは人と会うたびにカルビ焼きと冷麺の店に招待され、焼酎を振る舞われた。それが大皿のイタリア料理（ソウル江南地区には「正統的イタリア料理」と看板にあるリストランテが存在している）

に替わり、次に唐辛子伝来以前の伝統的な朝鮮時代の菜食料理専門店に立て続けに招かれた。乾杯のときの酒もウィスキーからビールへ、ポストモダンの民芸風食堂でのマッコリへ、さらにボジョレーヌーヴォへと変化した。こうした変化を眺めていると、韓国での外食産業における流行がよくわかる。もっともカッコイイ料理というものが、次々と交替していくのである。

だが最先端の料理だけを見ていても、韓国料理全体の変容は理解できない。若者たちのカウンターカルチャーのなかで考案され、あっという間に国民的な規模で普及してしまう料理なるものが存在している。

わたしが最初にソウルに住んだ一九七〇年代には、まだカルビは薬念《ヤンニョム》に丹念に漬け込んだものを焼くのが一般的だった。質の悪い硬い牛肉を柔らかくするためにはマリネの必要があったからである。どの食堂にも肉を手で揉むことに長けた女性がいた。肉質が向上するにつけ薬念カルビが後退し、代わって日本風に肉に塩を振っただけで焼くという「生《セン》カルビ」の方に人気が集まるようになった。生カルビの方が薬念カルビよりもわずかに値段が高いとすれば、それは流行である以上に、素材の肉質とも関係しているはずである。

カンジャタン、サムギョプサル、プデチゲといった料理は、かつて存在していなかったか、特殊な地域で食べられていたにすぎなかった。一九八〇年代のある時点で脚光を浴び、若者文化の一部として普及した。カンジャタンは豚の背脂を用い、ジャガイモなどを煮込んだ鍋である。サムギョプサルはカルビの代わりに、脂身の多い豚の三枚肉を焼くという、きわめて経済的な料理である。だがこうした新しい料理のなかでもっとも独自であり、韓国の政治的社会的状況を体現しているといえるのは、プデチゲであるだろう。

プデチゲの「プデ」とは部隊という意味である。この料理は、韓国全土に駐屯するアメリカ軍から放出された物資をもとにして、基地周辺の住民の手で考案された。一説には、その初期にあっては、米軍基地の残飯が発祥の起源であったともいう。同じチゲ(鍋もの)でも、テンジャンチゲやキムチチゲのような、韓国に伝統的な食材に基づいた、由緒正しき料理ではない。スパム(韓国語では「スペム」)、魚肉ソーセージ、豆腐、餅、とけるチーズ……要するに目についた食材なら何でもよい、片っ端から鍋に投げ入れ、唐辛子で真赤に味付けし、最後にインスタントラーメンをバリバリ砕いて入れれば、料理は完成する。

プデチゲの中心となる材料を眺めてみると、韓国現代史のなかでいかにアメリカと日本が重大な役割を果たしていたかが判明する。スパムもソーセージも米軍基地から流れて来た物資であり、解放後の貧困と栄養失調のなかで、韓国庶民にとってそれがいかに光り輝いていたかが了解される。インスタントラーメンは一九六五年の日韓条約締結の直前に、日本から技術無償提供で持ち込まれたものである。ちなみにわたしが滞在していた七〇年代のソウルでは、生の麺を出す店はなく、ラーメンといえば例外なくインスタントラーメンであった。

プデチゲがB級グルメとして若者たちに支持され、基地周辺から全国的に拡がっていった背景には、〈アメリカの影〉ともいうべき、こうした事情が横たわっている。おそらく米軍が韓国に駐留を続けているかぎりこの料理は、たとえその語源を知る者がいなくなったとしても、韓国から消滅することはないだろう。

8

この章を閉じるにあたって、最後に韓国における日本料理の変容について書いておきたい。

韓国が日本の植民地統治から解放されて以来、「日式料理《イルシク》」は長い間、ある世代までの者たちが懐古的に口にするだけの、半ば忘れられた料理であった。韓国の料理人たちは日本の日本料理についての充分な知識もないままに、調理の細部を単純化したり、別の要素を付け加えたりして、韓国人の食習慣に適合したものへと作り替えていった。日本酒は徳利で熱燗にされることはなくなり、小さな薬缶に入れて、直火にかけられ温められた。鰻は鉄板の上で焼き、カルビのようにサムチュや荏胡麻の葉に包んで食べるようになった。刺身は山葵と醤油の代わりに、コチュジャンが用いられることになった。海苔巻きは海苔にゴマ油が塗られ、ピッツァのように数多くのトッピングを選べるように発展した。こうしたなかでもとりわけ韓国的に変貌を見せたのは、握り寿司である。

わたしはソウルの弘大前《ホンデアップ》にある雪竹という寿司屋のことを今でも記憶している。わたしを誘ってくれたのは、わたしの本の韓国語版翻訳者だった。握り寿司を注文したところ、なんと九回にわたり皿が運ばれてきた。

最初にキャベツ、ニンジン、トウモロコシの突き出しが出た。次にラッキョウ、沢庵、生姜の皿。海苔とピーナッツ、おかきといった乾き物の皿。生牡蠣の紅葉おろし和え、海月の酢の物、ワカメとパセリ(!)の酢の物の皿。この三皿が同時に運ばれ、キムチ二皿が続いた。場所を占めるので、焼き魚は皿を縦に置かれた。わたしは注文を間違えたのかと不安になったが、ここで大皿に乗って握り寿司が登場したので、ほっと安心した。タイが三貫、アナゴとヒラメが二貫ずつ、サーモン、アワビが一貫ずつ、それにアサリの味噌汁が付いてくる。魚はすべて白身で、青身と赤身はなかった。だが、それで終わりではなかった。寿司を食べ終わる前に、ドカンと天麩羅の大皿が到着。エビ二匹と野菜の盛り合わせである。とても全部は食べきれないと観念していると、デザートと果物が運ばれ、最後にスジョングァが出されたので、ほっとした気分になった。シナモンと砂糖のシロップに渋柿を漬け込んだジュースである。

いったいこれは何だったのだろうか。日本の寿司屋ではありえないことだ。今になって考えてみると、やはり韓定食にあるミッパンチャンの考え方が働いていたという気がする。わたしはかたわらにいる翻訳者に尋ねた。彼はスラリと答えた。このくらい出さないと、韓国人は納得しないのですよ。二〇〇〇年のことである。

だがこのあたりから韓国の大衆消費社会は急速にグルメ天国の様相を見せ始めた。日本の漫画『神の雫』が人気となり、日付け変更線のおかげでボジョレーヌーヴォが全世界で最初に解禁される国だというので、当日には早朝から行列が生じるまでになった。日本料理の受容においても大きな変化が見られるようになった。それは旧世代が過去を懐かしむ「日式料理」であることをやめ、新しい中産階級が気楽にエンジョイするエスニックフードと化したのである。

まずトンカツが流行した。日本企業の管理職クラスが昼食をオニギリですますという話が伝わると、悠々と豪華な昼食を摂っている韓国はそれだからいけないという論が生まれ、オニギリがブームとなった。これまで白身一辺倒だった握り寿司に赤身が登場し、納豆が健康食品として話題を呼んだ。もっとも「ナットー」という名称が日本語だというので「センチョングッチャン」といい替えようとしたりしてひと悶着あった。しかし、日本からの輸入に頼らず韓国国内で生産したものが広く流通し出したあたりで、やはり「ナットー」で落ち着いたようである。もっとも牛丼やカレースタンドは苦戦を余儀なくさせられている。というのも先の方で書いたように、韓国人は独りで食事をとるのを不吉なことだと見なしているからである。

日本と韓国は、過去にさまざまな政治的不正義を体験してきたものの、原理的に鏡像の関係にある。韓国はつねに日本を意識しているし、日本は自分のアイデンティティに危機を感じると、ただちに朝鮮半島への侵略を叫び、韓国を媒介とすることで日本を再確認してきた。食生活においても、この二つの社会は鏡の関係にある。お互いに影響しあい、相手方から受け取ったものを自国風にどんどん変形させて、自国の食体系を豊かにしてきた。西洋起源のビーフステーキには緊張する日本人が、焼き肉屋の鉄板を前にするとすっかり緊張感を解いてしまうのはなぜだろうか。このあたりに、日本料理における〈他者〉のあり方を考えるヒントが隠されているように、わたしは考えている。

三人の女性

殺さえし神の身に生《な》れる物は、頭《かしら》に蚕生《かひこな》り、二つの目に稲種生《いなだねな》り、二つの耳に粟生《あはな》り、鼻に小豆生《あづきな》り、陰《ほと》に麦生《むぎな》り、尻《しり》に大豆生《まめな》りき。

『古事記』

1

一人の若い女性が焼き魚の身を丹念に解《ほぐ》していく。魚は焼けた皮と骨だけになると、黒い盆の上に配置していく。茸が、竹輪が、煮干しが、畳の縁に丁寧に並べられていく。指先が脂で汚れようとも彼女は躊躇しない。無心にインスタレーションを続けていく。

佐藤真のドキュメンタリー映画『花子』(二〇〇一)の一シーンである。

最初に発見したのは母親だった。娘の寝室、布団が敷かれっぱなしの二階の一部屋に入ったところ、畳の上に大量の米飯が積み上げられ、ヨーグルトがかけられていたからだ。畳が汚れる。父親は怒った。こんな汚いことをするなら、ティッシュの上でしろ。だが母親は彼女を弁護した。畳はたとえ腐っても新しく取り替えられる。それよりもこの子の創作の意欲を大切にしたい。母親はカメラを持ち出して、娘の最初の作品を撮影した。

こうして今村花子のインスタレーションは始まった。モヤシ、シメジ、煎餅、ケーキ、ゼリー、ヨーグルト、米飯、焼き魚……母親が調理する三度の食事が作品の素材である。花子はそれをいつも食べ残し、畳の上に並べてみせる。母親がすかさずそれをカメラに収める。それは世界でもっとも短命の芸術だ。食べ残しの食物はただちに臭い出す。ひとたび片づけられてしまうと永久に戻らない。その痕跡は写真としてしか残らない。母親は六年の間に二千枚の写真を撮影した。

これはアートなのか。それを認めているのは花子の母親だけである。このアートは個展会場に陳列されることもなければ、評論家に認定されることも、美術市場に現われることもない。瞬時に成立し、次の瞬間には取り払われてしまう性格のものだ。だが佐藤真はそれに興味をもち、今村家を足繁く訪れてドキュメンタリーを撮った。

花子は京都に住む知的障害者の女性である。年齢は二二歳。毎日、施設で作業をしながら、週末には画塾に通っている。大胆に原色の絵の具をキャンバスに塗り付け、激しい筆致の抽象画を描いている。いつも顰め面で少し口を尖らせている。彼女は言葉を口にすることができない。指を口に咥えたり、両手で自分の頭を叩いたり、独自の身体言語を作り出して欲求を訴える。ひとたびコンビニに入ると、自分の好きなものに向かってわき目も振らず進んでいく。彼女は絶対に妥協しない。

花子には三歳年上の姉がいる。姉が高校生になったとき、花子の心は攻撃性の頂点を迎えた。姉の教科書を破り、勉強を妨害した。自分には理解できないことをしている姉を許すことができなかったのだ。その後、彼女は食べ残した食事を用いて自分を表現することを覚えた。姉に対する暴力は消え、心は鎮静を知った。

佐藤真のドキュメンタリーを試写室で観たとき、わたしは『阿賀に生きる』の監督がまったく未知の領域に向かおうとしていると知って驚いた。だがそれ以上に、花子という女性が次々と作り上げていくインスタレーションに興味をもった。それは一時流行した美術評論の言葉でいうならば、「アウトサイダー・アート」と呼ばれるものだ。しかし自分が食べ残したものを組み立て直して作品にするとは、どう考えればいいのだろう。これまでそんなことを思いついた芸術家がいただろうか！

丹念に並べられた焼き魚の骨と皮。山のように積み上げられた米飯とヨーグルト。かわいらしく整列している茸と竹輪。それは花子が食べ残したものであると同時に、象徴的次元においてはそれ以上の意味をもっている。オオゲツヒメがスサノオノミコトを饗応したときのことを思い出してみよう。この女神は自分の口から吐き出し、肛門から捻りだしたものを盆に載せて、失意の荒ぶる男神の前に差し出した。花子が食べ残したものを、彼女が排泄したもの、嘔吐したものと同義であると考えてみよう。これはすなわち、供犠として差し出された彼女の身体なのだ。

供物としてのこの世界。すなわち食物としてのこの世界。あるというのは、食べ、食べられるということだ。供犠とは食べること、磔刑とは晩餐である。

ノーマン・ブラウン『愛の身体』

別の見方をするならば、このインスタレーションは創造行為の批評である。というのも食物とは、すでにそれ自体が自然に存在する物質の創造的変形であるからだ。食物をそれが並べられている皿のなかの秩序から解放し、その残滓に新しい空間的秩序を与えることは、さらなる変形行為、いうなれば高次元の創造行為である。それは現象するや、ただちに消滅して行く。

佐藤真とはその後、彼がエドワード・サイードについてドキュメンタリーを撮り終えた直後に会って、いろいろと話をした。彼はわたしが翻訳したサイードのパレスチナ帰還記の書物を読んで、このパレスチナ出身の知識人が少年時代に過ごしたエルサレムの家や山荘を撮影しようと思い立ったといった。そのときの対話では話題はサイードのことばかりで、『花子』のことは聞きそびれてしまった。しばらくして佐藤の自殺の報せを、わたしはジャカルタで知らされた。いったい何がどうなっているのか、わからなかった。帰国して、彼が重い鬱病を患い、回復期に死を決意したと教えられ、暗澹とした気持ちになった。

この原稿を書いている現在、花子はもう四十歳を越えているはずだ。いったいどのような人生を送っているのだろう。今でも食べ残した食物を畳の上に並べ続けているのだろうか。彼女は供犠を司る巫女として、自分の分有物である食物を見えない祭壇に備えてきた。その代償に、世界は彼女に何を与えてみせるのだろう。

2

母親は日本に渡るとき、こっそりとバージャオを持ち込んだ。そのなけなしのバージャオを用いて豚肉といっしょに煮込み、ロバプンを作った。バージャオがなくなるとまた台湾に里帰りしたときに持ち帰った。

ロバプンは母親の人生を決定した食べ物だった。はじめて夫となるべき男が自分の家に到来したとき、彼は祖母の作ったロバプンをおいしい、おいしいといって、三杯もお代わりした。この人だったら娘を預けられるかもしれないと、祖母は直感した。母親はこうして結婚し、娘を一人産むと、一家で日本へ渡った。ひとつまみのバージャオとともに。

日本で育った娘は、日本人の子供のように育った。当然のことながら食べ物の好みは、彼らと同じである。母親がロバプンを作ると、娘は「この味、台湾っぽいね」といった。

娘は日本で育ち、日本で教育を受けた。やがて日本人の男と結婚の約束をした。

彼女はあるとき、母親から教えられた通りにロバプンを作ってみた。もうそのころには日本のスーパーマーケットでも、バージャオは珍しい香辛料ではなくなっていた。それは日本風に「八角《はっかく》」と発音され、フランス嗜好の女性雑誌では「スターアニス」と、オシャレに呼ばれていた。

ロバプンをはじめて目にした婚約者にむかって、娘は「台湾風の豚肉煮込みごはん」だと説明した。婚約者の態度は若き日の娘の父親とは正反対のものだった。彼は「こういうものよりもふつうの料理の方が俺は好きなんだよね」といい、「日本人の口に合わないよ」と付け加えた。そして箸をおくと、それ以上食べることをやめてしまった。バージャオという未知の味覚に拒絶反応を示したのだ。でもバージャオがなければ魯肉飯を美味しく調理することはできない。娘は心のなかで悔しさを噛み締めていた。

結局、八角はこのとき一度きりしか使われなかった。娘はそれを戸棚の引き出しに仕舞いこんだ。彼女はそれを袋ごと捨てるべきだったと思いながらも、八角がかわいそうで仕方がなく、どうしても捨てることができない。

温又柔《おんゆうじゅう》の長編『魯肉飯《ロバプン》のさえずり』(中央公論新社、二〇二〇)にある挿話である。

台北の大学に客員研究員として滞在したことがあった。半年ほどの間にさまざまなタイプの魯肉飯を口にすることができた。魯肉飯は北京語では「ルーロウファン」と読む。「ロバプン」とは台湾語での読みである。温又柔の小説のなかで母親が「ロバプン」といい「バージャオ」というのは、台湾の本省人である彼女にとって台湾語こそが母語であり、北京語(いわゆる「中国語」)とは政治的に強要された外国語であることを意味している。

台湾料理研究家の焦桐《ジアオトン》によれば、魯肉飯は、本来は「滷肉飯」と書くらしい(『味の台湾』、川浩二訳、みすず書房、二〇二一)。滷とは濃厚な汁に漬け込み、それを長時間煮込むという意味で、台湾の食堂街や夜市ではいたるところで見かける文字である。それが「滷肉飯」にかぎってどうして「魯肉飯」と誤記されてしまったのか。諸説があるが、正確なところはわからない。現在ではどちらの表記でもいいということになっているようだ。だったら途中から表記を変えるのもおかしいので、温又柔に倣って、このまま「魯肉飯」で進めることにする。

魯肉飯は店によって千差万別だった。豚バラは赤身だったり皮付きだったり、いろいろである。肉の大きさも肉そぼろのレベルから一センチ大の角切りまで自在。ゼラチン質の強い出汁もあれば、黒砂糖をどろりと溶かし入れた出汁もある。ゆで卵やオシャレな香菜が添えられていたりすることもある。名前も場所によって違う。台北では魯肉飯だが、台南では肉燥飯《バーソーブン》となる。とはいえ台湾のどんな町でも、いたるところで食べることができる。このぶっかけ飯は台湾の国民食なのだ。

わたしが台北で宛がわれた大学のゲストハウスは、名高いグルメストリート麗水街のすぐ近くだった。この通りには台南や宜蘭《イーラン》といった地方の専門料理店のみならず、甘粛系の牛肉麺、客家系の新作料理店、餃子専門店、さらに日本風の居酒屋といった風に、実にさまざまなレストランが並んでいる。そのなかにひときわ小さく、いかにもプレハブのような簡素な佇まいの店があって、いつも客で混んでいた。魯肉飯しか出さない有名な店だった。

この店は何回か入った。何かのコンクールで受賞したのだろう。汚れた壁に賞状が掲げられている。小さな椀に盛られてきたものを一口食べてみて、なるほど評判だけのことはあると直感した。これまで食べてきた魯肉飯とは比較にならないくらい美味なのである。溶けた脂身のねっとりした感じに醤油と砂糖がうまく絡みつき、その下にある白米に肉汁が適度にかかっていて、全体としてひどく人懐っこい感じがした。思わず人を無防備にしてしまう味だ。この店は小椀に盛り付けた魯肉飯しか、メニューにない。その姿勢も当然であるような印象をもった。

『魯肉飯《ロバプン》のさえずり』の主人公は台湾人を母親に、日本人を父親に生まれ、日本で日本語のなかで育った。そして北京語を学んだ。魯肉飯が「ロバプン」と呼ばれるのは、それが自分と一家のアイデンティティにとって重要な意味をもった食物だからである。ロバプンは日本に渡った母親にとって故郷台湾を示すノスタルジアの対象であり、台湾を知らぬ娘にとっては、漠然とではあるが台湾的なるものの想像的記号だった。

ロバプンの台湾らしさの根底にあるのは、パージャオという香辛料である。それは母親が来日した時点では稀有にして貴重なものであったが、現在ではちょっとしたスーパーマーケットなら簡単に手に入る類のスパイスにすぎない。これは日本と台湾との文化的社会的隔たりが、この三十年ほどの間に狭まっていき、多くの日本人が台湾に親密感を感じるようになったことを意味している。とはいうものの娘の婚約者はその香りと味を拒絶し、主人公を悲しませる。パージャオを拒むことは母親を侮辱することであり、ノスタルジアに支えられた彼女の人生を否定することにほかならないからだ。

これほどまでに愛《いと》おしまれた香辛料が、文学のなかで描かれたことがあっただろうか。

わたしは豚バラ肉は一キロ単位で購入することにしている。買うのは業務用のスーパーマーケットと決めている。それをいくつかに切り分け、東坡肉を拵え、塩をまぶしてイタリア風にパンチェッタにする。細かく刻んでパスタのソースに用いることもある。わたしが勉強したボローニャの名物パスタだ。こんなときには日本の行儀のいい俎板や包丁は役に立たない。香港で買ったぶ厚く丸い俎板の上に肉の塊を載せ、幅の広い包丁でブッタ切るようにして調理する。

魯肉飯はまず生姜と大蒜を刻む。そこに醤油と砂糖、胡麻油、酒、米酢などを加え、混ぜておく。豚バラ肉は出来合いのミンチであってはいけない。面倒ではあるが、かならず手で包丁を握って刻まなければならない。食べるときにあえて不均衡な歯ざわりを残すためだ。さすがに一キロも調理していると、包丁を持つ手にマメができるときがあった。そして八角。『魯肉《ロバ》飯《プン》のさえずり』の言葉を借りるならば、「八角抜きでも充分おいしいが、あった方がやっぱり台湾らしい味になる」。

八角を潰して入れたり入れなかったり、代わりに五香粉を振りかけたり、レシピ本はまちまちである。干蝦《ほしえび》や干椎茸を戻して刻み、玉葱やエシャロットを刻んで煮汁に加えたり、要するに基本さえ守っていれば、きわめてフレクシブルな構造をもった料理なのだ。温又柔の小説を読んでから、わたしは八角を加えることにした。

どうしても譲ることのできない味というものが存在している。『魯肉飯《ロバプン》のさえずり』の主人公の母親にとって、それは魯肉飯に加えられた八角の風味であった。その娘はそれを継承することで、自分の起源である郷里に一歩でも近づこうと試みる。それは訪れたこともない場所へのノスタルジアである。

わたしはその風味を知っている。台湾のコンビニに入った瞬間、ふっとこちら側の嗅覚を撫で廻すようにやってくる滷味の香りだ。レジのそばに小さな浴槽のような一角があって、ゆで卵から茹で肉まで、さまざまな食物が出汁、つまり滷水のなかに浮かんでいる。まるで日本のオデンそっくりだ。この浴槽から立ち昇る香りを嗅ぐと、ああ台湾にやって来たのだという気がしてくる。

わたしは今度、いつ、麗水街の魯肉飯食堂を再訪することができるだろうか。

3

パリにはレバノン料理店がいっぱいあるけど、みんな贋物よ。

ジョスリーンは宣言した。わたしが本当のベイルートの料理を作ってあげる。

彼女は俎板のうえにパセリを置いて葉を広げると、小さなナイフで一枚一枚丁寧に刻みだした。玉葱とトマト、胡瓜も同じように細かく刻んだ。それから戸棚から何やら袋を取り出した。細かい穀物の粒々が入っている。彼女はそれを水に戻し、野菜を混ぜ合わせた。レモンを絞ってかけ、ミントの葉をちぎって振りかけた。

これがタブレ。世界でただひとつ、パセリが主役のサラダよ。

クスクスは使わないの？

ああいうのはマグレブの人たちだけ。レバノンではブルグル。大麦の挽き割りを混ぜるのね。

タブレは美しい。緑に赤、白の色彩が細かく混ざりあっている。ミントとレモンの香りが高く、爽やかで気持ちのいい食べ物だった。

じゃあ、今度はきみの番よ。こないだみたいなトーフのスープ、作ってくれる？

そうくるだろうと思った。わたしはあらかじめヴェトナム人街のスーパーマーケットで昆布と豆腐を仕入れておいた。それから葱と大根。胡麻油。だけども塩や醤油を使うわけにはいかない。ジョスリーンはもうすっかり腎臓の機能が低下していて、いっさいの塩分を受け付けることができないのだ。


塩分なしで日本料理を作ってほしいって？

最初、この注文を受けたとき、わたしは耳を疑った。いったいそんなことが可能なのかと。

いや、昔に聞いたことがあったけど、醤油抜きで寿司を賞味するには確かに方法があったはずだ。わたしはかつて馴染みの寿司屋でそれを尋ねたことがあった。

ああ、それはできますよ。大学の水産科を優秀な成績で卒業した若旦那がいった。

江戸時代はまだまだ醤油が高かったからですね。生姜を細かく切って塩水に漬けておいて、漬け汁を鮨の魚につけて食べたりしたこともあったみたいですよ。

そうか、そういう手があった。パリに来てわたしはこのときの話を思い出した。そこでさっそく朝市でサーモンやマグロの切り身を買うと、喜び勇んで帰った。魚屋の親父はわたしにむかって、「トロ！　トロ！」といった。

大根は輪切りにし、胡麻油でステーキのように焼く。その上に大根おろしを載せる。鍋に水を張り、昆布を入れて煮立たせる。豆腐や白菜を入れる。これで二品。即席の握り寿司を加えれば、なんとか夕食を整えることができる。羽田を発つ直前に書店で偶然見つけた、塩分なしの日本料理レシピ集が役に立った。ちゃんとそんな本が出版されているのだ。わたしたちは免税店の焼酎で乾杯をした。もっともアパートの主人はもうアルコールが呑めなくなっていたので、コップのなかは白湯だけであったが。

ジョスリーンはベイルートの大学を卒業すると、すぐにパリのＴＶ局に就職した。その後、カイロやモロッコに滞在にしたこともあったが、生活の拠点はパリである。当然のことながら生活様式もフランス風だ。どうやら湯豆腐をスープだと理解しているらしい。豆腐を入れた鍋が煮立ってくると、彼女はただちに湯をスープ皿に注ぎ、スプーンで飲もうとした。

だめだめ、ジョスリーン。それは飲むものじゃない。豆腐と野菜を食べるだけなんだ。

だって美味しいじゃない。せっかく海藻を煮込んでブイヨンを作ったんでしょ。

彼女は納得しない。どうしても昆布のブイヨンを飲もうとする。

何年もの間、わたしはパリに行くたびにジョスリーンのアパートに居候していた。それには理由があった。わたしたちにはドキュメンタリー映画を制作するという計画があって、シノプシスの作成から助成金の申請まで、顔を突き合わせてしなければならないことが山ほどにあったのだ。

途中から状況が変わった。彼女は脊髄に癌が発見され、医師から余命が長くないと宣告された。わたしのパリ滞在は、いきおいお見舞いに切り替えられた。トーフのスープとニギリ・スシ。ジョスリーンがそうメイルに書いてくると、わたしはそのたびごとに、臨時の料理人としてパリに向かった。一年に三回も足を向けた年もあった。最初のうちは出発直前にスーパーで豆腐を求め、水漏れがしないように苦心してトランクに入れながら運んだが、考えてみればパリには日本人が山ほどいるじゃないか。大方の日本食材は入手できるはずだとわかった。かといって何もオペラ座近くの日本料理食材店まで足を運ぶことはない。ジョスリーンのアパートからそう遠くないヴェトナム人街のスーパーに行けば、少し風味は違っているかもしれないが、トーフだって昆布だって、何でも安価で揃っている。

ある年の暮れ、ジョスリーンはジャン＝リュックのおかげで写真集を出すことができるといって喜んでいた。四十年間にわたって故郷ベイルートを（ムーヴィーカメラで、スチールカメラで）撮り続けた彼女は、生きている間にそれをどうしても一冊のアルバムに纏めておきたかったのである。製作費は三万ユーロかかる。二万ユーロまでは工面できたのだけど、後が続かない。それを人づてに聞いたゴダールが、一万ユーロだったら何とかできるといって、小切手を送って来たのだという。ゴダールは自分の新作に、ジョスリーンのドキュメンタリー映像から短い引用をしていた。ひょっとしてこの小切手はそのお礼ということ？　わたしは尋ねた。どうかなあ。それとこれとは別じゃない。ジャン＝リュックって、そんな謝礼とか負債関係とか、まったく頭にない人だと思うけど。ジョスリーンが答えた。彼女は誇らしく思っていた。自分の撮影した、破壊されたベイルートの映像が、ゴダール作品のなかに使用されたのだ。

このときのお喋りが最後だった。帰国したわたしはジョスリーンの突然の死を知らされた。まるで死がパリから日本まで追いかけてきたような気がした。何年かして、今度はゴダールも亡くなってしまった。彼の「新作」は、結果的に彼の遺作となった。

湯豆腐は日本では老いをめぐる感傷の記号である。とはいうもののわたしの追憶でそれは、こうした感傷とはまったく異なった光景を作り上げている。トーフ・スープとは、ヴェトナム産のトーフとパリ近郊の葱からなる、かぎりなく無味に近いスープなのだ。醤油をはじめ一切の塩分を遮断したところに、純粋に昆布だけのスープ。われわれは長い間、他と識別されるべき強い味覚に囚われてきた。これからは、無味とは何であるかを学ばなければならない。

タブレがトーフ・スープに拮抗している。湯豆腐が凋落の秋から冬にかけての食べ物であるとすれば、パセリとミントの緑の間にトマトの赤、ブルグルの黄、玉葱の白が混じり合ったタブレは、まさに春から夏にかけての、植物の生命力そのものといっていい食べ物だ。それは生きる力、生きようとする意志である。

わたしはこれから先、トーフ・スープとタブレの間を往復しながら老いていくだろう。前者は衰亡と死を、後者は再生を象徴している。だが結局のところ、両者は同一のものである。それを証拠立てるものを、わたしは記憶のなかにいくつか携えることになった。

わたしにとって真に大切なのは、ジョスリーンが俎板の上にパセリを並べ、一枚一枚を丁寧に拡げながら刻んでいったあの緩やかな時間なのだ。喪失された時間、とはいえ記憶のなかには確実に存在し、今なおわたしが望めば、たちどころにわたしの前に現前してくるはずのあの美しい時間!

台所にいることの悦び

これからわたしは、自分の人生における台所の意味について、台所にいることの悦びについて書いておこうと思う。

教職を退いてから短くない歳月が経過した。七十歳の現在、わたしが一日のなかでもっとも長く身を置いているのは、執筆のための書斎を別にすればおそらく台所である。台所こそがわが領土、わが王国なのだ。

朝食を簡潔にすますと後片付けを兼ねて、その日一日の調理のため準備に入る。冷蔵庫を点検し、賞味期限切れの食材や解凍途上の食材の状況を調べる。何日もかけて仕込んである食物の進行状況を確認する。昼食と夕食のため、時間のかかりそうなものの下拵えに入る。シチューのため寸胴鍋に牛肉と鶏の骨を放り込む。水が煮立ってくると灰汁を掬う。待機時間にはその日に必要な分のスパイスを取り出し、玉葱や大蒜を刻んでおく。サラダに用いる野菜をあらかじめ水に漬けておく。こんなことをしていると、あっという間に一時間くらいは過ぎてしまう。

昼前に自転車で市場に出かける。目指すは横浜のアメ横と呼ばれている商店街だ。店舗は七十軒ほど。三軒の魚屋と五軒の八百屋が、それぞれ個性を見せながら競い合っている。韓国食材店も二軒ある。自転車を停めていると、十時の開店と同時に客たちがどっと店内に入って行くのが見える。パン屋で買い物をすると、どっさりとパンの耳を分けてくれる。次は肉屋だ。踏切を越して国道一号線をしばらく行くと、半ば業者用の食肉専門スーパーとなる。

野菜と魚、それに肉。荷台に食材を満載して帰宅する。昼食までのわずかな間に、買ってきたばかりの魚介に下拵えを施さなければいけない。魚の腸《わた》を取り出し、鰓を外し、三枚に、またさらに五枚に下《おろ》すと、脱水シートに包《くる》んで輪ゴムをかける。その日のうちに食べきれないものは下拵えの後、冷凍庫に収納する。アラは水から煮て灰汁をとり、野菜屑を投げ入れてスープをとる。もっとも活躍する調理器具は、アメリカ製の鱗専用下ろし金と台所鋏である。

こうしたことは一つひとつ書き出していくとひどく面倒くさい作業のように思えるが、魚を買ってきたときにはいつも自然の流れで進んでしまうので、いささかも苦にはならない。ただどこかで手を抜くと、せっかく持ち帰った魚が台無しになってしまうわけだから、手続きを間違えてはいけない。四方を海に囲まれた日本では魚は日常的に入手できるが、わたしがこれまで滞在した少なからぬ国ではそれは稀有のものであった。ひどく高価で品質が怪しげだったこともたびたびである。

サハラ砂漠南部のワガドゥグーでは、魚はアビジャンから運ばれてくる、埃だらけの干し魚でしかなかった。イスラエルではユダヤ教の戒律のおかげで、魚介類に呆れんばかりに禁じ手が多かった。だから魚を食べたいときは、かならずパレスチナ人の開いているレストランに行った。しかしさらに驚いたのは二回滞在したキューバだった。この国も日本と同様、海に浮かぶ島国であるが、にもかかわらず魚を食べるという習慣をもたない。慢性的な食糧不足に陥っているにもかかわらず、魚料理というものがない。故カストロがしきりに魚は食用であると呼びかけたのだが、キューバ人にはまったく効果がなかった。

台所の話に戻ろう。

魚を捌くときには用心が肝心だ。一尾の生の魚とはよく切れる刃の塊であり、下手をすると鰭や尾で指を切ってしまう。傷をしてしまうと水仕事は途端に難しくなる。手に薬の匂いがついてしまうと食材に触れることができない。台所にはゴム手袋とバンドエイドが欠かせない。

昼食の後は皿洗い。ただちに夕食の準備。夕方になるとあらかじめ冷やしておいたグラスでドライマティーニを作る。これは晩年のルイス・ブニュエルの習慣だった。わたしはこのスペインの巨匠について書物を書いていたころ、自伝のなかにそれを発見し、それ以来、機嫌がいいときは真似ることに決めた。ブニュエルのマティーニ偏愛は偉大なもので、彼は遺言状にその作り方を細々と書き記している。

マティーニを一杯やりながら何をするのか。新聞を手に取っても昨今は憂鬱なニュースしかないから読まない。料理本を読む。自分の知らない国の、まったく知らない料理のレシピを読みながら、ああでもないこうでもないと考えたり、だいたいこんなだろうかと見当をつけてみたりする。ペルシャ料理やエジプト料理の本を読んでいると、昔に訪れたときの記憶が蘇ってくる。あのとき食べたのはひょっとしてこれだったのかと思ったり、いつか準備をして試みてみたいと考えてみたりする。

かつて観たグレン・グールドのインタヴュー映像が想い出されてくる。ピアノの練習とかなさるのですか。そう訊ねられてこの天才ピアニストは答えた。今はもう鍵盤に向かって練習などしません。ただ楽譜を読むばかりです。ただひたすら、ずっと見つめているだけです。他の人から見れば何もしていないように見えるのですが、頭のなかではそれを弾いているのです。わたしは料理は素人だが、未知の料理のレシピを読んでいるのは、ひょっとしてそれに似ているのかもしれないと思う。もっともこれ以上書くとピアニストへの神聖冒瀆に当たるので口を慎むことにしよう。

そして夕食。皿洗いのときにきまって想い出すのは、タルコフスキーが黒澤明の『七人の侍』について書いていた、『映像のポエシア』（キネマ旬報社、一九八八）の一節だ。

土砂降りの雨のなかでただ独り、贋物の侍である三船敏郎が凶弾に倒れ、泥濘のなかに倒れる。褌だけの彼の腰と尻は泥まみれである。だが打ち続く雨は瞬時のうちに泥を洗い流し、彼の尻と足は大理石のように真白く輝き息絶える。死ぬとは肉体が浄化されることだと、タルコフスキーはいいたげである。

今、わたしの眼の前には、山と積み上げられた、汚れた皿たちがある。熱湯がそれを次々と洗い流していく。皿たちは原初の純白さを回復し、水気を切られると、もといた食器棚に戻って行く。黒澤のフィルムと同じだ。わたしは考える。人間の罪障も食器のように、簡単に拭い落とすことができるならばどれほどいいだろうかと。

だがそんなことを考える間もなく、皿洗いは終わりだ。食後は翌日、翌々日の献立を考え、買い揃えるべき食材をメモしておく。

こんな風に一日を記述してみると、それでは一体いつ仕事をしているのかと尋ねる人が出てくるだろう。ご心配なく。ちゃんと昼食と夕食の間には執筆をしている。わたしがシチューや低温のオーヴン料理が好きなのは、モノを書いているとき、気分転換の休憩時間に鍋やオーヴンの調子を見ることができるからだ。長時間の調理はいささかも苦にならない。シチューを調理していると、最初のときの香りがゆっくりと、しかし確実に変化していく。心が休まるのは、自分がよく知っている、いつもの親し気な香りが戻ってくるときだ。

わたしは子供のときから台所にいるのが好きだった。

小学校では五年生になると家庭科の実習となる。いつもの教室ではない、新しい、ピカピカの実習室に行き、グループごとに胡瓜のサンドウィッチを作ることになる。サンドウィッチならお手の物だ。もっと小さいときから、見よう見まねで作ってきたぞ。その日の朝、わたしは自宅の冷蔵庫からプロセスチーズやハム、ついでにカマボコまでを取り出し、実習室へもっていく。同級生たちが危うい手つきで胡瓜を切っている間に、キューカンバーサンドはもちろんのこと、チーズサンドやらハムサンドやら、たくさんのものを作ってしまう。

サンドウィッチが愉しいのは四つの縁を切り落としてしまうため、パンの耳が大量に余ってしまうことだ。わたしはすべてをランドセルのなかに入れて持ち帰る。翌日に外に出して陽に乾かすと、サラダオイルで揚げる。シナモンと砂糖を塗してお菓子にするためだ。これは現在でもわたしの大切なレシピで、それについて詩を書いたこともあった。

家庭科実習で勢いに任せて作ってしまった大量のサンドウィッチは、もちろんグループの仲間内で食べきれる量ではない。わたしたちは咄嗟に思いついて、それを教頭室に運ぶ。教頭先生は驚き、感動してしまう。嬉しそうな顔をして一口抓んでみせる。翌日の朝礼で、彼はわたしたちのサンドウィッチについてお礼のスピーチをする。東京でオリンピックが開催された年のことだ。

中学生になると自家製のマヨネーズを作るのに夢中になった。もっともこれはサンドウィッチよりも難しく、うまく行くときと失敗するときがあった。フランスではマヨネーズを作るときは台所の窓を大きく開け、深呼吸をして気を落ち着けてからというが、これは本当だ。卵黄に酢を混ぜ、サラダオイルをトロトロと落として泡立てていくとき、浮ついた気持ちでいると、絶対にうまく固まらない。腰を据えて事に当たらなければいけない。失敗したときには既成のマヨネーズの助けを借りるしかない。ちょっとズルい方法だが、出来合いのものを半分ほど混ぜ容れて、とりあえず固さを演出するのだ。わたしの母親はそれにみごとに騙されてしまい、今日のマヨネーズはしっかりとしていると褒めてくれたりする。これは少し罪悪感を覚えた。

マヨネーズを作るときに使う泡立て器は、こうしてわたしの七つ道具となった。何と不思議な、シュルレアリスティックな形をしているのだろう。まるで無花果の実がすべて落ちて、骨組みだけが残ったようではないか。わたしは自分がケーキ職人となり、毎日泡立て器でクリームを拵え、ケーキの上にくにゃくにゃと飾り立てる姿を、独り想像していた。もちろん無花果に骨などあるわけがない。

高校二年生のときだ。一部の生徒がバリケード封鎖を試み、学内が騒然となった。わたしは驚いたが、こいつは面白くなるぞと直感した。ただちに自宅に戻ると、台所にあったカステラを鞄に詰め、ついでにお握りを拵えて高校へ駆け戻った。籠城が長期戦となるのなら、まず先立つのは食糧だろう。腹が減っては戦《いくさ》は出来ぬとは万古不易の戦陣訓ではないか。

だが直感は外れた。高校に駆け戻ってみると、バリケードは跡形もなく撤去されている。首謀者たちは怖くなってしまい、椅子と机を片付けると帰宅してしまったのだ。人をいい気にさせておいて無責任じゃないか。わたしはすっかり失望し、もうこの連中とは付き合えないなと見かぎった。

高校はやめてやろう。これから労働者になるんだ。そう決意したわたしは、混乱の最中にある高校に通うのを拒否し、中学卒業の履歴書を勝手に書くと、銀座八丁目の裏にある二幸のケーキ工場に向かった。運よく、見習工として採用された。先輩格で働いていたのは同年齢の少年たちだったが、ほとんどが中卒出だった。

どうしてケーキ工場だったのか。そのころ同級生に勧められてマルクスの『賃労働と資本』や『共産党宣言』を読んだことがあったが、少しも面白くない。経済学には何の興味ももてなかった。マルクスは「万国の労働者よ、団結せよ」と呼びかけている。だから労働者にならなければいけない。とはいえわたしは労働者というとシモーヌ・ヴェイユのように旋盤工や炭坑労働者を連想したのではなかった。お菓子職人をすぐに連想してしまったのだ。泡立て器を片手にケーキのデザインをあれこれと考える職人。何とすばらしい職業だろう。ケーキ工場で働くことができるとは、念願の夢がかなったというべきか。

八時間働いて、日給一日千円。白い作業着を与えられたときは心が躍った。もちろん最初からケーキの飾りつけなどさせてもらえるわけがない。わたしに与えられたのは巨大な鍋を前に、一日に四千個の卵を割るという機械的な作業だった。わたしはチャップリンの無声映画のようにそれを黙々と熟《こな》した。卵は機械によって攪拌され、マドレーヌの素材になるという。おお、親愛なるプルーストよ、わたしにもマドレーヌの思い出があったのだ。

今でもときおり空想する。もしもあのままケーキ工場に留まっていたらどのような人生を送っていただろう。何年もコツコツと働いて貯金を蓄え、さっそうとリヨンに向かう。現地のお菓子屋さんでみっちり修業をして帰国。なんとか出資者を見つけ、お菓子屋さんを開く。店が評判になり、少し生活にゆとりができるようになると、以前から大好きだった映画だって観る時間ができるだろう。ひょっとして『お菓子屋さんの映画日記』などという本を、どこかの本屋から出してもらえるかもしれない。だが空想はここまでである。なんだ、結局、今とそう変わりのない生活に落ち着いてしまうのではないか。

母親の取りなしで高校に戻ったわたしは、しばらくの紆余曲折ののち、悔悟?して大学に入り、宗教学の勉強を始めた。それから韓国に外国人教師として赴いたり、帰国して映画研究を本格的に始めたりしたことについては、これまでいろいろなところで書いてきたから、もう繰り返さなくともいいだろう。料理熱は今まで以上となり、さまざまに奇妙なスパゲティを考案しては母親を当惑させたり、馴染みの精肉店に頼んで、牛の脳味噌や内臓を特別に取り寄せてもらったりしていた。お店の方では最初呆れ返っていて、お金を受け取ろうとしなかった。韓国から帰ってきたときには自分のレパートリーにキムチとかチャンアチとかが加わった。当時流行だった「地中海料理」の店に演出家の如月小春といっしょに行ったところ、彼女がほとんど何も食べようとしなかったので当惑したのも、このころの話だった気がする。

イタリアではお料理学校。パリでは居候先のトーフ料理。ジャカルタではカンポンのなかの焼鳥屋廻り。そんなことをしているうちに、いったい自分が何を料理しているのかなど、ほとんどどうでもよくなってしまった気がする。とりあえず目の前にあるものを適当に組み合わせ、手っ取り早く作る。レヴィ=ストロースの言葉を使うならば、ブリコラージュ料理である。滞在することになった先の町ではアパートを見つけると、次に市場を見つける。日本の食材は期待できなくとも、まず中華食材を扱っている店があればしめたものだ。いざというときの生命線になるからである。次はとりあえずの食器の購入。どうせ半年そこらで引き上げるのだと思うと、高価なものや上等なものを買い求めても仕方がない。帰国のときはそのまま残しておける程度のものしか買わない。帰国前には知人友人を集め、それらをずらりと食卓に並べると、ガレージセールを行なう。どれでも一個一ドルだ。あとは大宴会。

ニューヨークではチェルシーとヴィレッジの間にある老朽化したアパートに部屋を見つけたところ、偶然にもそこが、かつて中上健次が棲んでいた部屋だと知った。台所の戸棚には彼が残していった、いかにも粗末な、薄いプラスチックの皿や椀が、奥の方に十枚ほど積み上げられている。細かな摺り傷があちこちに残っているので、どうやら部屋の住人が代々用いてきたものだと推測した。この安皿は重宝した。ニューヨークは留学である。最初にしたことは、近所にあるスーパーマーケットの点検と（いつもながらに）中国料理の食材の入手法の確認だった。アパートメントのオーヴンは、温度表示が華氏で記されている。台所に入ってまず行なったのは、華氏と摂氏の換算表を手作りし、セロテープで冷蔵庫に貼り付けることだった。

こんな風にしてわたしは三十歳から五十歳までを過ごしてきた。

台所の普段は使わない抽斗を開けてみると、さまざまな形や長さのスプーンとナイフ、フォークが乱雑に入っている。どの一本にも固有の思い出がある。

祖父母の家の食堂にあった、戦前の、大時代的なナイフとフォーク。はじめてヨーロッパに旅行したときにシンガポール航空の機内食で出たフォーク。イタリアに留学していたときに、クロアチア人の女友だちから「これが絶対にいいから」と勧められて買ったフォーク。タスマニアのオイスターフェスティバルでもらった、プラスチックのフォーク。毎年クリスマス直前にコペンハーゲンで売りに出される、美しいデザインのスプーン……。ひょっとしたら、こうした食器の来歴を辿ることで、わたしは自伝を執筆することができるかもしれない。

メニューのコレクションもないわけではない。気に入った店ではメニューを記念に持ち帰りたいというと、大概はニコニコ顔で譲ってくれる。パリで一番安くフルコースが食べられるといわれてきた、モンマルトルのシャルティエ。香港北角《バッコ》の四川料理店。ニューヨークはグランド・セントラル駅地下のオイスターバー。フィレンツェのサバティーニ。基本的にメニューはその日その日で変わって行くので、一日の終わりには用なしになって処分されてしまう。だからお客がスーヴニールにと所望するとよろこんでくれる。コソボだけは紙のメニューがなかった。女主人が早口のセルビア語でその夜の献立を説明するだけである。といっても、いつも二種類しかなく、選択の余地はなかったのだが。

さて、これまでわたしは自分の台所とのつきあいを語ってきたわけだが、最後にひとつだけ告白?をしておきたい。これまで黙ってきたことなのだが、わたしにはこと調理に関して致命的な欠陥がある。塩の具合を見極めることが苦手なのだ。

塩については本書の冒頭でいろいろと書いてきたことだから、読者におかれては、何を今さらと眉を顰める人もいるかもしれない。そこは赦していただいて、先に進めることにしよう。

シチューにしても煮物にしても、塩の出番は最後である。いうなればそれは料理に引導を渡す役割、結論を下す役割を担っている。ところがそれがわたしの場合、なかなかうまくいかない。必要以上に薄味になってしまったり、逆に塩辛くなりすぎてしまったりする。

日本でもいい。台湾でも香港でもいい。わたしは家庭の主婦が、屋台の主人が、調理場の老人が手慣れた手つきで鍋に醬油をどばどばと注ぎ入れているのを見ると、自分にはとてもこうした真似はできないと思う。彼らの身体に刻み込まれている塩梅の的確さ(そう、まさに読んで字のごとく塩加減である)を前に、とうてい太刀打ちできないと知り、圧倒されてしまうのだ。

この人たちは料理書に記されている塩や水の分量など一顧だにしない。計量すべき数字など関心外だ。頼りになるのは長年にわたって身体が記憶してきた水の重さ、掌に握ったときの塩の重さだけである。塩は重さではなく距離によって測られる。それを食材に向かって振るときの距離によって、塩は濃淡が決まるのだ。

わたしにはこうした技術がない。いや、それは技術というより経験の厚み、さらにいうならば歳月の厚みだというべきだろう。醬油瓶と塩壷を前に、いつも躊躇《ためら》っているわたしがいる。というわけで人を家に招くときには、誰か、最初に到着した人物に塩加減を判定してもらわなければいけない。その人物の意見を聞いて塩味を強くしたり弱くしたりする。それは喩えてみるならば、作家が書き上げたばかりの原稿を、編集者と校正者が客観的な視点から確認する作業に似ているかもしれない。いかなる大家の原稿でさえ校正の目を潜っていないと決定稿とはなりえないとわたしは考えているが、同じことはわたしの調理したボルシチや酒粕汁についてもいえることだと思う。

どうしてこうなのだろうか。長い間、わたしは自分がなかなか適度な塩加減に到達できないことの理由を考えてきた。そのうち原因が自分の幼少時代にあるのではないかと思い当たった。正しいかどうかはわからないが、ここに二つのことを書いておきたい。

ひとつはわたしが十歳のときに、大阪北部の田舎町から東京の三軒茶屋近くへと転居したことだ。上方と関東では何かにつけて食物の味付けが異なるとはよくいわれることだが、戦後二十年目とはいえ、この二つの文化圏では醤油の用い方ひとつ取っても、まだ大きな違いがあった。大阪鮨に慣れてきた子供にとって、口に運ぶ前、一つひとつの寿司に醤油をつけなければならない江戸前の握り寿司は、どうにも生臭くて好きになれなかった。べっとりとした甘辛味のお惣菜には、ことあるごとに脅威を感じた。どれもが同じ甘辛であることが絶えられなかった。また黒く濁ったうどん汁は、ただただ恐ろしいだけの液体だった。万事に薄味で育ってきたわたしは、東京では一般的な庶民の味付けにどうしても馴染むことができなかった。

だがそれだけであれば文化圏の違いというだけの話にすぎない。関西で生まれ育った者のすべてが、わたしのような味音痴であるわけではない。おそらくわたしにとって塩がトラウマとなったのは、四歳のときに腎臓炎を患ったことが深く関係しているように思われる。

わたしはおよそひと月の間幼稚園を休み、じっと寝ていなければならなかった。食べ物という食べ物からはいっさい塩分が差し引かれた。現在のように減塩バターなど存在していなかった時分の話である。母親はわたしのためにわざわざバターを湯に溶かし、浮かび上がってきたものを掬って、もう一度固め直してから用いなければならなかった。

かくしてひと月が経過したとき、医師はわたしにようやく塩分の摂取を許可した。といっても、ただちに元通りの食事に戻っていいわけではない。最初のうちは一日に耳かき一杯の醤油が許されただけである。母親はそれを細かく三度の食事に分けて用いた。長い間塩気抜きだったわたしは、最初の醤油が許された夜にひどく喉が渇き、しきりと水を求めたようである。わたしにはこのときの体験が無意識に眠っていて、調理のさいの塩と醤油の不均衡を招いているように思われてならない。

もっともこの闘病の生活は厄難だけで終わったわけではなかった。ひと月にわたり床に就いていたおかげで、わたしは独力で文字を読めるようになったのだ。誰かがお見舞いにといって、子供用の昆虫図鑑と魚類図鑑をもってきた。わたしはそれを食い入るように眺め、平仮名とカタカナを覚えた。当時、発見されたばかりの深海魚はまだ和名が定まっておらず、カタカナで学名が記されているだけだった。今でもときおり「マクロファリンクス」とか「ギガントゥラ」といった、ギリシャ語にラテン語の形容詞をつけた造語が口を突いて出てくるのはそのためである。後になって「ファリンクス」や「ウラ」が、それぞれギリシャ語で咽喉と尾を示す言葉であると知ったときには、長い間の謎が解けたような気がしてひどく嬉しくなった。約《つづ》めていえばわたしは塩の均衡を見失うことの代償に、エクリチュール、つまり文字言語を取得したのである。腎臓炎の治療の時期に開始された読書癖は、やがてわたしを文筆家への道へと導いていったのだ。

わたしはいつまで自分で料理を作っているのだろうか。

もし足腰が立たなくなったり、自力で買い出しに行って、リュックに詰めた五キロの食材を運べなくなったとしたら、煮え滾る大鍋の湯からスパゲッティを掬いだすことに躊躇するようになったら、わたしもまた他の多くの高齢者のように、高齢者専門のアパートや施設に移らなければならないのだろうか。わたしにはどうしてもそれが、一九世紀の救貧院、施療院のように思えてならない。巨大な空間のなかで、同年配の見知らぬ人たちと俯きながら同じものを黙々と食べる。わたしは断固としてそうした生活を拒否したいと思う。それはわたしが子供のころ、嫌いで嫌いで仕方のなかった、学校給食の光景にそっくりだからだ。

もう独りでスパゲッティを茹でたり、ビフテキを焼けなくなったとしたら、もう自分の命数は尽きたものだと覚悟することにしよう。おそらくその少し前に、わたしは一生分のスパゲッティとビフテキを食べてしまっているのではないか。老醜を晒しながらグルメ道楽に取り憑かれていることほど、愚かしいものはない。

もういいんだ、充分に食べたのだから。

わたしは自分の口からそのような言葉が漏れる日を待ちたいと思う。

だが、そのときデザートはどうなるのだろうか？

あとがき

思いつくがまま料理について書き出してから、もう四十年近い歳月が流れている。微かに記憶しているのは、最初の筆名が「イザベル香織」だったことだ。

一九八〇年代から二〇二〇年代までの間に、わたしの書くスタイルはずいぶん変わったが、それ以上に変わったのが日本における食景foodscapesであった。わたしは憶えている。一九八〇年一二月八日、ジョン・レノンが射殺された日は、たしか日本で非加熱食肉製品、要するに生ハムの輸入開始直後に当たっていたはずだ。今では生ハムは家庭にすっかり定着した。一九七〇年代、スーパーマーケットに並び始めた蟹カマボコは、今では「スリミ」と呼ばれ、最大製造国はリトアニア、最大消費国はフランス、スペインという、世界的なヒット食品となった。全世界の食体験を、グローバリゼーションが席捲しているといえる。

日本の食環境は大きく変貌した。ファッションフードは猫の目のように変わった。バブル経済は「イタ飯」とボジョレーヌーヴォを流行らせ、高級レストランが林立した。バブルが弾け飛ぶとモツ鍋の天下となった。ラーメンが多様化し、ミネラルウォーターと地ビールが次々と出現。B級グルメが大手を振って論じられようになった。人々は「デザート」の代わりに「スイーツ」を註文し、一部のブルジョワ・インテリがファストフードに対抗して、スローフードを唱えた。TVでは鉄人が活躍し、グルメ漫画が活況を呈した。輸入牛肉の自由化とワインブーム。

福島の原発事故の後、しばらくは食物の放射能汚染が懸念されたが、原発はふたたび稼働されることになった。危険な食品添加物は後を絶たず、拒食症から誤嚥性肺炎まで、食をめぐる疾病は枚挙に暇がない。家庭でも外食でも味覚はどんどん均一化してゆき、多くの地方料理と家庭料理が、まるで少数民族の言語のように消滅して行った。最後に新型コロナウイルスによって、外食産業は大打撃を受けた。

皮肉なことに、食物論、料理論の書物のレベルは上がった。古典的なレシピ書が翻訳され、食物受容史の再検討がなされ出した。以前は「エスニック料理」として十把一絡げであった東アジアや中東の料理にも、丁寧な個別的な眼差しが注がれるようになり、レベルの高いレシピ集が刊行されるに到った。だが一方でインターネット上の書き込みは、見せかけの〈民主主義〉

を喧伝する。レストランガイドがインターネットでのコスパ感想文に取って代わられ、老人による「食通」随筆集などもはや誰も読もうとしない。誰もが大衆的にグルメを自称できる状況のなかで、人はいかに自分を卓越した存在に見せかけようかと四苦八苦している。

そしてわたしはこうした目まぐるしい時間の過ぎ行きのなかで、食をめぐるファッションにほとんど関心を喪失して行った。

本書はわたしにとって四冊目の料理論・食物論である。「あとがき」を書くにあたって、これまでの三冊について簡単に書いておきたい。

最初のもの、『食卓の上の小さな混沌』(筑摩書房、一九八七)は、三十歳代前半にいくつかの雑誌に連載したコラムを纏めたものである。独りで食べることの孤独と気楽さについて。ひとつのものだけを、うんざりするほど食べることについて。断食と絶食、食物の採集と贈与について。使い残してしまったパスタの利用法について。辛い物を食べることについて……要するに書いてみたいことを自由に、書きたいだけ書いてみたという文章を集めてみた。干し海鼠の戻し方や羊の脳味噌の調理の仕方についても書いた記憶がある。

この本が刊行されたときわたしはニューヨークに滞在していて、これまで予想もしなかった食環境のなかで四苦八苦していた思い出がある。フランス文学者である清水徹さんからは、ずいぶん幅広く、いろんなものを食べてるみたいだけど、どれもこれも安いものばかりだねえと、笑いながら感想を告げられたことを懐かしく憶えている。なるほど、確かにそうだった。もとより高級な外食を重ねたり、著名な料理店に通ったりする趣味はなく、美食を誇らしげに語る人たちの仲間入りをする気持ちはどこにもなかった。わたしは〈食〉という広大な世界を覗き込んだばかりで、何もかもが自由な思考の対象だったのである。

二冊目の『ラブレーの子供たち』（新潮社、二〇〇五）は、『芸術新潮』の連載企画から始まった。歴史上の著名な芸術家が好んだ料理を、彼らの文章やレシピ集から再現し、カラー写真と文章で再現してみるという試みである。料理の再現には料理コーディネーターの濱田美里さんの手を煩わせたが、ときには料理専門学校の先生に教えを仰いだり、モロッコ料理店に調理をお願いしたこともあった。簡単なものは、わたしが調理した。そのころ、わたしは五十歳になろうとしていた。

斎藤茂吉のミルク鰻丼、ギュンター・グラスの鰻料理、マルグリット・デュラスの豚料理、小津安二郎のカレーすき焼き、ラフカディオ・ハーンのクレオール料理……レシピ本を渉猟しながら次々と調理された料理を前に、わたしは食物とは記憶そのものであるという真理を今さらながらに思い知らされた。好きな料理、拘りの料理を並べてみると、その人のこれまでの人生と体験が、おのずとそこに浮かび上がってくるのである。

この本は「天才たちの食卓」という題名で、韓国と中国で翻訳が刊行された。

三番目の本、『ひと皿の記憶』（ちくま文庫、二〇一三）の大部分は、その二年前、一年にわたってパリに滞在している間に執筆した。まったくの書下ろしエッセイである。これを書いたのは、外国にいても何か日本語でモノを書いていないとどうも落ち着かないという、わたしの貧乏性に負うところが大であった。しかしもうひとつ告白をするならば、ポルトガルに住みながら毎週、日本の新聞に『檀流クッキング』の連載原稿を送っていた檀一雄の顰に倣いたいという気持ちがあったと思う。

『ラブレーの子供たち』でさまざまな芸術家の記憶と食の関係を取り上げたわたしは、今度はそれを自分の場合に当てはめてみようと考えてみた。北摂箕面で育った幼年時代に始まり、はじめて住んだ外国である韓国、お料理学校に通ったイタリア、さらに頻繁に訪れて大好きとなったタイ、インドネシア、香港、モロッコ……最後に執筆の時点で滞在していたフランスまで、自分の生活体験と食物との関係を思いつくままに書いてみたのである。わたしは人に比べてずいぶん数多くの本を書いてきたと思うが、この本はただ机に向かって書いているだけで愉しかったという点で、もっとも右に置かれるべき書物の一冊だろう。それが刊行されたとき、わたしは六十歳だった。

そして四番目の書物が本書、読者が今、手にしておられる『サレ・エ・ペペ』である。わたしは七十歳になり、めっきりと食べ物の嗜好が変わった。食べることはあいかわらず好きだが、子供のころにはいったいどこが美味しいのか思いもよらなかった叩き牛蒡や蕪の漬物が好きでたまらなくなっている。超絶技巧を凝らしたようなレストランの料理には、以前からそうであったが、ますます無関心になった。素朴なもの、単純なものにこそ心が向かうようになり、そのくせ未知の料理の存在を知ると、困難にもかかわらず食材を求めて試作したりしている。

人を招いて料理を作ることは好きだが、料理に積極的な関心をもっている友人知人というものは意外と少ない。わたしが招いた人々の多くは食事のさいにお喋りに夢中で、残念なことにわたしが調理したものが蛙であるのか鶏であるのかといったことにすら、ほとんど無関心だ。招待された客が招待を返すということも、まず日本ではありえない。そんなときには、晩餐に招待されることの社会的な意味が、この国ではまだ成熟していないのだなあと諦めるしかない。

こうして振り返ってみると、わたしはほぼ十年に一度、食べ物についての本を執筆していることになる。どの本もまったく違うスタイルで書かれている。並べてみると、食を基軸として自分の人生観や世界観が少しずつ変化していることがわかって面白い。

四冊目の本、つまり読者が今、手にしているこの書物に関していうならば、読者のなかには、それまでの三冊に比べると、前半部分はずいぶん理屈っぽいところが増えているという印象をもつ人もいるかもしれない。それは正しいと思う。

わたしが本書で言及したことは多岐にわたっているが、その根本にあることはそれほど複雑なことではない。掻い摘んでいうならば、それがどのような形を取るものであれ、食べるという行為は歴史によって形成され準備されてきた体験であるという真理である。

国民料理なるものが歴史的に制定された規範であることはいうまでもない。ある食物が神話化されるとき、その背後で働いているのは神話ではなく諸関係の織りなす歴史であり、別のある食物が共同体のなかで忌避されるとき、そこには民族性といった抽象的な概念ではなく、歴史的な要因が働いている。あるものを口にしたいというわれわれの欲望自体にしても、それがはたして自明のものであるかは疑わしい。人は他者の欲望を模倣することによって、はじめて自分の欲望を獲得するのであって、この欲望する主体こそがほかならぬ歴史的現象であることを念頭に置いておかなければならない。プルーストのマドレーヌの挿話が語るように、われわれはしばしば、人生にあってかけがいのないと信じる記憶に導かれるまま、既知の食物に回帰する。だがこの記憶の撚糸《よりいと》を作り上げている過去の時間とは、実のところ歴史にほかならないのだ。

以前にも書いたことであるが、わたしは人よりも珍しいものを食べたとか、美味しいものを食べたといった自慢話にまったく興味がない。そうした自慢話を通して自分が人よりも卓越した存在であるとか、富裕な階級に属しているといったことを誇示する趣味もまったくもち合わせていない。グルメを自称する多くの人が高価な食べ物や著名なレストランについて嬉々として語っているのは、人に尊敬されたいからである。きっとそうなのだろう。とはいえ吉田健一の言葉を借りるならば、わたしは人に尊敬されたくないからこそ、食べ物のことを書いているのだ。

本書執筆の契機となったのは、サントリー文化財団・アステイオン編集委員会編『アステイオン』81号（CCCメディアハウス、二〇一四）のために執筆した「『日本料理』への懐疑」なるエッセイである。同誌への寄稿を勧めてくださった比較文化研究家、張競氏に感謝したい。この文章の延長上にエッセイを書き継いでおきたいという筆者の希望を聞き留めてくださったのが、工作舎の石原剛一郎氏である。根気強く本書の完成を待ってくださった氏の尽力に感謝したい。ここにようやく書物の完成を見ることができて、わたしはうれしく思う。

二〇二三年四月

著者記す

四方田犬彦（よもた・いぬひこ）

一九五三年、大阪箕面に生まれる。東京大学で宗教学を、同大学院で比較文学を学ぶ。長らく明治学院大学教授として映画学を講じ、コロンビア大学、ボローニャ大学、テルアヴィヴ大学、清華大学、中央大学（ソウル）などで客員教授・客員研究員を歴任。現在は映画、文学、漫画、演劇、料理と、幅広い文化現象をめぐり著述に専念。学問的著作から身辺雑記をめぐるエッセイまでを執筆。

近著に『親鸞への接近』（工作舎、二〇一八）、『詩の約束』（作品社、二〇一八）、『われらが〈無意識〉なる韓国』（作品社、二〇二〇）、『愚行の賦』（講談社、二〇二〇）、『さらば、ベイルート』（河出書房新社、二〇二二）、『パゾリーニ』（作品社、二〇二二）、『大石黒石』（岩波書店、二〇二三）、『志願兵の肖像』（SURE、二〇二三）、『いまだ人生を語らず』（白水社、二〇二三）。

また料理関係の著作としては、『食卓の上の小さな混沌』（筑摩書房、一九八七）、『ラブレーの子供たち』（新潮社、二〇〇五）、『ひと皿の記憶』（ちくま文庫、二〇一三）がある。

詩集に『わが煉獄』（港の人、二〇一四）、『離火』（港の人、二〇二一）、小説に『すべての鳥を放つ』（新潮社、二〇一九）、『夏の速度』（作品社、二〇二〇）、『戒厳』（講談社、二〇二二）。

翻訳にボウルズ『優雅な獲物』（新潮社、一九八九）、『蜘蛛の家』（白水社、一九九五）、イルスト『猥褻なD夫人』（現代思潮新社、二〇一七）、パゾリーニ『パゾリーニ詩集』（みすず書房、二〇一一）などがある。

『月島物語』（集英社、一九九二）で斎藤緑雨文学賞を、『映画史への招待』（岩波書店、一九九八）でサントリー学芸賞を、『モロッコ流謫』（新潮社、二〇〇〇）で伊藤整文学賞を、『ルイス・ブニュエル』（作品社、二〇一三）で芸術選奨文部科学大臣賞を、『詩の約束』で鮎川信夫賞を受けた。

サレ・エ・ペペ　塩と胡椒

発行日——二〇二三年一〇月二〇日
著者——四方田犬彦
編集——石原剛一郎＋塩澤 陸
エディトリアル・デザイン——佐藤ちひろ
印刷・製本——シナノ印刷株式会社
発行者——岡田澄江
発行——工作舎 editorial corporation for human becoming
〒169-0072 東京都新宿区大久保2-4-12 新宿ラムダックスビル12F
phone: 03-5155-8940 fax: 03-5155-8941
www.kousakusha.co.jp saturn@kousakusha.co.jp
ISBN978-4-87502-558-0

女王の肖像

◆四方田犬彦
英国ヴィクトリア女王の肖像を始祖とし、国家の名刺であるとともに、人を堕落させ、広大な幻をも現出させる蠱惑的な紙片、郵便切手をめぐるエッセイ集。
●四六判上製●300頁●定価 本体2500円+税

親鸞への接近

◆四方田犬彦
親鸞論が絶筆となった三木清、伝記映画を監督・製作した三國連太郎、親鸞の晩年について論じた吉本隆明。『歎異抄』『教行信証』を読み解き、親鸞思想の現代的意味を問う。
●四六判上製●528頁●定価 本体3000円+税

書物の灰燼に抗して

◆四方田犬彦
タルコフスキーからル・クレジオ、パゾリーニまで論じた、著者初の比較文学論集。批評方法としてエッセイの可能性をとらえる表題作など、全8編からなる批評の星座。
●A5変型上製●352頁●定価 本体2600円+税

歳月の鉛

◆四方田犬彦
『ハイスクール1968』の続編、1970年代=大学編登場。内省的な大学時代を振り返る。キャンパス内に氾濫した内ゲバ、新宗教調査、映画研究、修士論文執筆に至るまで。
●四六変型上製●344頁●定価 本体2400円+税

古書の森 逍遥

◆黒岩比佐子
サントリー学芸賞受賞のノンフィクション作家が古書展通いで出会った雑書たち。村井弦斎、国木田独歩など、代表的なテーマの軌跡とともに、近代日本の出版文化を浮き彫りにする。
●A5判●396頁●定価 本体3200円+税

ワンダーレシピ

◆添田 浩
建築家・添田浩が、自ら描く巧みな料理スケッチと豪放な語り口で、四季の「うまい!」をご紹介。春の「鯖のタルト」から、冬の「コッコバン」まで、ちょっと贅沢な「男の料理」レシピ47皿。
●A5判●144頁●定価 本体2200円+税